박태균의
이슈
한국사

박태균의 이슈 한국사

박태균 지음

창비

—

정치화된
신화를 넘어서

역사 과목이 대학 입학시험에 필수과목이 된다고 하는군요. 역사학을 전공하는 사람들에게는 기쁜 소식이 아닐 수 없습니다. 그러나 마냥 기쁘지만은 않습니다. 역사를 가르치고 공부할 수 있는 기회가 많아진다고 해서 그것이 곧 역사에 대한 젊은이들의 관심을 높이는 방향이 되지는 않을 것이기 때문입니다.

역사를 아는 것이 중요한 것이 아니라 제대로 알아야 합니다. 객관적이지 않은 역사적 사실을 배운다면, 이는 현재와 미래를 위한 교훈이 되지 않고, 오히려 독이 될 것입니다. 역사를 안 배우느니만 못 하다는 거죠.

대학 입학시험에서 만점을 받기 위한 교육만을 한다면, 역사는 필수과목이 될 필요가 없습니다. 지금도 역사가 재미없는 이유는 무조건 외우는 과목이라는 인상을 주기 때문입니다. 역사는 이해하는 과목인데, 암기과목이 된 것입니다. 이런 상황에서 필수과목이 된다면 더욱더 많은 젊은이들이 역사로부터 멀어질 것입니다.

지금 한국의 역사는 신화로 둘러싸여 있습니다. 역사학자들은 열심히 연구를 하고 있지만, 사회적으로 인식되는 역사는 연구자들의 연구와는 좀 동떨어져 있습니다. 한마디로 정치화된 신화가 모든 역사해석을 독점하고 있습니다. 정치화된 신화는 역사에 대한 객관적인 이해를 가로막고 있습니다. 자신이 얻고 싶은 결론을 위해 역사적 사실을 짜맞추는 작업을 하는 거죠.

2014년 CBS 라디오의 정혜윤 PD의 제의로 약 10개월간 '박태균의 한국사'를 진행하면서, 신화화된 역사서술을 뛰어넘을 수 있는 방법에 대해 고민했습니다. 정혜윤 PD로부터 바통을 이어받은 이기운 PD 역시 필자의 고민에 대해 힘을 실어주었습니다.

토요일 아침 6시에 하는 방송을 청취한 사람은 별로 없겠지만, 두 PD는 항상 유익하고 재미있다고 평가해주었습니다. 청취자의 응원 메시

지도 많이 온다고, 약간은 과장된 이야기도 해주었습니다. 그 덕에 신화를 벗기는 작업이 10개월 동안 무사히 진행되었습니다. 그리고 이 책을 내는 데도 큰 힘이 되었습니다.

프로그램과 질문·답변을 이끌어갔던 김덕기 아나운서의 목소리가 사라져 아쉽습니다. 아침마다 반갑게 맞아주던 작가분들께도 감사드립니다. 재미없는 내용을 이렇게 책으로 내주신 창비 출판사와 작업을 총괄해준 창비의 염종선 이사와 황혜숙 부장, 책 출간의 실무를 맡아주신 윤동희 씨에게도 감사의 말을 전합니다.

역사의 신화를 벗기는 데 조그마한 디딤돌이 되었으면 하는 생각입니다.

2015년 6월

박태균

차 례

일러두기

1. 외국의 인·지명은 국립국어원 외래어표기법에 따라 현지음대로 읽고 원어를 병기했다. 다만 한자음으로 읽는 것이 익숙한 중국 지명의 경우 한자음대로 읽고 원어와 현지음을 병기했다.

　　예) 베이징北京 리훙장李鴻章 만주滿州, 만저우 자금성紫禁城, 쯔진청

2. 주요 역사인물의 경우 원어와 생몰년을 병기했으며, 비교적 중요도가 떨어지는 인물의 경우 원어만 병기했다.

1

독도:
지금부터 우리 땅?

영토 문제만은 양보할 수 없는 것이 국제사회의 현실이다.
1945년 전쟁이 끝났고 일본 제국은 해체되었건만,
한국과 일본 사이에서, 중국과 일본 사이에서
그리고 중국과 베트남 및 필리핀 사이에서 영토 분쟁이 계속되고 있다.
남의 이야기는 듣지 않고 서로 자기의 주장만이 옳다고 한다.
게다가 미국은 이 분쟁을 중국에 대한 봉쇄에 이용하고자 한다.
도대체 왜 이런 일이 일어났을까? 그 역사적 근원은 무엇인가?
이 문제를 해결할 수 있는 방법은 없는 것일까?

카이로에서

벌어진 일

　　　　　　독도 문제 하면 우리와 일본 사이의 문제라고만 여기는 사람들이 많습니다. 조금만 깊이 들여다보면 일본에 점령군으로 들어간 미국과도 얽혀 있는 문제임을 알게 됩니다. 맞습니다. 하지만 독도 문제에는 미국만 얽혀 있는 것이 아닙니다. 이 문제를 복잡하게 헝클어놓은 데는 20세기의 세계열강들도 책임을 면하기 어렵습니다. 사실 독도 문제의 뿌리는 냉전체제와 깊은 관련을 맺고 있습니다.

　영국의 처칠 수상에 대한 이야기부터 해보겠습니다. '윈스턴 처칠 Winston Churchil, 1874~1965이 우리 역사에 뭐 그리 큰 영향을 미쳤을까?' 하고 의아해하는 분들도 있을 것입니다. 영국은 우리나라로부터 굉장히 멀리 떨어져 있는 나라이고, 한국에 대해서 그렇게 관심이 많은 나라도 아니었으니 그리 틀린 말도 아닙니다. 1945년 신탁통치안이 나왔을 당시 영국이 참여하기로 되어 있었지만 영국은 영연방 국가들 중에 대신 참여할 국가를 찾아서 보내려고 했을 정도로 한국 문제에 관심이 없었습니다. 우리 입장에서도 처칠은 제2차 세계대전을 승리로 이끈 영국의 수상에 불과합니다. 역사에 관심이 있는 사람이라면 처칠이 1946년 '철의 장막 연설'을 통해 냉전의 시작을 알리는 역할을 했으며, 늘 사진 속에 담배를 물고 나오는 체인스모커였다는 사실 정도를 더 알고 있을 것입니다.

우리의 생각과는 달리 처칠은 1945년 이후 한국의 미래에 많은 영향을 미쳤습니다. 그는 제2차 세계대전 당시 열린 중요한 회담에 영국의 수상 자격으로 참여했습니다. 제2차 세계대전 중 연합국의 미국, 소련, 영국 지도자들이 만나 전후 처리 문제를 논의했습니다. 이 논의에서는 전쟁을 일으킨 전범국, 즉 독일, 이탈리아, 일본 그리고 이들 전범국에 협력한 국가들에 대한 처리 문제가 가장 중요한 내용이었습니다. 또한 독일이나 이탈리아와 달리 일본은 제국으로서 많은 식민지를 보유하고 있었기 때문에 일본 패망 이후 식민지와 점령 지역을 처리하는 문제가 함께 논의되었습니다.

중국은 유럽의 전쟁에 관여하지 않았기 때문에 일본의 전후 처리 문제를 다루는 회담에만 참여했습니다. 바로 그 첫 회담이 카이로 회담이었습니다. 이 회담에서 한국을 '적절한 시기'in due course에 독립시키겠다는 얘기가 나옵니다. 그런데 과연 '적절한 시기'가 언제를 의미하는 것이냐를 두고 지금까지 많은 논쟁이 있었습니다. 해방 직후에는 바로 독립시키는 것이 아니고 신탁통치를 거쳐서 독립시키겠다는 것으로 받아들여지기도 했습니다. 그런데 카이로선언의 핵심은 사실 그 내용이 아닙니다. '일본의 패망 이후 상황을 어떻게 처리할 것이냐'가 가장 중요한 주제였습니다. 즉 '종전 후 일본의 책임을 어떻게 묻느냐'가 핵심이었던 거죠. 당시 회담에 스탈린Iosif V. Stalin, 1879~1953은 오지 않았고, 미국의 루스벨트Franklin D. Roosevelt, 1882~1945 대통령과 영국의 처칠 수상 그리고 중국국민당의 당수이자 중화민국의 총통이었던 장제스蔣介石, 1887~1975가 모여서 주로 아시아 태평양 지역 문제를 논의했습니다. 영국은 자국의 식민지였던 미얀마당시 버마와 말레이시아가 일본에 점령되었고, 그곳에 머물던 영국군과 민간인들이 억류되어 있었기 때문에 태평양 전쟁의 이해당사자였습니다. 중국은 이미 1937년 이후 일본과 직접 전쟁을 하고 있었으며, 미국은 전쟁을 빨리 끝내기 위해서 미얀마를 통해 중국으로 넘어가는 루트가 중요했고 중국국민당의 협조도 필요했습니다.

이 회담에서 결정한 것들 중 눈여겨볼 첫 번째 내용은 "일본의 무조건적인 항복"입니다. 여기에는 어떤 조건도 붙지 않습니다. 일본의 전쟁이 정의로운 전쟁이 아니라는 점을 분명히 밝힌 거죠. 두 번째는 "1914년 제1차 세계대전 개시 이후에 일본이 탈취 또는 점령한 태평양의 도서 일체를 박탈할 것"이라는 부분입니다. 일본은 침략뿐만 아니라 조약을 통해서 영토를 확장했지만, 모두 실효성이 없다고 판단한 것이죠. 그러고 나서 한국과 타이완의 해방을 언급했습니다. 이 카이로선언은 제2차 세계대전 이후에 일본이 차지했던 영토를 어떻게 처리할지에 대한 최초의 그리고 아주 중요한 선언인 동시에 이후 일본 문제 논의에서 근본적인 준거가 되는 국제법적인 함의를 갖는 선언이 됩니다. 그래서 1951년에 일본 문제를 최종적으로 해결하기 위해 샌프란시스코에서 평화조약이 체결될 때에도 카이로 회담이 제일 중요한 모델이 되었습니다.

카이로에서 만난 삼국 정상

일본 패망 이후를 논의하기 위해 전쟁 중에 미국의
루스벨트 대통령, 영국의 처칠 수상, 중화민국의 장
제스 총통이 카이로에서 만났다. 여기에서 이들은
한국을 '적절한 시기'에 독립시키겠다고 약속했다.

그렇다면 카이로 회담에서 어떤 점들이 정확히 합의가 됐을까요? 일단 일본이 "폭력과 탐욕으로 약탈한 다른 일체의 지역으로부터 구축驅逐될 것"이라는 것이 제일 중요합니다. 이런 내용과 함께 1914년이라는 시기가 언급되었습니다. 이 1914년은 굉장히 중요합니다. 1914년은 제1차 세계대전이 시작된 해입니다. 일본은 제1차 세계대전에서는 승전국의 입장이었습니다. 일본은 제1차 세계대전 중 산동山東, 산둥성을 조차하고 있었던 독일군과 격전을 벌였습니다. 독일의 반대편에 서서 승전국이 되었기 때문에 일본은 중국으로부터 많은 이권을 차지하기 위해 제1차 세계대전 이후 여러 가지 노력을 하게 됩니다. 그중에 '21개조 요구'

라는 것이 있습니다. 일본은 전쟁에 적극적으로 참여한 것도 아니면서 승전국의 입장이 되자 한국에서 가장 가까우면서 독일과 전투를 벌였던 산동반도와 만주滿洲, 만저우와 요동遼東, 라오둥반도 등에서 일본이 권리를 가져야 한다는 주장을 했던 것입니다.

'21개조 요구'는 주변국들이나 열강들이 받아들이기 힘든 요구였습니다. 당연히 중국에 대한 이권을 갖고 있던 유럽의 제국들이 반발했고 중국 내에서도 반일감정이 광범위하게 일어났습니다. '21개조 요구'는 1919년 5·4운동으로 연결되는 중요한 계기가 되기도 합니다. 영화「마지막 황제」The Last Emperor, 1987를 보면, 마지막 황제 푸이溥儀, 1906~67가 베이징北京의 자금성紫禁城, 쯔진청을 떠날 때 반일시위를 하는 장면들이 나옵니다. 그 장면들이 바로 이 시기를 묘사하는 것입니다.

그러니까 일본이 "폭력과 탐욕으로 약탈한 다른 일체의 지역으로부터 구축될 것"이라는 말은 제1차 세계대전 이후 일본이 얻었던 영토와 함께 태평양의 섬들을 반환해야 한다는 것입니다. 일본이 장악한 섬들은 대부분 태평양의 전략적 요충지들이었죠. 이것 외에 또 하나의 핵심적인 요구는 바로 한국과 타이완의 해방 문제입니다. 특히 한국의 해방을 언급한 것은 당시로서는 상당히 이례적인 일이었죠. 다른 지역에 대해서는 "1914년 이후에 일본이 탈취 또는 점령한 태평양의 도서 일체" "폭력과 탐욕으로 약탈한 다른 일체의 지역"이라고 되어 있지만 어떤 지역인지는 구체적으로 명시하지 않았습니다. 그런데 한국만 명시한 거죠. 강대국들은 한국이 일본의 식민지가 되기 이전부터 독립국이었다는 것을 인정한 것입니다. 이는 또한 우리 독립운동가들이 열심히 노력한 것을 인정해준 것이기도 합니다. 전세계에서 펼친 독립운동가들의 노력이 카이로선언으로 결실을 맺은 셈이죠. 또 3·1운동의 공도 큽니다. 3·1운동을 통해 세계적으로 한국 사람들은 독립을 원하고 있고, 원래 독립국가였다는 것이 알려져 있었다는 점이 결정적인 역할을 했습니다. 이러한 모든 과정이 계기가 되어 한국의 독립이 더이상 이견이 없는 국제적인 사실로서 인정받았던 것입니다. 즉 한국의 독립에는 명확한 명분이 있었던 거죠. 그리고 한국의 독립을 확인한 것이 카이로선언의 아주 중요한 의미라고 할 수 있습니다.

물론 한국을 독립시킴으로써 일본 패망 이후 한국에 영향력을 미치려고 했던 중국의 의도도 중요한 배경이 되었습니다. 중국은 1894년 청일전쟁에서 패하고 한반도의 주도권을 일본에 빼앗긴 다음 급속히 힘을 잃었습니다. 따라서 한반도가 중요하다는 것을 뼈저리게 느끼고 있었던 거죠.

여기에서 중요한 사실은 연합국들이 독일과 일본에 대해 서로 다른 전후 처리 방식을 채택했다는 점입니다. 독일은 제1차 세계대전에 패배하면서 식민지가 거의 없었기 때문에 전후 독일 자체를 분할하는 방식을 택했습니다. 이는 유럽에서 미국뿐만 아니라 소련이 중요한 역할을 했기 때문이기도 했습니다. 일본은 제1차 세계대전의 승전국이었기 때문에 제국으로서 식민지와 점령 지역을 보유하고 있었습니다. 따라서 일본에 대해서는 제국을 해체하는 방식을 채택했습니다. 이는 아시아에서 소련이 거의 역할을 못 했기 때문이기도 했습니다. 소련은 일본과 불가침조약을 맺었고, 제2차 세계대전이 끝나기 일주일 전에서야 일본의 항복을 받기 위해 만주와 한반도 북부로 진격했을 뿐이었습니다.

유럽의 식민지였던 동남아시아 역시 한반도와는 다른 운명을 걸었습니다. 카이로 선언에서는 일본이 1940년 이후 점령한 동남아시아 지역에 대해서는 따로 규정하지 않았지만, 패전한 일본은 이 지역에서 떠나야 했고, 그 지역은 원래의 상태로 돌아가야 했습니다. 문제는 원래의 상태로 돌아간다는 것이 곧 해방을 의미하는 것이 아니었다는 점입니다. 패전국의 식민지였던 한국은 곧 해방되었지만, 원래 유럽의 식민지였던 동남아시아 지역에는 제국주의 국가들이 다시 복귀하였습니다. 이로 인해 한반도와는 달리 1945년 이후에도 베트남과 인도네시아는 구 제국주의 국가였던 프랑스, 네덜란드와 독립전쟁을 치러야 했습니다.

그런데 이 카이로선언은 두고두고 영토 문제를 일으키는 근거가 되고 있습니다. 명확하게 명시하지 않은 지역들 때문입니다. 그중 문제가 되는 대표적인 지역이 우리나라와 일본 사이에서 문제가 되는 독도, 중국과 일본 사이에서 문제가 되는 센카쿠尖閣, 일본명 또는 댜오위다오釣魚島, 중국명 지역입니다. 카이로 선언에서는 이 섬에 대해서 구체적으로 지적하지 않았습니다. 사실은 작은 무인도이기 때문에 세계대전이 진행되고 있는 상황에서 지적하는 것 자체가 불가능한 상황이었죠. 그리고 이 섬은 제2차 세계대전 이후 일본의 전쟁 책임을 결정지은 1951년의 샌프란시스코 회담에서 또 빠집니다. 결국은 오늘날 동북아시아에서 벌어지고 있는 한중일 사이의 영토분쟁이 카이로 회담에서 시작된 것입니다.

카이로 회담은 샌프란시스코조약으로 연결되기 때문에 제2차 세계대전 중의 회담들과 일본의 패전 처리를 위해 열렸던 샌프란시스코 회담을 자세히 살펴보면 현재 동북아시아에서 나타나고 있는 여러 가지 문제의 기원을 찾아볼 수 있습니다. 사실 샌프란시스코조약 제5조에는 일본의 집단적 자위권 문제도 언급되어 있습니다. 미국은 그때부터 일본의 군사적 역할이 확대되기를 원했던 거죠.

한국 독립에 대한 첫 약속
카이로선언(부분)

3대 동맹국미국, 영국, 중화민국은 일본의 침략을 정지시키며 이를 처벌하기 위하여 이번 전쟁을 속행하고 있는 것으로, 위 동맹국은 자국을 위하여 어떠한 이익을 요구하는 것은 아니며 또 영토를 확장할 의도도 없다. 위 동맹국의 목적은 일본이 1914년 제1차 세계대전 개시 이후에 일본이 탈취 또는 점령한 태평양의 도서 일체를 박탈할 것과 만주, 타이완 및 펑후澎湖제도와 같이 일본이 청나라로부터 빼앗은 지역 일체를 중화민국에 반환함에 있다. 또한 일본은 폭력과 탐욕으로 약탈한 다른 일체의 지역으로부터 구축될 것이다. 위의 3대국은 한국민의 노예 상태에 유의하여 적절한 시기에 한국을 자주 독립시킬 결의를 한다. 이와 같은 목적으로 3대 동맹국은 일본과 교전 중인 여러 국가와 협조하여 일본의 무조건적인 항복을 촉진하는 데 필요한 중대하고도 장기적인 행동을 속행한다.

일본의
치밀한 준비

　　　　　　독도와 센카쿠/댜오위댜오가 카이로선언과 샌프
란시스코조약에 언급되지 않은 까닭에 오늘날까지 많은 문제가 일어나
고 있지만, 사실 이 모든 문제의 기원은 훨씬 이전으로 거슬러올라갑니
다. 바로 시모노세키조약에서부터입니다.

　시모노세키조약은 지금으로부터 120여 년 전에 중국과 일본이 맺은
조약입니다. 2015년은 시모노세키조약이 체결된 지 120년이 되는 해입
니다. 1894년에 동학농민전쟁이 벌어지면서 청나라와 일본의 군대가
한국에 오게 되고 청일전쟁이 시작되었습니다. 서양에서는 제1차 중일
전쟁이라고 부르고 우리는 청일전쟁이라고 부르죠. 이렇게 청일 양국
군대가 한반도에 진주한 것은 갑신정변 직후 양국이 맺은 톈진天津조약
이 그 배경이 되었다는 것은 잘 알려진 사실입니다.

　우리가 알고 있는 것처럼 청일전쟁에서 일본은 청나라를 누르고 승
리합니다. 많은 나라들은 청나라가 아무리 힘이 약화되었더라도 일본
에 패배할 리가 없다고 생각했습니다. 그런데 일본은 1884년 갑신정
변 이후 톈진에서 중국과 조약을 맺은 이후 10년 동안 절치부심했습니
다. 동아시아에서 중국 대신 패권을 잡아야겠다는 생각을 한 거죠. 그후
1894년에 전력을 집중해 청나라와 전쟁을 벌인 것입니다. 그리고 나서
일본은 시모노세키에서 청나라와 조약을 맺게 됩니다.

　시모노세키 지역은 우리나라 부산에서 연결되는, 일본의 혼슈本州로
들어가는 관문과 같은 곳입니다. 또 일본의 해군함대가 한국의 동해 또

는 서해 지역으로 갈 때는 시모노세키 앞에 있는 관문關門, 일본어로 칸먼 해역이라는 곳을 지나가야 합니다. 한마디로 시모노세키는 그만큼 중요한 지역입니다. 일본에 파견된 조선의 사신들은 시모노세키를 통해 에도江戸, 지금의 도쿄에 들어갔고, 일제강점기에도 부산과 시모노세키 사이에는 관부關釜 연락선이 오갔습니다. 지금도 관부 연락선은 운행되고 있습니다. 관부 연락선은 시모노세키의 한자 이름인 하관下關의 관關과 부산釜山의 부釜를 딴 것입니다.

시모노세키에서 회담을 열고 나서 2~3일 정도 지났을 때 리훙장李鴻章, 1823~1901이 숙소로 돌아가는 길에 일본의 극우 청년한테 피격을 당했습니다. 이 사건으로 인해 처음에는 일본 쪽의 대표, 즉 수상이었던 이토 히로부미伊藤博文, 1841~1909가 중국 측의 대표인 북양대신 리훙장에게 강한 요구를 하기 어려운 입장이 되었죠. 그래서 일단 휴전에는 동의했습니다. 그런데 배상 문제와 관련해서는 일본 쪽에서 상당히 강한 요구를 하게 됩니다. 핵심적인 부분이 조선과 타이완 문제입니다. 전쟁은 청나라와 일본이 했지만, 동아시아 패권을 장악하기 위해서는 조선과 타이완을 장악해야겠다는 입장을 밝힌 거죠. 일본은 대륙과 남태평양으로 가는 교두보를 확보하고 싶었던 것입니다. 그래서 조약문에는 요동반도에 대한 부분도 들어가 있습니다.

조약문을 보면, 제1조에 "조선의 충분하고 완전한 독립과 자치"라는 내용이 들어가 있습니다. 사실 굉장히 웃긴 거죠. 청나라와 일본이 조약을 맺으면서 첫머리에 조선의 "독립과 자치를 승인"이라는 구절을 넣는 것은요. 1876년에 우리가 일본과 맺었던 강화도조약과 똑같습니다. 다른 점은 시모노세키조약에는 청나라가 그걸 인정한다는 내용이 들어가 있다는 것입니다. 즉 청나라가 동아시아 지역, 특히 한반도에 대한 패권을 포기하겠다고 밝힌 것입니다.

제2조와 제3조에는 타이완과 요동반도에 대한 일본의 권리를 청나라가 인정한다는 내용이 들어가 있습니다. 즉 청나라가 관리하고 있던 타이완을 일본이 식민지화하는 계기가 되는 것이 시모노세키조약입니다. 당시 일본은 산동반도에서 전투를 벌여 유리한 입장이었습니다. 그래서 요동반도까지 장악해 산동반도와 요동반도를 연결함으로써 바다로부터 베이징으로 들어가는 관문을 모두 막아버리겠다는 심산이었습니다. 이렇게 되면 베이징과 바로 연결되는 중국의 가장 핵심적 관문인 톈진과 그 앞의 보하이渤海만이 모두 일본에 의해 봉쇄될 수도 있었습니다.

타이완의 식민지화는 센카쿠/댜오위다오 문제와 직접적으로 연결됩니다. 이를 이해하기 위해서는 시모노세키조약 이전으로 좀더 거슬러 올라가야 합니다. 일본이 시모노세키조약을 체결하기 전에 류큐琉球 제도를 복속한 사실을 눈여겨봐야 합니다. 지금의 오키나와冲繩는 원래 류큐라 불리며 독자적인 왕국을 가지고 있었습니다. 독립된 국가였죠. 중국에 대해서도 독자적으로 조공하는 관계였습니다. 조선에 조공을 한 적도 있었죠. 따라서 청나라는 류큐도 조선과 비슷하게 조공관계로 맺어진 주변 국가로 인식하고 있었습니다. 그런데 1879년 일본이 류큐를 복속해버린 것입니다. 그러자 일본이 남쪽으로 힘을 뻗는 형국이 되었습니다. 지도를 보면 오키나와는 일본의 최남단에 있습니다. 타이완과도 매우 가깝습니다. 시모노세키조약을 통해 비로소 일본은 타이완까지 식민지화할 수 있었습니다. 이렇게 되니까 타이완과 오키나와 사이

한국

일본

가고시마

동중국해

상하이

중국

센카쿠/댜오위다오 제도

오키나와 제도 아마미 제도

나하 오키나와

류
큐
제
도

타이베이

사키시마 제도

미야코지마

야에야마 제도

대만

태평양

타이완, 센카쿠/
댜오위다오, 오키나와

일본은 류큐를 병합한 이래 시모
노세키조약을 통해 타이완까지
식민지로 삼았다. 이때 오늘날 중
일 영토분쟁의 핵심 지역인 센카
쿠/댜오위다오도 자연스레 일본
의 영토에 편입되었다.

에 있는, 오늘날 문제가 되는 센카쿠/댜오위다오가 자연스럽게 일본 쪽
으로 들어가게 되었습니다. 그런데 원래 이 섬은 명나라 때부터 댜오
위다오라는 이름을 가지고 있었습니다. 그걸 일본이 센카쿠라고 이름
을 바꾸고 복속한 거죠. 사실은 독도와 비슷합니다. 러일전쟁 시기였던
1905년 일본은 다케시마라는 이름으로 독도를 등재시켰죠. 원래는 조
선 땅인데. 같은 방식으로 댜오위다오도 센카쿠라는 이름으로 복속시
킨 것입니다.

역사적으로는 이런 상황인데도 일본은 카이로 회담에는 독도, 센카

쿠/댜오위다오 같은 섬들을 반환한다는 이야기가 없었다고 주장합니다. 카이로 회담에서 일본이 탐욕에 의해 차지한 지역은 원래대로 반환해야 한다고 했지만, 탐욕에 의해 차지한 지역에 독도도 센카쿠/댜오위다오도 안 들어가 있습니다. 이를 배경으로 일본은 아무리 전쟁에서 패했어도 그 섬들에 대한 반환 얘기는 없으니 국제법적으로 먼저 등록한 자신들이 주인이라고 주장하는 것입니다.

시모노세키조약이 없었다면 일본은 남쪽으로 진출하기가 무척 어려웠을 것입니다. 그러면 동아시아에서 패권을 가지고 태평양전쟁이나 제2차 중일전쟁을 일으키기에는 상당히 어려운 상황이었겠죠. 이 조약을 통해서 일본은 제국으로 발돋움하는 계기를 마련했습니다. 즉 시모노세키조약은 일본 제국주의의 시작점입니다. 그런 의미에서 시모노세키는 굉장히 역설적인 지역입니다. 이토 히로부미라든가 지금의 아베 신조安倍晋三 총리가 이 지역의 야마구치山口현 출신인데, 원래 이 지역은 서양 세력을 제일 강하게 배척했던 곳입니다. 서양과의 전투까지 벌어진 곳이죠. 그 지역에서 일본이 서양 제국주의를 배우겠다며 시모노세키조약을 맺었으니 말입니다.

이토 히로부미와 아베가 시모노세키를 포함하고 있는 야마구치현 출신이라는 점은 일본의 제국주의화 과정에서 큰 의미가 있습니다. 시모노세키는 당시 세력이 컸던 조슈번長州藩이 있었던 지역입니다. 서양을 배척하는 운동을 거세게 펼쳤다고 했는데, 그만큼 강한 민족주의적 성향을 가진 곳입니다. 일본이 제국으로 성장하는 과정에서 이 지역의 민족주의 성향이 월등히 커지면서 군국주의로 발전하는 배경이 되었습니다. 얼핏 보기에 서양을 배척하다가 서양 제국주의와 비슷하게 되었다는 점이 모순처럼 생각되지만, 사실은 배타적인 민족주의는 패권주의나 군국주의로 갈 수 있는 발판을 놓는 역할을 했습니다. 어떤 면에서 그것이 오늘날까지 이어지는 셈입니다.

일본 제국주의화의 출발점
시모노세키조약(부분 요약)

제1조 조선의 독립

청나라는 분명하게 조선의 충분하고 완전한 독립과 자치를 승인하고, 그러한 독립과 자치에 따라 그 결과 구래의 중국에 대한 조선의 조공과 행사와 의식을 앞으로는 모두 중지한다.

제2조와 제3조

청나라는 요동반도와 타이완, 펑후제도 등 부속 여러 섬의 주권 및 그 지방에 있는 성루, 병기제조소 등을 영원히 일본 제국에 할양한다. (⋯)

—

드디어 등장하는
미국

카이로선언에서 "일본은 폭력과 탐욕으로 약탈한 다른 일체의 지역으로부터 구축될 것"이라고 규정되었습니다. 이는 일본 제국주의가 탐욕에 의해 진출한 타이완과 조선으로부터 구축되는 것과 아울러 그 과정에서 일본의 관할 지역이 된 도서들 역시 반환해야 한다는 것을 의미합니다. 그러나 일본정부는 카이로 회담을 다르게 해석하고 있습니다. 왜 그럴까요? 그건 이어지는 샌프란시스코조약 때문입니다.

샌프란시스코조약은 일본의 전쟁 책임을 묻기 위해서 1951년에 체결되었습니다. 1951년이면 우리는 전쟁 기간이었죠. 미국으로서는 이 조약이 매우 중요했습니다. 원래 미국은 1945년 이후 아시아에서 중국을 중심으로 새로운 판을 짜고 기본적으로는 독일과 일본을 무력화하려고 했습니다. 독일과 일본이 계속 말썽을 일으키니까 세계 평화에 문제가 된다고 여기고 중국 중심으로 가려고 했던 거죠. 그런데 1949년에 중국이 공산주의 혁명에 성공한 거예요. 냉전 상황에서 중국이 공산주의 혁명에 성공하자 중국을 파트너로 삼으려던 미국의 전후 정책에 차질이 생겼습니다.

미국의 입장에서는 중국과 소련을 봉쇄하기 위한 반공정책에 어느 정도 기여할 파트너를 찾아야 했습니다. 아시아에서 미국이 원하는 정도의 힘을 가진 나라는 일본밖에 없다는 것이 미국의 생각이었죠. 냉전 상황에서 미국은 소련뿐만 아니라 공산주의 혁명을 한 중국도 봉쇄해야만 했습니다. 그래서 비록 제2차 세계대전에서는 적국이었지만 미국에 힘을 보태줄 나라는 일본밖에 없다고 생각하게 되었습니다. 이걸 이른바 역코스reverse course 정책이라고 합니다. 코스가 바뀐 거죠. 원래는 일본을 무력화시켜서 더이상 말썽을 피우지 못하게 한다는 계획이었지만 중국이 공산화되자 일본을 다시 한번 부활시켜서 아시아에서 중국의 팽창을 막기 위한 미국의 파트너로 삼기로 했던 것입니다.

사실 한국으로서는 너무나 섭섭할 수도 있었던 정책이었죠. 왜냐하면 한국의 입장에서 보면 적국이었던 일본보다는 일본을 반대하면서 독립운동을 했던 한국이 더 적절한 파트너가 될 수 있었기 때문입니다. 이승만 대통령이 당시 미국정부에는 친일파들이 너무 많다고 비난했던 것도 이 때문이었습니다.

미국이 적국이었던 일본을 파트너로 만들려면 일본의 전쟁 책임 문제를 확실하게 마무리해야 했습니다. 그런데 현실은 다른 방향으로 흘렀죠. 1950년 한반도에서 전쟁이 시작되고 중국이 참전해서 미국과 전쟁을 벌이게 되었습니다. 한국전쟁에 참전한 중국군의 힘은 생각보다도 막강했습니다. 중국군의 참전 직후 미군은 허무하게 무너졌죠. 중국이 공산주의의 영향력을 동북아시아 전체로 확대할 수도 있는 상황에 직면하게 된 것입니다. 이렇듯 상황이 급박해지니까 미국은 1951년 샌프란시스코에서 조약을 강행 처리한 것입니다.

우리 입장에서 보면 일본을 파트너로 삼은 미국의 선택이 잘못된 것이지만, 미국으로서는 중국을 제외하고 아시아에서 가장 강한 국가였던 일본이 공산권으로 넘어가는 것을 어떻게든 막아야 했습니다. 일본마저 공산화된다면 아시아 전체가 공산화될 수 있었으니까요. 만약 두 사람이 싸움을 한다고 합시다. 상대에게 이기기 위해서 두 명의 친구 중에 한 명을 골라야 한다면 누굴 고를까요? 마음에 맞는 사람을 고르는 것이 우선이겠지만, 두 친구 모두와 마음이 맞는다면 좀더 힘센 친구를 선택할 것입니다. 미국도 아시아에서 중국과 대결하기 위해 한국 대신 일본을 선택한 거죠. 한국으로서는 많이 섭섭한 일이지만 말입니다.

문제는 막상 일본으로부터 배상을 받아야 할 제일 중요한 국가인 한국과 중국은 회담에 초대받지 못했다는 점입니다. 한국은 1910년 강제적으로 맺어진 조약에 의해 35년간 일본의 식민지였습니다. 강제적으로 맺어진 조약은 무효이기 때문에 한국을 식민지로 삼은 것 자체가 불법이었고, 불법적인 지배에 대한 배상을 받아야 했습니다. 중국은 타이완을 뺏긴데다가 영토 전체가 1931년 만주사변 이후 전쟁터였어요. 난징대학살도 있었죠. 최근에 731부대 얘기도 나오고 있고요. 한국은 전쟁 때문에, 중국은 북한을 돕기 위해 군대를 파견했기 때문에 회의에 참여하기 어렵다는 것이 양국을 샌프란시스코에 초대하지 않은 이유였습니다. 그런데 이건 변명에 불과합니다. 가장 중요한 두 나라가 참여하지 못하니까 일본의 전쟁 책임을 철저하게 묻지 못하는 상황이 발생했습니다. 사실 미국은 일본을 파트너로 삼고 싶어서 전쟁 책임을 철저하게 묻지 않았던 거죠. 미국은 전쟁에서 승리하고도 일본으로부터 어떠한 배상금도 받지 않았습니다.

실제적으로 샌프란시스코조약에서 중요하게 다룬 것은 세 가지입니다. 첫 번째는 '일본이 이전에 불법적으로 취득했던 영토의 반환'입니다. 두 번째는 '전쟁이나 점령을 하면서 다른 나라 사람들한테 줬던 피해에 대한 배상'입니다. 세 번째는 '앞으로는 절대로 이런 일을 일으키지 않도록 시스템을 만들어주는 것'입니다. 이 세 가지 중에 영토 문제가 첫 번째로 규정됩니다. 샌프란시스코조약을 보면 "한국의 독립을 인정하고, 제주도, 거문도 및 울릉도를 포함한 모든 지역에 대한 일체의 권리와 소유권 및 청구권을 포기한다."라고 되어 있습니다.

거문도가 포함된 것은 1885년에 영국이 이 섬을 점령한 적이 있기 때문입니다. 영국이 러시아의 남하를 막는다는 구실로 1년 동안 거문도를 점령했습니다. 영국의 거문도 점령은 영토 문제와는 다른 논란을 불러일으키기도 했습니다. 영국군이 점령하는 1년 동안 영국 배를 통해 그 지역에 전기가 들어왔습니다. 일반적으로 전기는 고종 황제가 경복궁에 처음 들여왔다고 알려져 있지만, 거문도에 사는 사람들은 그때 영국 배가 먼저 전기를 들여왔다고 주장하기도 합니다.

여하튼 거문도는 전략적으로 중요하다는 인식이 있었기 때문에 샌프란시스코조약에는 제주도, 거문도, 울릉도가 언급되었습니다. 그런데 독도는 언급이 안 되었죠. 여기에서 독도 문제가 불거지게 되는 것입니다. 원래 샌프란시스코조약 초안에는 독도가 들어가 있었습니다. 한국 정부도 초청하게 되어 있었지요. 그런데 이게 다 무산되어버렸습니다. 당시 일본에서 중요한 역할을 했던 시볼드William J. Sebald라는 미국인이 일본정부의 입장을 그대로 받아준 것입니다. 또 영국도 일본정부의 편을 들면서 독도 문제가 빠지게 되었던 것입니다. 정병준의 『독도 1947』 돌베개 2010에 보면 샌프란시스코조약 초안에는 독도를 한국에 돌려주는 것으로 명시되어 있다가 최종안에서는 빠지게 된 이유가 잘 설명되어 있습니다.

샌프란시스코조약에서 주목해야 할 점이 또 하나 있습니다. 한국정부가 참여하지 못하는 원인에 대한 것입니다. 당시 한국은 전쟁 중일 뿐만 아니라 제2차 세계대전의 승전국이 아니라는 논리였죠. 오히려 제국의 일부였다는 것입니다. 이는 한국의 반일 독립운동 세력들을 전혀 인정하지 않겠다는 의미이기도 했습니다. 사실 여기에는 논리적 모순이 있습니다. 앞에서 살펴본 카이로선언에서는 한국의 독립을 승인했습니다. 중국국민당의 압력이 작용하긴 했지만, 독립운동가들의 노력을 국

일본은 샌프란시스코조약을 내세우며 독도와 센카쿠/댜오위다
오에 대한 소유권을 주장하고 있다. 한국과 중국은 참여하지도
않은 국제협약이 오늘날 한국과 중국의 발목을 잡고 있다.

제사회가 인정했기 때문이었죠. 그렇다면 당연히 한국을 승전국으로
인정했어야 하는데, 그러질 않았던 것입니다.

사실 미국도 한국의 망명 임시정부를 공식적으로 인정하지 않았습니
다. 일본 패망 직후 미국과 소련이 일본군으로부터 항복을 받고 미군정
을 설치한 것도 임시정부를 합법적인 정부로 인정하지 않았기 때문입
니다. 그래서 임시정부 요인들이 한국에 들어올 때도 정부로서 귀국한
것이 아니라 개인 자격으로 입국하게 됩니다. 임시정부는 제2차 세계대

전 당시 일본에 선전포고를 하고 광복군을 조직해서 연합국의 작전을 도왔습니다만, 그 어떤 활동도 공식적으로 인정받지 못한 거죠.

한국이 빠진 데는 다른 원인들도 있습니다. 그중 중요한 것이 재일한국인 문제입니다. 한국이 이 조약에 참여하게 되면 한국이 승전국이 됩니다. 한국이 승전국이 되면 일본에 있는 재일조선인들이나 재일한국인들이 승전국의 국민이 되는 거예요. 당시뿐만 아니라 최근까지도 일본사회에서는 재일한국인에 대한 차별이 굉장히 심했습니다. 심지어 재일한국인을 잠재적인 범죄자로 여길 정도였죠. 이런 상황에서 일본은 재일한국인들을 승전국의 국민으로 만들어줄 수는 없다고 생각했습니다. 이런 일본의 인식을 포함해 여러 가지 이유로 결국 한국이 회담에 초청받지 못한 것입니다.

결과적으로 한국과 중국이 회담에서 빠졌을 뿐만 아니라 원래 조약에 들어가 있던 두 나라의 영토인 독도와 센카쿠/댜오위다오도 빠지게 되었습니다. 그런 까닭에 독도와 센카쿠/댜오위다오가 한국과 중국에 돌려줘야 될 땅인지, 아니면 일본이 계속 영유권/소유권을 주장할 수 있는 땅인지가 여전히 문제가 되고 있습니다.

일본은 샌프란시스코조약에 독도가 포함되지 않았다고 주장할 수 있고, 우리는 원래 조약에 독도가 포함되었다가 나중에 빠졌으므로 포함된 것으로 봐야 한다고 주장할 수 있습니다. 그러나 결과적으로는 독도가 협정문에 포함되지 않았기 때문에 일본은 국제재판소로 가서 국제법에 따라 처리하자고 주장하는 것입니다. 일본은 러일전쟁 당시 독도를 일본 영토라고 국제법적으로 등록했습니다. 그러니 국제재판소로 가면 등록은 자기들이 했고 샌프란시스코조약에는 빠져 있으므로 승산이 있다고 보는 것입니다.

한일 간의 문제는 이것만이 아닙니다. 일본군 위안부 문제, 전쟁 피해 배상 문제 등도 복잡하게 얽혀 있습니다. 다음 장에서 한일 간의 묵은 갈등을 어떻게 풀지에 대해 좀더 살펴보겠습니다.

독도 논쟁의 암초
샌프란시스코 평화조약(부분)

제1장 평화

제1조

(a) 일본과 각 연합국들과의 전쟁 상태는 제23조에 규정된 바와 같이, 일본과 관련된 연합국 사이에서 현 조약이 시행되는 날부터 중지된다.

(b) 연합국들은 일본과 그 영해에 대한 일본 국민들의 완전한 주권을 인정한다.

제2장 영토

제2조

(a) 일본은 한국의 독립을 인정하고, 제주도, 거문도 및 울릉도를 포함한 모든 지역에 대한 일체의 권리와 소유권 및 청구권을 포기한다.

(b) 일본은 타이완과 펑후제도에 대한 일체의 권리와 소유권 및 청구권을 포기한다.

(c) 일본은 쿠릴열도에 대한 그리고 일본이 1905년 9월 5일의 포츠머스조약에 의해 주권을 획득한 사할린의 일부와 그것에 인접한 도서에 대한 일체의 권리와 소유권 및 청구권을 포기한다.

(d) 일본은 국제연맹의 위임통치제도와 관련된 일체의 권리와 소유권 및 청구권을 포기하고, 신탁통치를 이전에 일본의 위임통치권 하에 있었던 태평양 제도에 이르기까지 확대하는 1947년 4월 2일의 유엔 안전보장이사회의 조치를 수용한다.

(e) 일본은 일본 국민의 활동으로부터 비롯된 것이건, 아니면 그 밖의 활동으로부터 비롯된 것이건 간에, 남극 지역의 어떤 부분과 관련된 어떠한 권리나, 소유권 또는 이익에 대한 모든 권리를 포기한다.

(f) 일본은 난사군도南沙群島와 시사군도西沙群島에 대한 일체의 권리와 소유권 및 청구권을 포기한다.

(⋯)

제4조

(a) (⋯) 일본에 있는 그 당국이나 거류민의 재산의 처분과, 일본과 일본 국민을 상대로 하는 그 당국과 거류민의 청구권부채를 포함한의 처분은 일본과 그 당국 간의 별도 협정의 주제가 될 것이다. 제2조에서 언급된 지역에서의 어떤 연합국이나 그 국민의 재산은 현재까지 반환되지 않았다면, 현존하는 그 상태로 행정 당국에 의해 반환될 것이다.

(b) 일본은 제2조와 제3조에 언급된 지역에 있는 일본과 일본 국민의 자산에 대해 미군정의 지침이나 이에 준해서 제정된 처분권의 적법성을 인정한다.

(⋯)

2

과거사 망언:
미군정의 실책, 억울한 한일

1965년 6월 22일,
5·16쿠데타로 정권을 잡은 박정희 정부는
해방 이후 단절되어 있던 한일관계를 정상화했다.
그러나 뒤끝이 개운치만은 않았다.
일본은 한국이 승전국이 아니므로 배상할 수 없다고 버텼다.
오히려 한국에 받을 돈이 있다고 주장했다.
'청구권자금'이라는 이상한 이름의 돈을 받기까지
한국과 일본 사이에는 도대체 어떤 일이 있었던 것일까?

한일관계의
터닝포인트

1장에서는 샌프란시스코조약을 맺을 당시 조약에 포함되어야 하는, 즉 반환되어야 하는 영토에 독도와 센카쿠/댜오위다오가 포함되지 않았다는 이야기를 했습니다. 그런 기조가 1965년 한일협정을 맺을 때까지 계속 이어졌다는 점이 우리 역사에서 두고두고 골칫거리가 됩니다. 일본의 과거사 망언과 위안부 문제 등이 모두 여기에서 비롯되기 때문입니다. 바로 그 문제의 한일협정에 대해 이 장에서 자세히 살펴보겠습니다. 마침 2015년은 한일협정을 맺은 지 50주년이 되는 해이기 때문에 그 의미를 되짚어보는 것이 더욱 중요합니다.

1965년의 한일협정은 한일관계에서 중요한 터닝포인트였습니다. 한국과 일본이 35년간의 식민지－제국주의 관계를 끝내는 시점으로 봐야 한다는 뜻입니다. 1945년부터 1965년까지 한국과 일본은 일부 경제 교류를 제외하고는 아무런 공식적인 관계도 없었습니다. 이웃나라인데도 외교적인 관계가 없는 상황에서 새롭게 외교관계를 맺은 것이 한일협정입니다. 그렇다면 이전에 문제가 되었던 사안들을 해결하고 넘어가야 하는 시점이 바로 1965년이었다는 말입니다. 이후의 한일관계는 1965년에 규정된 셈이지요.

안타까운 것은 우리가 1965년에 제대로 매듭을 짓지 못했다는 사실입니다. 한일협정 당시에는 민감한 사안들이 대단히 많았습니다. 그런데 이 사안들을 협상 테이블에 올리기 껄끄러우니까 나중으로 미뤄버리고 말았습니다. 물론 중국도 우리와 크게 다르지 않았습니다. 덩샤오핑鄧小平. 1904~97이 일본과의 경제관계를 회복하면서 "과거 문제는 우리 다음 세대로 돌리자." "우리가 경제성장을 한 다음으로 돌리자."라고 했습니다. 그러다 오늘날에 와서 센카쿠/댜오위다오 문제가 불거진 것이지요.

우리도 마찬가지입니다. 그 당시에 독도 문제를 해결하려고 했지만 양쪽이 서로 주장을 굽히지 않았습니다. 심지어 회담 중에 독도를 폭파해서 지도에서 없애버리면 문제가 없어지는 것이 아니냐는 한심한 얘기까지 나왔습니다. 김종필은 최근 한 일간지와 인터뷰를 하면서 독도를 없애버리자는 것이 아니라 일본에 독도를 넘겨주느니 차라리 폭파하겠다는 의미였다고 변명하기도 했습니다만.

가뜩이나 반일감정이 높은데다 상황이 엉뚱하게 흘러가자 국내에서 한일협정 반대시위가 전국적으로 확대되었습니다. 협정을 체결하기 1년 전인 1964년에는 6·3사태가 발생했습니다. 당시 주한미국대사관의 보고서에서 '6·3사태가 제2의 4·19혁명이 되는 것은 아니냐, 박정희 정권이 무너질지 모른다. 우리는 이에 대해 플랜B를 가지고 있어야 한다'라고 표현할 정도로 6·3사태는 큰 규모의 시위였습니다. 6·3사태는 단순히 한일협정에 독도가 포함됐느냐 안 됐느냐 하는 것 때문에 발생한 문제가 아니었습니다. 이 시위에서 제일 중요한 부분은 김─오히라 메모였습니다. 당시 한국의 중앙정보부장은 김종필이었고, 일본의 외상은 오히라 마사요시大平正芳, 1910~80였습니다. 이 두 사람이 1962년 11월 일본에서 비밀 회담을 갖습니다. 한국과 일본 사이에 문제가 되고 있는 부분에 대한 합의를 하려는 목적이었죠.

물론 1945년 이후에 한일 간의 문제를 해결하기 위한 노력이 전혀 없었던 것은 아닙니다. 1951년 샌프란시스코조약 직후부터 한국과 일본은 외교관계를 정상화하기 위한 협상에 들어갔습니다. 다만 이러한 협상이 우리나라에서 4·19혁명과 5·16쿠데타를 거치면서 10년 넘게 합의점을 찾지 못했던 거죠.

우리보다 미국이 한일관계에 더 큰 관심을 가졌습니다. 미국의 입장에서는 당시 한국과 일본의 관계 정상화가 굉장히 중요했습니다. 그 이유는 첫째, 동북아시아에서 중국과 북한을 봉쇄하기 위해서는 자유진영인 한국과 일본이 관계를 정상화하고 협력하는 것이 필요했고, 이것이 미국의 중요한 정책 방향이었습니다. 미국은 1950년대부터 일본의 군사적 역할을 강화하고 한국과 일본 사이의 군사적 협력관계를 강화하기 위해 노력해왔습니다. 단지 한국의 반일감정, 일본 시민사회의 군대 보유 반대로 인해서 이러한 노력이 제대로 성과를 내지 못했던 거죠. 이미 1951년의 샌프란시스코조약에 집단적 자위권이라는 내용이 포함될 정도로 미국은 일본의 재무장화를 지지해왔습니다. 그러다가 일본

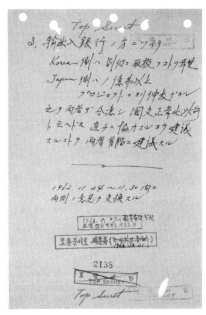

외교부에서 공개한 김—오히라 메모

한일협정 반대시위가 전국적으로 확대된 데에는
1962년의 '김—오히라 메모'가 결정적인 구실을 했
다. 최근 김종필은 외교부가 공개한 메모지가 당시
의 것이 아니라고 주장하기도 했다(『중앙일보』 2015
년 5월 12일).

내에서 극우 세력들이 정권을 잡자 미국은 본격적으로 일본의 군사적
역할 강화를 지지하기 시작한 거죠. 미국이 2014년 말 한국 시민사회의
반대에도 불구하고 한미일 군사정보협약을 밀어붙였던 것도 일본의 군
사적 역할을 강화시키기 위한 것이었습니다.

둘째, 전세계에는 미국이 돈을 써야 할 곳이 너무 많은데 동북아시아
에서는 일본이 어느정도 그 역할을 해줬으면 좋겠다는 생각이 있었습

니다. 미국은 동북아시아에서 냉전의 최전선에 있는 한국에 돈을 너무 많이 지출하고 있었습니다. 이런 이유로 미국은 일본에 한일협정을 빨리 맺어서 한국을 좀 도와주라고 강하게 요구하는 상황이었습니다. 하지만 당시 한국은 해방된 지 얼마 안 됐고 일본에 대한 감정도 매우 나빴습니다. 또 일본도 완전히 경제부흥에 성공한 상태가 아니었기 때문에 한일협정에 그다지 적극적이지 않았습니다. 양국 모두 이런 상태였지만 미국의 요구를 무시할 수 없었기 때문에 서로가 자기한테 유리하게 협정을 맺으려고 한 것입니다.

이유 있는
망언

　　　　　한일협정 반대시위의 이슈였던 김-오히라 메모는 앞서 이야기한 것처럼 비밀리에 진행되었습니다. 완전 합의는 아니었고 잠정 합의였는데, 문제는 배상금이었습니다. 식민지 시기에 우리는 일본으로부터 정말 많은 피해를 입었습니다. 식민지 근대화론이라는 주장이 많은 논란을 일으키고 있지만, 기본적으로는 정신적·물질적으로 많은 피해를 받았습니다. 특히 태평양전쟁 시기에는 총동원이라고 해서 집에 있는 숟가락까지 다 빼앗길 정도로 많은 피해를 입었습니다. 그러니까 이런 물질적·정신적 피해에 대해서 배상을 받아야 한다는 것이 한국의 입장이었던 거죠. 일본은 한국이 승전국이 아니기 때문에 배상금을 줄 수 없다는 입장이었습니다. 그리고 그 근거로 1951년 샌프란시스코조약 체결에 한국이 참가하지 않았다는 것을 들었습니다.

그런데 샌프란시스코조약 체결에 참여하지 않았기 때문에 한국이 승전국이 아니라는 일본의 주장은 무리가 있습니다. 우린 사실 독립운동을 했습니다. 또 일본에 대해서 임시정부가 선전포고도 했습니다. 그렇기 때문에 강대국들도 카이로선언에서 한국을 독립시켜야 한다고 인정한 거죠. 그런데 일본이 그걸 인정하지 못하겠다, 배상금을 주지 못하겠다고 하니까 대립할 수밖에 없었던 것입니다. 정리하면 한국이 승전국이 아니기 때문에 배상금을 줄 수 없다는 것이 일본의 첫 번째 논리였습니다.

두 번째로는 지금도 일본의 극우 정치세력이나 일부 역사학자들이 주장하는 이른바 식민지 근대화론이 있습니다. 즉 일본이 한국을 식민지화해서 발전시켜줬는데 무슨 배상금을 바라느냐는 거죠. 사실 이 문제는 이미 1950년대에 한일 간의 협상 과정에서 논란이 된 적이 있습니다. 그 당시에 '구보다 망언'이라는 것이 나왔습니다. 구보다 간이치로 久保田貫一郎는 당시 일본 측 대표였습니다. 1950년대에 이승만 정부는 '이런저런 부분은 일본이 배상해야 한다'며 배상금 목록을 자세하게 만들어서 전달했습니다. 그러자 구보다가 '아, 왜 한국을 발전시켜준 우리가 배상을 해야 하느냐' 하고서는 거부한 것입니다. 그 이후에 한국과 일본 사이의 협상은 몇 년 동안 중단되었습니다.

세 번째는 아주 민감한 문제로 국제법과 관련되어 있습니다. 일본이 자신들이 오히려 돈을 받아야 한다고 주장하고 나온 것입니다. 적반하장도 유분수지 하는 생각이 당시는 물론이고 지금도 있지만, 일본이 전혀 근거 없는 주장을 한 것은 아닙니다. 일본은 당시 식민지 조선에 살던 일본 사람의 재산을 한국정부가 불법적으로 가로챘다고 주장했습니다. 일반적으로 국제법에 따르면 패전국의 공적인 재산은 몰수하게 되어 있습니다. 그러니까 우리가 식민지 시대로 돌아가보면 총독부 재산이라든가 헌병사령부 재산이라든가 하는 일본의 공공재산은 국제법적으로 몰수가 가능합니다. 그 국가에 전쟁 책임이 있기 때문입니다. 그런데 일본의 공공재산이 아니라 민간인의 재산을 어떻게 하느냐 하는 것에서 문제가 발생합니다. 식민지 시기에 조선으로 이주해온 일본 사람들이 있었습니다. 그냥 이주해온 것이 아니라 개인재산을 가지고 와서 농장도 하고 식당도 했던 일본 사람들이 있었던 거죠. 일본인들이 지주가 되어 조선인 소작인들을 수탈한 것은 문제가 되지만, 이들의 개인재산은 그 자체로서 인정해야 하는 것이 자본주의의 기본 원칙입니다. 그런데 문제는 미군정이 일본 사람들의 재산을 몰수했다는 것입니다.

한국이 해방되고 38선 이남을 점령했던 미국은 미군정을 세웠습니다. 그리고 나서 일본의 공적 재산뿐만 아니라 일본 사람들의 사적 재산까지 몰수했죠. 미군정이 이런 정책을 취한 것은 당시 미군정의 운영비가 워싱턴으로부터 제대로 도착하지 않은 탓이 컸습니다. 1945년 전쟁이 끝났을 당시 미국은 한국뿐만 아니라 신경 써야 할 점령지가 너무 많았습니다. 그래서 전략적 중요성이 떨어지는 한국을 운영하는 미군정에 재정적 지원을 하기에는 재정이 부족했던 거죠. 중요한 지역들이 많았던 탓이죠. 냉전 전략을 만들었던 케난George F. Kennan은 세계대전을 일으킬 능력이 있는 일본, 독일, 영국을 제외한 다른 지역은 포기해야 한다고 주장하기도 했습니다.

미군정은 정부를 운영할 자금이 모자라자 1945년 12월에 군정법령 33호를 발표하고, 법률에 따라 일본인들의 개인재산을 몰수해버립니다. 그 몰수된 재산이 미군정 재정의 일부로 쓰이다가 1948년 수립된 대한민국 정부에 넘어가게 됩니다. 모든 미군정의 재산이 대한민국 정부로 넘어간 거예요. 그런데 국제법적으로 개인재산은 몰수하지 못하게되어 있었기 때문에 조선에 있었던 일본인들이 '우리가 패전해서 돌아가기는 하지만 우리 재산은 어떻게 되느냐'고 문제제기를 했고, 일본정부는 그 재산에 대해서 한국이 배상해야 한다고 주장한 거죠.

사실 대한민국 정부는 억울합니다. 대한민국 정부의 법령에 의해서가 아니라 미군정 법령에 의해서 개인재산이 몰수됐던 것이고, 또 미군정 법령에 의해서 그 재산이 대한민국 정부로 넘어온 거니까요. 또 몰수된 재산이 모두 제대로 쓰였느냐 하면 그것도 아니었습니다. 공장이든집이든 운영할 사람이 있어야 합니다. 공장은 특히 그렇죠. 일부 공장은 관리자, 기술자를 조선인으로 교체하고 운영됐지만 나머지 공장들은 전쟁을 거치면서 파괴되고 또 기술자가 없어 사용하지 못하게 되기도 했습니다. 그러니까 사실 이 문제에 대해서는 미국이 유권해석을 내려줘야 하는 부분들이 있었던 것입니다.

그러나 미국도 곤란한 상황이었습니다. 유권해석을 내릴 수가 없는거죠. 잘못하면 책임을 다 뒤집어써야 하니까요. 1950년대에 이 문제가논란이 되자 한국정부와 일본정부가 미국에 유권해석을 요청하기도 했습니다. 당연히 미국정부는 묵묵부답이었습니다. 그러다 나중에는 '우린 모르겠으니 두 나라가 알아서 하라'는 무책임한 태도를 보였습니다. 이런 이유로 배상금 문제가 계속 해결되지 않았던 것입니다.

사실 샌프란시스코조약 제4조 (b)항에는 동 조약의 제2조와 제3조에서 규정한 한국을 포함한 지역에서 "미군정의 지시에 의해 일본 또는

일본 국민의 재산이 처분된 것에 대한 유효성을 인정한다"라고 규정하
고 있습니다. 따라서 일본이 한일협정을 위한 협의 시에 미군정이 압수
한 개인재산에 대해서 다시 그 권리를 주장한 것은 모순입니다. 이렇게
보면 샌프란시스코조약을 제대로 파악해서 이용하지 못한 한국정부의
실책도 있는 거죠.

  지금까지 이야기한 것이 바로 일본의 망언이 끊이지 않고 나오는 배
경입니다. 일본이 한국을 식민지화해서 근대화시켜줬는데, 일본 패망 이
후 승전국도 아닌 한국이 일본 국민의 재산을 강탈해갔다는 생각은 굉장

히 오래된 역사인식입니다. 일본의 군국주의자들, 제국을 만들려고 했던 사람들이 가지고 있던 생각이었죠. 그들은 결국 문명화된 일본이 문명화되지 않은 지역을 문명화시켜줘야 한다고 믿었습니다. 조선과 타이완 그리고 중국 등을 식민지화하면서 그런 논리를 내세웠던 것입니다.

그런데 문명이라는 관점에서 보면 이런 논리에는 허점이 있습니다. 한국이 일본에 비해 근대화에 실패한 것은 사실이지만 그외 다른 부분, 예를 들어 철학이나 사상에서는 일본보다 훨씬 오래되었죠. 이런 관점에서 보면 사실 일본의 논리는 제국주의적인 관점입니다. 전후 일본에서 전범 처리와 과거사 청산이 제대로 되지 않았기 때문에 지금까지도 그 논리가 계속되고 있다고 봐야겠죠.

양국의 엇갈린 해석
한일기본협정(부분)

제1조

양 체약당사국 간에 외교 및 영사 관계를 수립한다. 양 체약당사국은 대사급 외교사절을 지체 없이 교환한다. 양 체약당사국은 또한 양국 정부에 의하여 합의되는 장소에 영사관을 설치한다.

제2조

1910년 8월 22일 및 그 이전에 대한제국과 일본제국 간에 체결된 모든 조약 및 협정이 이미 무효임을 확인한다.

제3조

대한민국 정부가 국제연합총회의 결의 제195호(Ⅲ)에 명시된 바와 같이, 한반도에 있어서의 유일한 합법정부임을 확인한다.

제4조

(a) 양 체약당사국은 양국 상호 간의 관계에 있어서 국제연합헌장의 원칙을 지침으로 한다.

(b) 양 체약당사국은 양국의 상호 복지와 공통의 이익을 증진함에 있어서 국제연합헌장의 원칙에 합당하게 협력한다.

(…)

일본이 내민 카드,
청구권자금

　　　　다시 한일협정 당시로 돌아가보겠습니다. '너희 나라를 우리가 발전시켜주지 않았냐, 그러면 되지 않았냐'라는 일본의 주장은 지금 생각해도 어처구니가 없습니다. 일본은 당시에 이런 명분으로 배상금을 줄 수 없다는 입장을 끝까지 굽히지 않았습니다. 그래서 어쩔 수 없이 '청구권자금'이라는 것이 나오게 되었습니다. 이 부분이 1964년에 6·3사태로 대표되는 한일협정 반대시위가 일어났던 가장 중요한 원인입니다.

　사실 그 당시에 시민이나 야당 모두 한국과 일본이 협정을 맺어서 외교관계를 정상화해야 한다는 데는 이견이 없었습니다. 하루라도 시급한 경제 문제를 해결하기 위해서 한국과 일본의 관계 정상화가 필요하다는 공감대가 형성되어 있었던 거죠. 문제는 어떤 방식으로 하느냐, 첫 단추를 어떻게 끼워야 끝 단추까지 잘 끼우느냐였습니다.

김-오히라 메모에서도 배상금의 액수에 대해서는 일정 부분 합의를 보게 됩니다. 문제는 액수가 아니라 청구권자금이라는 이름에 있습니다. 이게 사실 매우 창피한 얘기입니다. 청구권자금이라는 용어는 전세계적으로 어디에서도 유래를 찾아볼 수 없습니다. 누가 뭘 청구해서 무슨 자금을 받는다는 것은 말이 안 되는 일입니다. 청구권자금이라고 하니까 우리 정부가 일본한테 청구를 해서 돈을 받는 그런 식의 내용이 되어버린 것입니다. 당연히 배상을 받아야 되는 것인데, 따라서 당연히 배상금이라고 이름 붙여야 되는데, 청구권자금이라고 이름이 붙어버린 거죠. 일본은 제국주의 국가가 식민지에 배상한 적이 없다고 주장할 수도 있습니다. 그러나 다른 식민지와 달리 우리는 전쟁 동원을 통해 전쟁의 피해를 보았습니다. 일반적인 식민지와는 다릅니다. 당연히 배상을 받았어야죠.

이렇게 되자 학생, 시민, 야당을 중심으로 아무리 일본과의 국교 정상화가 필요하고 또 경제성장을 위해서 돈을 벌어야 하더라도 우리가 제대로 명분을 세우지 못하면 앞으로 더 큰 문제가 생기리라는 인식이 확산되었습니다. 그 결과 1964년 6월 3일에 정부에서 위수령을 발동하고 군대를 동원해서 시위를 진압하는 사태가 일어났던 거죠. 미국정부는 한국군의 작전통제권을 갖고 있는 주한유엔군사령관주한미군사령관이 겸임을 통해서 한국정부가 위수령으로 한국군을 동원하는 것을 허가해주었습니다.

청구권자금이라는 용어 외에도 한일협정에서 문제가 되었던 것은 여러 가지입니다. 독도를 비롯한 민감한 사안을 다루지 않은 것도 문제였고, 그외 일본이 식민지 시기에 한국으로부터 가져간 문화재 문제, 재일조선인 문제 등이 있습니다. 일본에는 그 당시에도 60만 명 정도의 한국인이 살고 있었기 때문에 그들의 인권과 법적 지위를 어떻게 보장하느냐가 중요한 문제였죠. 이 문제의 중요성은 박정희 대통령도 인정한 것으로, 당시 한일협정을 맺기 위한 협상을 하면서 재일교포 문제를 너무 소홀히 하고 있다고 스스로 지적하기도 하죠.

일단 문화재 문제부터 보면, 일본이 식민지 시기에 굉장히 많은 문화재를 가져갔다는 것은 누구나 알고 있는 사실입니다. 일부는 약탈해서, 또 일부는 사서 가져갔습니다. 그 당시에 헐값을 주고 빼앗다시피 가져간 것도 많겠죠. 어떻든 이런 식으로 조선의 문화재를 가져간 것이 큰 문제가 됩니다.

이런 사례가 한국에만 있는 것은 아닙니다. 다른 식민지들에도 이런 사례가 다 있습니다. 유럽의 유명한 박물관들을 가보면, 자기 나라 유물들만 있는 것이 아니라 전세계의 유물이 있습니다. 사실 누가 더 도둑질을 잘했느냐를 자랑하는 것이 제국주의 국가들의 박물관이죠. 예를 들어 대영박물관의 유물들 중에 영국의 역사를 보여주는 것이 얼마나 될까요? 사실은 거기에 있는 대부분의 유물이 영국이 식민지를 경영했던 곳에서 가져온 것들입니다. 독일의 베를린에 있는 박물관에 가도 마찬가지입니다. 누가 더 잘 훔쳐 왔는가, 잘 훔쳐 와서 그 원형을 어떻게 잘 복원했는가 하고 서로 경쟁하는 모양새거든요. 그런데 사실은 박물관에 유물을 복원하면 안 되죠. 원래 있던 자리에서 하는 것이 제대로 된 복원입니다.

1945년 이후에는 서유럽 중심의 제국이 붕괴되죠. 그런데 제국주의 국가들은 과거를 스스로 반성하고 식민지를 해방시켜주면서도 문화재는 반환하지 않았습니다. 식민지 국가들은 해방되고 어느정도 성장한 후에 제국주의 국가들한테 '우리도 어느정도 경제성장을 했으니, 예전에 가져간 것들을 내놓으라'고 요구한 거예요. 그러자 예전 제국주의 국가들은 '만약 너희가 가지고 있었으면 원래대로 유지하지 못했을 거다. 이 문화재들이 그간 무사히 유지된 것은 우리 덕분인데, 지금 가져가면 잘 지킬 수 있느냐' 하는 반박 논리를 내세웠습니다.

　　한국과 일본 사이에도 같은 문제가 있었습니다. 그뿐만 아니라 일본이 강제로 뺏어간 것들은 그나마 돌려줄 수 있지만 개인들이 헐값으로 사간 문화재는 어떻게 하느냐 하는 문제가 있었습니다. 2014년 일본인들이 가지고 있는 한국 문화재를 훔쳐다 한국에 판매한 사건이 있었습니다. 한국에서 이 문화재를 구입할 때는 훔친 것인지 몰랐습니다. 그런데 나중에 알고 보니까 훔친 문화재였죠. 그러니까 일본 쪽에서 돌려달라고 요구했습니다. 당시 일부 사람들은 '원래 우리 건데 왜 돌려줘야 하느냐'라고 주장했습니다. 그런데 사실 돌려줘야 합니다. 그건 훔친 것이기 때문에 우리가 계속 가지고 있으면 장물을 가지고 있는 셈이죠. 일본에 있는 우리 문화재 문제는 적합한 절차를 밟아 해결해야 합니다. 한국이 싼값에 구입하거나 아니면 영구임대를 통해 한국으로 가져오는 것도 한 방법이 되겠죠. 영구임대에 대해 원래 우리 것을 왜 우리가 임대해서 가져오느냐고 반박할 수도 있겠습니다만, 미국, 영국, 프랑스, 독일 등 강대국들의 이해관계가 걸려 있는 문제이기 때문에 조금은 현실주의적으로 접근할 필요가 있습니다.

이러한 사례는 시모노세키에서 발견할 수 있습니다. 19세기 말 시모노세키에서는 일본 개국을 반대하는 사무라이들과 서양 세력 사이에 전투가 있었습니다. 마치 「라스트 사무라이」The Last Samurai, 2003에 나오는 장면처럼 말이죠. 그때 거기에 있던 일본의 포 하나를 프랑스 군인들이 약탈해서 프랑스 박물관에 보관했습니다. 2015년 현재 수상을 하고 있는 아베가 프랑스를 방문해 그 포를 영구임대 형식으로 가져와 시모노세키의 원래 자리에 전시해놓고 있죠. 포를 전시한 자리에 이런 정황에 대해 모두 설명해놓았습니다. 사실 해외로 빠져나간 우리 문화재도 이렇게 모두 가지고 와야 됩니다. 물론 무조건 가져올 수는 없습니다. 영구임대는 하나의 해결책이 될 수 있습니다. 도쿄대학교가 조선왕조실록을 서울대학교 규장각에 준 것도 또다른 방식이 되겠죠. 이것은 학술연구 차원에서 문화재 문제를 해결하는 방식입니다.

재일한국인 문제는 배상금이나 문화재 반환과는 조금 다른 면이 있습니다. 일제강점기에 일본에 사는 외국인 중에는 한국인들이 제일 많았습니다. 그들은 해방 후 고향에 돌아왔어야 하지만 선뜻 귀국을 택하지 못했습니다. 재산 문제 때문입니다. 많은 재산은 아니지만 조선에 있던 일본인들이 일본으로 건너갈 때 재산을 다 가져가지 못했던 것과 마찬가지로 일본에 있던 조선인들이 조선으로 돌아올 때도 재산을 다 가져가지 못하게 했습니다. 그것이 한국과 일본에 있던 미군정의 정책이었죠. 재일한국인은 일본의 재산을 가져오지 못하면 한국에서 살 수가 없었던 거예요. 그러니 귀국하지 못하고 일본에 그냥 눌러앉은 것입니다. 눌러앉아서 잘살면 아무런 문제가 없습니다. 그런데 일본이 재일조선인들한테 참정권도 주지 않았을 뿐만 아니라 일반적인 권리들도 많이 박탈했습니다. 모든 조선인들이 일본의 선거에서 투표를 하지 못했고, 공직에도 나가지 못했습니다. 취직도 제한되었죠. 사회보장제도도 조선인들에게는 적용되지 않았습니다. 조선인들에 대한 차별, 이 문제를 해결해야 했습니다.

따라서 조선인들을 어떻게 정상적으로 일본에서 살아가게 할 것이냐가 한일협정에서 또다른 아주 중요한 문제가 되었습니다. 당시 한국과 일본은 이 문제를 논의했지만 제대로 합의를 보지 못했습니다. 한국정부는 재일조선인들이 정상적으로 살게 해달라고 했고 일본은 국적이나 특별 영주권을 주겠다는 식으로 결정해버렸습니다. 그 당시 재일조선인들이 처한 딜레마를 전혀 고려하지 않은 결정이었죠. 재일조선인들은 남한정부와 북한정부 모두 민주주의적 정부로 보지 않았습니다. 민주주의적인 정부가 아니라서 어느 쪽도 선택하기가 쉽지 않았던 거죠. 지금까지도 일본에는 남한이나 북한의 국적을 갖지 않은 조선인들이 있습니다. 그들은 '조선적'을 갖고 있는데, 국적이 없으니 여권도 발급받을 수 없습니다. 그들을 보통 자이니치在日라고 부르죠. 자이니치는 재일교포 일반을 일컫기도 하지만 정확하게는 국적이 없어서 여권이 없는 사람들입니다.

—

한일협정
바로 보기

　　　　　　　한일협정에는 '청구권자금'이라는 용어부터 문화재·영토·재일조선인 문제까지 많은 쟁점이 들어 있었습니다. 이외에도 한일협정에는 아주 근본적인 쟁점이 남아 있습니다. 기본조약에 있는 1945년 이전 한국과 일본이 맺었던 조약들을 어떻게 처리하느냐가 그것입니다. 사실 1965년에 한국과 일본이 새로운 관계를 시작하기 위해서는 1945년 이전의 조약들에 대한 법적인 해석이 필요했습니다.

1945년 이전에 우리가 일본과 맺었던 중요한 조약이 두 가지 있습니다. 하나는 1905년의 을사늑약입니다. 이 조약을 통해 한국의 외교권이 박탈당하고, 조선에 일본의 통감부가 생겼죠. 이토 히로부미가 초대 통감으로 부임해 전권을 행사했습니다. 또 하나는 1910년의 한일강제병합조약입니다. 이 조약으로 한국이 일본의 식민지가 되었죠.

한일 양국은 당연히 이 두 조약에 대한 관점이 다릅니다. 일본은 이 두 조약을 그 자체로는 합법적이라고 봅니다. 따라서 일본의 식민지 지배도 합법적이며, 그렇기 때문에 배상할 필요도 없다는 것이죠. 그런데 우리 쪽에서는 받아들이기 힘들 수밖에 없습니다. 우리 쪽 대표들이 자의가 아니라 강압에 의해서 어쩔 수 없이 조약에 서명했다는 입장이기 때문이죠. 그렇기 때문에 조약은 애초에 무효라고 주장하는 것입니다. 만약에 이 조약 자체가 애초에 무효라면 일본이 한국을 식민지 지배한 것 자체가 무효가 됩니다. 즉 일본이 배상을 해야 합니다.

한일협정을 체결할 때도 을사늑약과 한일강제병합조약을 어떻게 볼 것인지에 대해 논란이 있었습니다. 결국 양국은 입장 차이를 좁히지 못했습니다. 당시 일본은 1945년 일본이 패망함으로써 두 조약이 무효가 되었다는 입장이 아니었습니다. 1951년 샌프란시스코에서 일본이 완전히 항복하는 문제가 해결됐기 때문에 그 시점, 즉 1951년부터 무효라는 입장이었죠. 우리는 처음부터 무효라는 입장이었습니다.

일본 총리 관저에서 치러진 한일협정 조인식
1965년 6월 22일, 한일 양국은 민감한 사안들은 뒤로 미루고 서둘러 한일협정을 체결했다. 한국의 이동원 외무부장관과 수석대표, 일본의 시나 에쓰사부로 외상과 수석대표가 서명 조인했다.

일본 측의 논리대로라면 1945년에 한국이 일본으로부터 해방된 것도 무효고, 1948년 대한민국 정부가 수립된 것도 무효인 셈입니다. 사실 일본의 논리에는 이중성이 숨어 있는 것입니다. 이렇게 근본적인 문제들이 해결되지 않자 '이 문제들을 그냥 두고 한일협정을 맺을 거냐'라는 반발이 생긴 것입니다. 그런데 여기서 한국정부가 무리수를 두기 시작합니다. 당시 한국정부는 한일협정을 한시라도 빨리 체결해야 했습니다. 경제개발계획을 추진하기 위해 자금이 필요한데다 미국이 한일협정을 빨리 체결하라고 계속해서 압박하는 상황이었죠.

그래서 양국 대표가 일단 합의를 했습니다. 이때 '이미'라는 단어가 합의에 큰 역할을 합니다. 즉 협정문에 "두 조약은 이미 무효다."라고 쓰고 영어로 'already'라고 표현했습니다. 그러고서는 각각의 나라가 알아서 해석하자는 것이었죠. 한국 쪽에서는 '이미 그 조약이 맺어질 때부터 무효', 일본 쪽에서는 '일본이 패망해서 제국이 해체된 1945년부터 무효'라고 해석했습니다. 지금도 양국의 이견이 좁혀지지 않고 있습니다. 그런데 이게 해소되지 않으면 역사인식 문제를 해결할 수가 없습니다.

아쉽게도 1951년 샌프란시스코조약의 제4장 제8조에서는 샌프란시스코조약 이전에 일본이 다른 나라와 맺은 조약들을 무효라고 규정하고 있지만 그 상한선이 '1919년'이기 때문에 1905년과 1910년에 맺은 조약은 포함되지 않았습니다. 지금도 1945년 이전에 일본정부에 있던 사람들과 극우 인사들은 1945년 이전에 있었던 일들은 자기들의 잘못이 아니라고 이야기합니다. 그러고는 서구로부터 아시아를 지키기 위한 행동이었다는 식으로 대동아공영권大東亞共榮圈을 합리화하고 있습니다. 1905년과 1910년에 한국과 조약을 맺은 것은 기본적으로 한국을 러시아나 청나라로부터 방어하기 위해서였고, 이를 통해 문명화된 일본이 문명화되지 않은 조선을 식민지화해서 문명화시켰다는 것입니다.

사실 이 문제는 한일협정을 맺을 당시에도 논란이 되었고 지금도 우리가 해결해야 할 가장 중요한 문제 중의 하나입니다. 이 문제를 해결해야만 일본의 과거사 인식을 바꾸고, 또 한일관계의 과거사 매듭을 풀 수 있습니다.

과정은 복잡했지만 어쨌든 일본은 우리에게 청구권자금을 지급했습니다. 일본도 자신들의 잘못을 알고 있었기 때문입니다. 미국 쪽에서 조정을 하기도 했지만, 당시 아주 극우적이고 보수적인 일본인조차도 문명발달에 큰 차이가 나지 않는 이웃나라 한국을 한국 사람들의 바람과는 상관없이 점령했다는 점을 인정할 수밖에 없었던 것입니다. 그래서 결국은 이름을 바꿔서라도 배상금을 지불할 수밖에 없었습니다.

—

감출 수 없는 진실
그리고 사과

청구권자금이라는 기이한 이름이지만, 어쨌든 일본은 한국정부에 배상금을 지급한 셈입니다. 그런데 왜 아직도 위안부 문제라든지, 징용 문제 등이 남아 있는 걸까요? 사실 한일협정에는 개인에 대한 배상의 문제가 들어가 있었습니다. 일본정부도 전쟁 시기에 피해를 입은 한국인들에게 배상해야 한다는 것을 부정할 수는 없었으니까요. 즉 협정문에 일본이 배상금을 지급하고, 한국정부가 이 자금으로 개인 배상 문제를 해결해야 된다는 내용이 들어 있기 때문에 개인에 대해서는 한국정부가 배상을 해줘야 했습니다.

개인 배상의 제일 중요한 내용 두 가지는 징병·징용과 일본군 위안부입니다. 한국정부는 일본에서 돈을 받고 공고를 했습니다. 협정에 따라 정부가 '식민지 시대에 징용으로 피해를 받은 사람들은 신고를 해라, 그것에 대해서 배상을 하겠다'라고 공고를 했지만 당시에는 신고가 잘 들어오지 않았습니다. 우선은 징용을 통해 자기가 피해를 받았다는 것을 증명하기가 어려웠습니다. 또한 강제로 끌려간 사람만 있는 것이 아니라 속아서 또는 돈이 필요해서 자의 반 타의 반으로 가신 분들도 있기 때문입니다. 돈을 벌러 간 사람이라 할지라도 노동권도 보호받지 못하는 상황에서 많은 피해를 입었습니다. 그러나 스스로 원해서 갔기 때

56

문에 보상을 받겠다고 신청하는 것이 쉽지 않았습니다. 또 반일 분위기가 대단히 강한 한국사회에서 대놓고 일본에서 일했다고 얘기하기도 어려웠습니다. 게다가 징용으로 일본이나 사할린에 끌려가셨던 분들은 1945년 이후에도 귀환을 하지 못한 경우가 많았기 때문에 한국정부에 보상 신청을 할 수도 없었습니다. 신고가 미미했던 데는 당시 한국정부가 준 돈이 그렇게 많지 않았던 탓도 있습니다. 이런 이유로 2000년대에야 징용 피해에 대한 이야기들이 나오기 시작했습니다.

위안부 문제는 좀 다르게 살펴봐야 합니다. 개인 배상 조항을 그대로 해석한다면 한국정부가 배상하는 것이 맞습니다. 물론 일본 쪽의 입장입니다. 사실 그 조항은 굉장한 독소조항이지만 한국정부가 돈을 받으면서 그냥 삽입해버렸던 거예요. 그리고 일본정부는 계속 관련 조항을 들먹이고 있는 것입니다.

한국과 일본이 협정을 맺을 당시인 1965년에는 위안부의 존재 자체에 대한 인식이 없었습니다. 성노예가 있었다는 사실을 제대로 알지 못했고, 이로 인해 피해를 입은 개인에게 국가가 배상해야 한다는 인식 자체가 아예 없는 상황이었죠. 그래서 당시에는 징용의 경우에만 개인 배상을 하게 되었습니다. 이런 관점에서 본다면 1965년 한일협정으로 위안부 문제가 모두 해결되었다고는 볼 수가 없습니다. 설령 개인이 배상을 받을 수 있다고 하더라도 위안부 문제에 대해서는 아무도 말을 하지 못하는 상황이었습니다. 피해를 당하신 분들도 한국사회처럼 보수적인 사회에서 그런 얘기를 할 수가 없었습니다.

위안부 문제가 본격적으로 거론된 것은 한국이 민주화·다원화되고, 페미니즘이나 인권에 대한 인식이 높아진 이후입니다. 그제서야 위안부 피해 당사자들이 얘기를 하게 되었고, 그럼으로써 문제가 불거진 것입니다. 즉 1990년 전후에야 불거진 거죠. 이때부터는 일본도 이 문제를 그냥 넘어가기 어렵게 되었습니다. 1990년대에 접어들자 일본정부도 이 문제를 해결해야겠다는 생각을 하게 됩니다. 한일 문제에서 자주 거론되는 고노 담화나 무라야마 담화가 이때 발표되었습니다.

이야기가 나온 김에 고노 담화와 무라야마 담화에 대해서도 짚고 넘어가겠습니다. 1993년에 나온 고노 담화는 당시 일본의 관방장관이었던 고노 요헤이河野洋平의 이름을 땄습니다. 위안부 문제가 계속해서 불거지자 일본정부가 조사를 했습니다. 조사 결과 위안부들은 일본에 의해 강제로 끌려간 경우도 있고 일본이 위탁한 회사에 의해 속아서 간 경우도 있었습니다. 이에 대해 근본적으로 일본정부의 책임을 인정하고, 조사에서 밝혀진 사실들을 역사의 교훈으로 남김으로써 같은 과오를 반복하지 않겠다면서 이 문제로 고통을 당한 사람들에게 반성의 마음을 올린다는 내용을 담은 것이 고노 담화입니다.

무라야마 담화는 1995년 당시 일본 수상이었던 무라야마 도미이치村山富市가 발표한 담화를 말합니다. 식민지 지배에 대해서 공식적으로 사죄하면서 위안부 문제에 대해 보상을 비롯한 여러 가지 조치를 하겠다고 발표했습니다. 이렇게 해서 여성기금이란 것이 만들어지기도 했습니다. 애초에 한일협정에서 개인 배상 얘기는 끝났기 때문에 일본은 책임이 없다고 주장하는 것이 아니라 일본의 책임을 인정하고 매듭을 지으려고 했던 것입니다.

고노 담화(전문)

이른바 일본군 위안부 문제에 대해서 정부는 재작년 12월부터 조사를 진행해왔으나 이번에 그 결과가 정리되었으므로 발표하기로 하였다.

이번 조사 결과, 장기간에 또한 광범한 지역에 걸쳐 위안소가 설치되어 수많은 위안부가 존재했다는 것이 인정되었다. 위안소는 당시의 군 당국의 요청에 의해 설치 운영된 것이며, 위안소의 설치, 관리 및 위안부의 이송에 관해서는 구 일본군이 직접 혹은 간접적으로 이에 관여하였다. 위안부의 모집에 대해서는, 군의 요청을 받은 업자가 주로 이를 맡았으나, 그 경우에도 감언, 강압에 의하는 등 본인들의 의사에 반하여 모집된 사례가 많이 있으며, 더욱이 관헌 등이 직접 이에 가담하였다는 것이 명확하게 되었다. 또한 위안소에서의 생활은 강제적인 상태 하에서의 참혹한 것이었다.

또한 전장에 이송된 위안부의 출신지는, 일본을 제외하면 조선반도가 큰 비중을 차지하고 있었으나, 당시의 조선반도는 일본의 통치하에 있어, 그 모집, 이송, 관리 등도 감언, 강압에 의하는 등 대체로 본인들의 의사에 반해 행해졌다.

결국 본건은 당시 군의 관여 하에서, 다수의 여성의 명예와 존엄에 깊은 상처를 준 문제이다. 정부는 이 기회에 다시금 그 출신지의 여하를 묻지 않고 이른바 종군위안부로서 허다한 고통을 당하고, 심신에 걸쳐 씻기 어려운 상처를 입은 모든 분들께 사과와 반성의 마음을 올린다. 또한 그런 마음을 우리나라로서 어떻게 나타낼 것인가에 대해서는, 유식자_{有識者}의 의견 등도 구하면서 앞으로도 진지하게 검토해야 할 것으로 생각한다.

우리는 이런 역사의 사실을 회피하지 않고 오히려 이것을 역사의 교훈으로서 직시해가고 싶다. 우리는 역사 연구, 역사 교육을 통해 이런 문제를 오랫동안 기억에 남기며, 같은 과오를 결코 반복하지 않겠다는 굳은 결의를 다시금 표명한다.

또한 본문제에 대해서는 본국에서 소송이 제기되어 있으며, 또한 국제적으로도 관심이 모여 있으며, 정부로서도 앞으로 민간의 연구를 포함해 충분히 관심을 기울여가고 싶다.

무라야마 담화(부분)

지난 대전이 종말을 고한 지 50년1995년 현재의 세월이 흘렀습니다. 다시금 그 전쟁으로 인하여 희생되신 내외의 많은 분들을 상기하면 만감에 가슴이 저미는 바입니다. (…) 우리나라는 멀지 않은 과거의 한 시기, 국가정책을 그르치고 전쟁에의 길로 나아가 국민을 존망의 위기에 빠뜨렸으며 식민지 지배와 침략으로 많은 나라들 특히 아시아 제국의 여러분들에게 크나큰 손해와 고통을 주었습니다.

저는 미래에 잘못이 없도록 하기 위하여 의심할 여지도 없는 이와 같은 역사의 사실을 겸허하게 받아들이고 여기서 다시 한번 통절한 반성의 뜻을 표하며 진심으로 사죄의 마음을 표명합니다. 또 이 역사로 인한 내외의 모든 희생자 여러분에게 깊은 애도의 뜻을 바칩니다.

패전의 날로부터 50주년을 맞이한 오늘, 우리나라는 깊은 반성에 입각하여 독선적인 내셔널리즘을 배척하고 책임있는 국제사회의 일원으로서 국제협조를 촉진하고 그것을 통하여 평화의 이념과 민주주의를 널리 확산시켜나가야 합니다. 동시에 우리나라는 유일한 피폭국이라는 체험을 바탕으로 해서 핵무기의 궁극적인 폐기를 지향하여 핵확산금지체제 강화 등 국제적인 군축을 적극적으로 추진해나가는 것이 간요肝要합니다. 이것이야말로 과거에 대한 속죄이며 희생되신 분들의 영혼을 달래는 길이 되리라고 저는 확신합니다. "의지하는 데는 신의보다 더한 것이 없다."라고 합니다. 이 기념할 만한 때에 즈음하여 신의를 시책의 근간으로 삼을 것을 내외에 표명하며 저의 다짐의 말씀에 대신하고자 합니다.

—

미래를 위한
약속

　　　　　아쉽지만 1990년대 고노 담화와 무라야마 담화의 분위기가 지금까지 이어지고 있는 것은 아닙니다. 오히려 그것을 뒤집으려고 하는 것이 오늘날 일본의 상황입니다. 일본은 책임을 지지 않기 위해서 스스로 이 담화들을 부인하거나 수정하려고 합니다. 아니면 수정과 부인을 위해 재조사를 하는 식입니다. 그런데 일본의 극우 정치인이나 집단들을 제외한 보통 일본 사람들은 일본의 잘못에 대해 인정하고 있습니다. 또한 이 문제는 한국만의 문제도 아닙니다. 위안부가 한국에만 있었던 것이 아니라 중국과 동남아시아에도 있었습니다. 심지어는 네덜란드인 위안부도 있었습니다. 그런데 한국과 중국을 제외한 다른 나라 사람들에게는 일본이 배상을 했습니다. 오히려 가장 피해를 받은 국가에 대해서는 제대로 된 배상이나 사과가 이뤄지지 않고 있는 거죠.

이 문제에 대한 해법이 전혀 없는 것은 아닙니다. 1998년 김대중 대통령과 오부치 게이조 총리 사이에 '신한일관계 선언'이 있었습니다. 아마도 최근 한일관계와 관련해서 가장 중요한 선언이었을 것입니다. 이 선언에서는 과거사 문제뿐만 아니라 독도 문제에 대해서도 획기적인 해결책을 내놓았죠. 독도 근해 구역에 대한 공동 개발을 추진하겠다는 것입니다. 일본은 1965년 한일협정 체결 당시에 합의했던 한일 간의 바다 위 경계선을 일방적으로 무효화하였습니다만, 신한일관계 선언으로 이 문제가 해결되었습니다. 또한 김대중 대통령은 일본 왕의 방한을 추진하겠다고 했고, 오부치 총리는 과거사 관련 망언의 재발 가능성을 묻는 질문에 "공식문서에 과거사에 대한 정부 입장이 명확하게 표명된 만큼 일본정부 책임자들과 국민이 이를 존중할 것"이라고 답변했습니다.

문제는 현재 이 선언이 작동하지 않는다는 것입니다. 신한일관계 선언의 가장 기본적 원칙이 되는 "자유민주주의, 시장경제라는 보편적 이념에 입각한 협력관계"라는 부분도 2015년 초 일본 외무성의 홈페이지에서 삭제되었습니다. 『산케이신문』 기자에 대한 한국 검찰의 조사가 기본적인 이유였지만, 한일관계는 최악의 관계로 치닫고 있습니다. 첫 단추를 잘못 끼운 것이 결국 지금의 결과를 가져온 기본적 원인이 되는 것입니다.

어긋난 한일관계를 바로잡는 것은 지금도 늦지 않았습니다. 신한일관계 선언의 정신을 다시 살려야 합니다. 그리고 그 정신에 기초해서 양국이 새로운 협력의 시대를 열어가야 한다는 것은 새삼스럽게 강조할 필요도 없는 자명한 사실입니다.

 어긋난 관계를 바로잡을 열쇠
신한일관계 선언(부분)

1. 김대중 대한민국 대통령 내외분은 일본국 국빈으로서 1998년 10월 7일부터 10일까지 일본을 공식 방문하였다. 김대중 대통령은 체재 중 오부치 게이조 일본국 내각총리대신과 회담을 가졌다. 양국 정상은 과거의 양국관계를 돌이켜보고, 현재의 우호협력관계를 재확인하는 동시에 미래의 바람직한 양국관계에 관하여 의견을 교환하였다.

이 회담의 결과, 양국 정상은 1965년 국교 정상화 이래 구축되어온 양국 간의 긴밀한 우호협력관계를 보다 높은 차원으로 발전시켜, 21세기의 새로운 한일 파트너십을 구축한다는 공통의 결의를 선언하였다.

2. 양국 정상은 한일 양국이 21세기의 확고한 선린우호협력관계를 구축해나가기 위해서는 양국이 과거를 직시하고, 상호 이해와 신뢰에 기초한 관계를 발전시켜나가는 것이 중요하다는 데 의견의 일치를 보았다.

오부치 총리대신은 금세기의 한일 양국관계를 돌이켜보고, 일본이 과거 한때 식민지 지배로 인하여 한국 국민에게 크나큰 손해와 고통을 안겨주었다는 역사적 사실을 겸허히 받아들이면서, 이에 대하여 통절한 반성과 마음으로부터의 사죄를 하였다.

김대중 대통령은 이러한 오부치 총리대신의 역사인식 표명을 진지하게 받아들이고 이를 평가하는 동시에, 양국이 과거의 불행한 역사를 극복하고 화해와 선린우호협력에 입각한 미래지향적인 관계를 발전시키기 위하여 서로 노력하는 것이 시대적 요청이라는 뜻을 표명하였다.

또한 양국 정상은 양국 국민, 특히 젊은 세대가 역사에 대한 인식을 심화시키는 것이 중요하다는 점에 대하여 견해를 함께하고, 이를 위하여 많은 관심과 노력을 기울일 필요가 있다는 점을 강조하였다.

3. 양국 정상은 과거 오랜 역사를 통하여 교류와 협력을 유지해온 한일 양국이 1965년 국교 정상화 이래 각 분야에서 긴밀한 우호협력 관계를 발전시켜왔으며, 이러한 협력관계가 서로의 발전에 기여하였다는 데 인식을 같이하였다.

오부치 총리대신은 한국이 국민들의 꾸준한 노력에 의하여 비약적인 발전과 민주화를 달성하고, 번영되고 성숙한 민주주의 국가로 성장한 데 대하여 경의를 표하였다. 김대중 대통령은 전후 일본이 평화헌법 하에서 전수방위 및 비핵 3원칙을 비롯한 안전보장정책과 세계경제 및 개발도상국에 대한 경제지원 등을 통하여 국제사회의 평화와 번영을 위하여 수행해온 역할을 높이 평가하였다.

양국 정상은 한일 양국이 자유민주주의, 시장경제라는 보편적 이념에 입각한 협력관계를 양국 국민 간의 광범위한 교류와 상호 이해에 기초하여 앞으로 더욱 발전시켜나간다는 결의를 표명하였다.

4. 양국 정상은 양국 간의 관계를 정치, 안전보장, 경제 및 인적 문화 교류 등 폭넓은 분야에서 균형되고 보다 높은 차원의 협력관계로 발전시켜나갈 필요가 있다는 데 의견을 같이하였다. 또한 양국 정상은 양국의 파트너십을 단순히 양자 차원에 그치지 않고 아시아 태평양 지역, 나아가 국제사회 전체의 평화와 번영을 위하여, 또한 개인의 인권이 존중되는 풍요한 생활과 살기 좋은 지구환경을 지향하는 다양한 노력을 통해 진전시켜나가는 것이 매우 중요하다는 데 의견의 일치를 보았다.

이를 위하여 양국 정상은 20세기의 한일관계를 마무리하고, 진정한 상호 이해와 협력에 입각한 21세기의 새로운 한일 파트너십을 공통의 목표로서 구축하고 발전시켜나가는 데 있어서 다음과 같이 의견의 일치를 보았으며, 이러한 파트너십을 구체적으로 실천해나가기 위하여 이 공동선언에 부속된 행동계획을 작성하였다.

양국 정상은 양국 정부가 앞으로 양국의 외무장관을 책임자로 하여 정기적으로 이 한일 파트너십에 기초한 협력의 진척 상황을 확인하고, 필요에 따라 이를 더욱 강화해나가기로 하였다.

(…)

7. 양국 정상은 한반도의 평화와 안정을 위해서는 북한이 개혁과 개방을 지향하는 동시에, 대화를 통한 보다 건설적인 자세를 취하는 것이 매우 중요하다는 인식을 공유하였다. 오부치 총리대신은 확고한 안보체제를 유지하면서 화해와 협력을 적극적으로 추진한다는

김대중 대통령의 대북한정책에 대한 지지를 표명하였다. 이와 관련하여 양국 정상은 1992년 2월 발효된 '남북 사이의 화해와 불가침 및 교류협력에 관한 합의서'의 이행과 4자 회담의 순조로운 진전이 바람직하다는 데 의견을 같이하였다.

또한 양국 정상은 1994년 10월 미국과 북한 간에 서명된 '제네바 합의' 및 한반도에너지개발기구KEDO를 북한의 핵계획 추진을 저지하기 위한 가장 현실적이고 효과적인 메커니즘으로서 유지해가는 것이 중요하다는 것을 확인하였다. 이와 관련하여 양국 정상은 북한의 미사일 발사에 대하여 국제연합 안전보장이사회 의장이 안보리를 대표하여 표명한 우려 및 유감의 뜻을 공유하는 동시에, 북한의 미사일 개발이 중지되지 않는다면 한국과 일본 및 동북아시아 지역 전체의 평화와 안전에 악영향을 미친다는 데 의견을 같이하였다.

양국 정상은 양국이 북한에 관한 정책을 추진함에 있어서 상호 긴밀히 연대해나가는 것이 중요함을 재확인하고, 각급 차원에서의 정책협의를 강화하는 데 의견을 같이하였다.

8. (…) 양국 정상은 양국 간의 커다란 현안이었던 한일어업협정 교섭이 기본합의에 도달한 것을 마음으로부터 환영하는 동시에, 국제연합 해양법 협약을 기초로 한 새로운 어업질서 하에 어업 분야에 있어서의 양국관계의 원활한 진전에 대한 기대를 표명하였다.

또한 양국 정상은 이번에 새로운 한일 이중과세방지협약이 서명되는 것을 환영하였다. 아울러 양국 정상은 무역·투자, 산업기술, 과학기술, 정보통신 및 노사정 교류 등 각 분야에서의 협력·교류를 더욱 발전시켜나간다는 데 의견의 일치를 보았으며, 한일사회보장협정을 염두에 두고, 장래 적절한 시기에 서로의 사회보장제도에 대한 정보와 의견 교환을 실시하기로 하였다.

(…)

11. 김대중 대통령과 오부치 총리대신은 21세기의 새로운 한일 파트너십이 양국 국민의 폭넓은 참여와 부단한 노력에 의하여 더욱 높은 차원으로 발전될 수 있다는 공통의 신념을 표명하는 동시에, 양국 국민에 대하여 이 공동선언의 정신을 함께하고, 새로운 한일 파트너십의 구축 발전을 위한 공동의 작업에 동참해줄 것을 호소하였다.

3

영토:
한반도 두 나라

"대한민국의 영토는 한반도와 그 부속도서로 한다."
헌법대로라면 북한은 불법적인 집단에 불과하다.
그런데 박정희 정부 시기에 북한을 대화의 상대로 인정하고
남북한 유엔 동시 가입을 추진했던 이유는 무엇일까?
이후에 있었던 남북한의 합의 역시 헌법을 위반한 것일까?
역대 정부는 우리의 영토가 우리의 주장만으로
성립하는 것이 아니라는 점을 잘 알고 있었다.
통일을 원한다면 그 어떤 것보다 먼저 영토 문제를 풀어야 한다.

대한민국의 영토는
어디까지인가

　　　　　　　"대한민국의 영토는 한반도와 그 부속도서로 한다." 우리가 정의하는 대한민국의 영토입니다. 그런데 국제사회에서도 그렇게 받아들이고 있을까요? 안타깝게도 모든 나라가 이 사실을 그대로 받아들이지는 않습니다. 가장 가까운 예로 일본은 한반도의 부속도서인 독도를 일본 땅이라고 주장하고 있습니다.

　한일협정을 다룰 때에도 문제가 되었던 것이지만, 국제사회가 대한민국 정부를 어떻게 인정하는지는 굉장히 중요한 문제입니다. 국가 간의 외교는 기본적으로 양국 간의 관계 정상화 조약으로부터 그 관계가 설정되는데, 대한민국 정부와 조약을 맺는 상대 국가가 대한민국 정부를 어떻게 인정하느냐에 따라 조약의 의미가 크게 달라집니다. 만약에 대한민국 정부를 한반도 전체에서 유일한 합법정부라고 얘기하면 북한

정부가 무시되는 것입니다. 사실 그것 때문에 한일협정을 맺을 당시 일본 내에서 반대 시위가 대단히 많았습니다.

한일협정을 맺을 당시 일본은 좌파가 강했고, 또 북한에 호의적인 세력들도 있었습니다. 그들은 대한민국 정부를 한반도 전체를 포괄하는 유일한 합법정부로 인정하면 안 된다고 주장했습니다. 그 주장을 반영한 것인지는 모르겠지만 일본정부는 한일협정을 맺을 당시 대한민국 정부를 한반도 전체를 관할하는 정부가 아니라 군사분계선^{휴전선} 이남을 관할하는 정부로 받아들였습니다. 즉 당시 일본정부는 한반도 이남 지역만을 관할하는 정부인 대한민국 정부와 협정을 맺은 거죠. 이러한 내용이 협정문에 직접적으로 언급된 것은 아니었습니다만, 기본적으로 유엔의 대한민국 정부 승인안, 즉 1948년에 있었던 제195호(Ⅲ)의 승인안을 인용함으로써 그러한 인식을 협정문에 반영했습니다.

—

남쪽만 관할하는
유일 합법정부

제195호(Ⅲ) 승인안에는 무엇이라고 되어 있을까요? 유엔의 대한민국 정부 승인안은 당연히 영문으로 되어 있기 때문에 해석에 따라 여러 이견이 있을 수 있습니다. 사실 그 부분이 역사교과서 논쟁에서도 중요합니다. 1948년 12월 대한민국 정부에 대한 유엔의 승인안이 상정됩니다. 유엔은 논의를 시작했습니다. 처음에 미국이 올렸던 안에는 대한민국 정부가 한반도 전체를 포괄하는 한반도 유일의 합법정부라는 내용이 들어 있었습니다. 그런데 영연방 국가인 호주와 캐나다 대표가 반대의견을 냈습니다. 1948년 5월 10일에 선거가 이루어진 곳은 38선 이남뿐이므로, 이 정부의 관할권을 전체로 볼 수 없다는 것이었죠. 또 대한민국이 한반도 전체에서 합법적인 정부라고 해버리면 나중에 분쟁의 소지가 있다는 것이었습니다. 결국은 이 주장이 받아들여집니다.

당시의 결의안에는 두 가지 중요한 내용이 들어 있습니다. 첫 번째로 대한민국 정부는 유엔한국임시의원단의 감시 하에 선거를 실시한 지역에서 관할권을 갖는다는 전제가 붙습니다. 1947년 유엔 소총회의 결의안에 따라 유엔한국임시위원단이라는 조직이 한국에 파견됐습니다. 임시위원단의 원래 임무는 한반도 전체에서 선거를 실시하는 것이었지만 북한 쪽에 있던 소련군이 임시위원단의 입북을 거부했습니다. 그래서 1948년 5월 10일 38선 이남 지역에서만 총선거가 진행된 거죠.

소련 쪽에서 위원단의 입북을 거부한 것은 유감스러운 일입니다. 소련은 북한 지역에 한반도 전체 인구 중 3분의 1만 살고 있기 때문에 인구수에 비례한 대표를 선출할 경우 남쪽이 3분의 2의 대표를 차지하게 되고, 그 결과 수립되는 정부는 소련보다는 미국에 더 우호적일 것이라고 생각했습니다. 그러나 민주주의의 원칙을 고려한다면 일단 다수 의석을 확보하지 못하더라도 우선 통일정부를 수립한 후에 정치적 과정을 통해 좌파의 힘을 키우는 방법도 있지 않았을까요? 소련의 사고에는 서구식 민주주의의 과정이 없었던 거죠.

상황이 이렇게 되면서 위원단은 38선 이남의 선거만 감시하게 됩니다. 그래서 유엔 승인안 앞부분에는 일단 '대한민국 정부는 5·10 총선거를 통해서 수립된 정부이고 선거를 치른 지역에서 관할권을 갖는다'

5·10 총선거 포스터
유엔한국임시위원단의 감시 하에 1948년
5월 10일 38선 이남 지역에서만 총선거가
실시되었다. 이 선거로 대한민국은 38선
이남을 관할하는 한반도 유일 합법정부가
되었다.

라고 명시되어 있고, 뒷부분에는 '이 정부는 유엔한국임시위원단의 감
시 하에서 수립된 한반도에서 유일한 합법정부다'라고 되어 있습니다.
두 가지 내용이 붙어 있는 거죠. 즉 앞에서는 전제로서 대한민국의 관할
권 범위를 말하고, 뒤에서는 한반도에서 유일한 합법정부라고 말하는
것입니다.

이걸 따로따로 해석할 수도 있지만 같이 해석한다면, 대한민국은 한
반도에서 유일한 합법정부이지만 그 관할권은 선거가 이루어진 지역에
만 미친다고 볼 수 있습니다. 그런데 이렇게 통째로 보지 않고 각각의
입장에서 한 부분만을 부각시키면서 논쟁이 끊이질 않습니다. 한쪽에
서는 '한반도에서 유일한 합법정부'라는 부분이 제일 중요하다고 얘기

하고, 다른 한쪽에서는 '38선 이남 지역에서 관할권을 갖는다'라는 부분이 중요하다고 얘기합니다.

정확하게 해석하려면 통합적으로 봐야 합니다. 왜냐하면 북한정부를 유엔이 승인한 적은 없습니다. 유엔의 감시 하에 선거가 이루어진 적이 없기 때문이죠. 즉 유엔에서 승인한 유일한 정부가 대한민국 정부라는 것은 틀림없는 사실입니다. 그런데 대한민국 정부가 한반도 전체를 관할하느냐 하면 그건 아니라는 거예요. 이 부분이 굉장히 중요합니다.

유엔 승인안 맨 앞에는 "1947년 11월 14일의 결의에서 총회가 설정한 제 원칙에 의거하여"라는 내용이 나옵니다. '유엔총회에서 유엔한국임시위원단을 만들어 한국에 가서 한반도 전체에서 선거를 하라'는 것이 1947년의 결의안입니다. 1948년 승인안의 앞부분에는 1947년의 유엔 결의안이 제대로 실행되지 않았으니 이 점을 감안해야 한다고 명시되어 있습니다. 즉 '한반도 전체에서 선거를 하라고 했지만 선거가 한반도 전체에서 이뤄지지 않았다. 그러니 1947년 유엔총회 결의안이 다 실행된 것은 아니다. 그럼에도 일단 대한민국 정부는 수립되었다. 그러니 대한민국 정부가 수립된 지역에서의 관할권을 인정한다. 또한 한반도 북쪽은 인정한 적이 없기 때문에 대한민국 정부가 한반도에서 유일한 합법정부인 것은 맞다'라는 의미입니다.

그리고 나서 1948년 승인안 뒷부분에는 1947년의 유엔총회 목적이 달성되지 않았기 때문에 앞으로 이 목적을 달성하기 위해서 또다른 위원회를 만들어 보내겠다는 내용이 이어집니다. 그때는 '임시'라는 글자가 빠집니다. 유엔한국위원단이 파견된 것입니다. 유엔한국위원단은 1948년 12월부터 한국전쟁이 발발할 때까지 한국에서 활동합니다. 무슨 얘기냐 하면 두 가지 부분이 다 중요한 것입니다. 그러니까 '대한민국 정부가 한반도에서 유일하게 유엔 감시 하에 수립된 정부이고, 그것으로써 승인을 받았다'는 것은 중요한 부분입니다. '그러나 원래 유엔의 계획대로 전체 한반도에서 선거가 이루어지지 않았기 때문에 그 관할권은 선거가 이루어진 남한에만 미친다'라는 것도 중요하다는 것입니다. 이 두 부분을 통합적으로 이해하지 않으면 당시에 유엔이 한반도를 승인했던 의도뿐만 아니라 그 이후의 여러 가지 상황들을 보는 데도 문제가 생깁니다.

한일협정 당시로 다시 가볼까요? 협정을 맺을 때도 1948년의 유엔 승인안이 근거가 되었습니다. 즉 일본정부는 대한민국 정부를 한반도의 유일한 합법정부로 인정하되, 대한민국 정부의 관할권은 38선 이남_{지금은 휴전선 이남}이라고 정의하면서 협정을 맺은 것입니다. 간단하게 말하면 '관할권을 갖는 정부로 인정한다'는 방식으로 한일협정을 맺은 거죠. 일본이 한일관계를 완전히 복원하려면 대한민국 정부와 협정을 맺은 것으로 끝이 아니라 북한정부와의 관계도 회복해야 합니다. 2002년 9월 17일 일본의 고이즈미 준이치로_{小泉純一郎} 총리가 북한을 방문해서 김정일 국방위원장을 만난 것도 북한과의 관계 정상화를 위한 것이었습니다. 만약 한일협정에서 대한민국 정부를 한반도 전체를 관할하는 유일한 합법정부라고 규정했다면, 일본이 북한과 수교를 할 필요가 없는 거죠. 만약 수교를 한다면, 그건 곧 국제법 위반이 되는 거고요.

한국정부는 한일협정을 맺으면서 '대한민국 정부가 유일하게 유엔에서 승인받은 정부이기 때문에 일본은 대한민국 정부의 전체적인 관할권을 인정해야 한다'는 생각을 하고 있었습니다. 사실 이러한 생각은 우리 헌법에 반영되어 있습니다. 앞에서 언급한 것처럼 우리 헌법은 "대한민국의 영토는 한반도와 그 부속도서로 한다."라고 명시하고 있으니까요. 그리고 이 부분에서 대한민국 헌법과 국제법 사이에 불일치가 일어나는 거죠.

 대한민국 정부를 승인한
유엔총회 결의안 제195호(III)(부분)

총회는 한국 독립 문제에 관한 1947년 11월 14일자 총회 결의 제112호(II)를 고려하며, 유엔한국임시위원단이하 '임시위원단'이라고 칭함의 보고서 및 임시위원단과의 협의에 관한 소총회의 보고서를 참작하고, 임시위원단의 보고서에서 언급된 모든 난점으로 인하여 **1947년 11월 14일자 총회 결의에 규정된 목표가 완전히 달성되지 않았고 특히 한국 통일이 아직 성취되지 않았다는 사실에 유의하여,**

1. 임시위원단 보고서의 모든 결론을 승인하고,

2. 임시위원단이 감시와 협의를 할 수 있었으며 한국 국민의 절대 다수가 거주하고 있는 한국 지역에 대한 유효한 지배권과 관할권을 가진 합법정부가 수립되었다는 것과 동 정부는 동 지역 선거인들의 자유의지의 정당한 표현이고 임시위원단에 의하여 감시된 선거에 기초를 둔 것이라는 것과 또한 대한민국 정부는 한국 내의 유일한 정부임을 선언하며,

3. 점령국들은 가능한 한 조기에 한국으로부터 그들의 점령군을 철수해야 함을 권고하고,

4. 1947년 11월 14일자 총회 결의에 명시된 목표를 완전히 달성하는 방법으로 호주, 중국, 엘살바도르, 프랑스, 인도, 필리핀 및 시리아로 구성되는 유엔한국위원단을 설치하여 임시위원단의 사업을 계속하고, 본 결의에서 명시된 한국정부의 지위에 유의하여 본 결의의 모든 규정을 수행케 할 것을 결의하며, 특히 다음 사항을 결의한다.

(…)

의심스러운

통일

　　　　　　대한민국의 영토가 우리 헌법에 명시된 대로 한반도 전체와 그 부속도서냐, 아니면 38선 이남 지역이냐는 우리에게 정말 중요한 문제이지만, 국제사회의 인식은 그렇지 않다는 것이 놀라울 수도 있습니다. 유엔만 하더라도 선거가 한반도 전체에서 이루어졌느냐, 이루어지지 않았느냐는 부분에 초점을 맞추고 있으니까요. 사실 유엔의 관점에서 보면 또 하나 문제되는 것이 제주도입니다. 왜냐하면 1948년 5월 10일에 제주도는 선거를 하지 못했기 때문입니다. 그때 4·3사건이 일어나는 바람에 1년 후에야 선거를 했거든요. 그러니까 유엔의 승인안을 곧이곧대로 따르면 대한민국 정부의 관할권은 제주도에 미치지 않는다는 주장도 가능합니다. 주장으로서 가능하다는 이야기입니다.

제주도와 관련해서 또 하나 살펴봐야 하는 것이 수복지구입니다. 수복지구는 대한민국 정부가 한국전쟁 중에 탈환한 과거 북한의 영토를

1948년 8월 15일
정부 수립 선포식

같은 해 5·10 총선거를 통해 제헌
국회를 구성한 후, 이날 대한민국
정부를 수립하였다. 하지만 총선거
는 한반도 전체에서 이뤄지지 않았
을뿐더러 남한 전체에서 이뤄진 것
도 아니었다. 즉 제주도와 수복지
구 등에서는 5·10 총선거를 치르
지 않았다.

말합니다. 주로 강원도 지역이죠. 그런데 이 지역도 1948년 5월 10일에
는 선거가 이루어지지 않았습니다. 즉 대한민국 정부가 수복지구에 대
한 관할권을 갖느냐가 논란이 될 여지가 있습니다. 실제로 1953년 7월
27일에 정전협정이 조인되고 1954년까지 대한민국 정부가 약 1년 동안
관할권을 갖지 못했습니다. 수복지구는 유엔군이 관할권을 갖게 됩니
다. 그 근거가 1948년의 대한민국 정부 수립안이었습니다. 서해 5도도
마찬가지입니다. 그래서 이 지역의 주민들은 1954년 총선거에서 선거
권을 갖지 못했습니다.

이 문제는 과거의 문제만은 아닙니다. 이후의 역사에서 굉장히 중요한 역할을 할 테니까요. 단도직입적으로 하나만 이야기하자면, 북한정부가 붕괴할 수도 있다는 얘기를 많이 하고 있습니다. 북한 붕괴론이 1990년대 초부터 20년이 넘게 계속되어도 지금까지도 붕괴되지 않고 있는데 말입니다. 어쨌든 북한정부가 붕괴할 경우에 어떤 사람들은 거기 가서 부동산 투기를 하겠다고 말하기도 하고, 어떤 사람들은 과거에 뺏겼던 땅을 찾겠다고 생각하기도 합니다. 그런데 제가 보기엔 불가능한 얘기입니다. 북한정부가 붕괴한다고 해서 대한민국 정부가 곧바로 북한 지역에 대한 통치 관할권과 행정 관할권을 바로 갖게 되는 것은 아니기 때문입니다.

만약 북한에 유사 사태가 발생한다면 국제법적으로 대한민국 정부가 관할권을 갖기보다는 국제기구가 북한에 들어갈 가능성이 큽니다. 물론 국제기구가 들어가서 오랫동안 있지는 못하겠죠. 비용 때문에라도 대한민국 정부에 관할권을 넘겨줄 것입니다. 그런데 국제법적으로 대한민국 정부에 관할권을 넘겨준다면 그전에 북한 지역에서 선거를 실시해야 합니다. 이 모든 과정을 거친 후에야 북한 지역에 대한 관할권 얘기를 하겠죠. 또한 급변 사태 후 통일이 된다고 하더라도 남과 북이 바로 통합되는 것은 바람직하지 않을 수 있습니다. 너무나 다른 체제에서 70년이 넘도록 생활을 해왔기 때문에 그 부작용이 상당히 클 가능성이 있습니다. 게다가 남북 주민들의 왕래를 허용한다면? 아마도 그 혼란에 대해서는 어렵지 않게 상상할 수 있을 것입니다.

독일의 경우를 보면 쉽게 이해할 수 있습니다. 베를린 장벽이 무너졌다고 해서 서독이 동독 지역의 관할권을 바로 가졌던 것은 아니었습니다. 이후 선거 과정을 거치고, 이렇게 수립된 동독정부가 서독정부와 협상해서 통일이 이루어졌죠. 현재로서는 이렇지만 이전의 한국전쟁 시기로 돌아가보면 좀더 심각한 문제가 발생합니다.

—

38선 이북을
누가 관할할 것인가

한국전쟁이 발발하고 3개월이 지난 후인 1950년 9월 15일에 인천상륙작전이 이루어집니다. 인천에 상륙한 유엔군이 빠르게 서울을 수복하고 유엔군과 대한민국 군대가 38선 이북으로 넘어가죠. 이런 군사행동은 처음의 유엔 결의안과는 다른 것입니다. 유엔에서 유엔군을 조직할 때의 결의안 내용은 원래의 국경선을 회복한다는 것이었습니다. 즉 38선까지만 간다는 것이었죠. 그러다 유엔군이 38선을 넘어가게 되자 유엔은 결의안을 다시 만들어야 했습니다. 유엔군의 역할을 재조정하게 되는 거죠. 그러고서는 38선을 넘어갔습니다. 38선을 넘어간 후에 문제가 발생합니다. 유엔군은 1948년 12월의 대한민국 정부 승인안을 그대로 해석하려고 했지만 대한민국 정부는 대한민국 정부가 북한을 관할해야 한다고 보았습니다.

당시 유엔은 전쟁이 발발한 직후에는 유엔군을 조직한 채 기존의 유엔한국위원단을 그대로 유지합니다. 그러다가 유엔군이 38선 이북으로 진격하여 북한 지역을 점령하게 되면서 민사업무를 담당할 조직이 필요해졌고, 이에 따라 유엔한국위원단을 언커크UNCURK라는 기관으로 대체합니다. 언커크는 유엔한국통일부흥위원단입니다. 언커크는 북한의 관리가 주요 목적이었습니다만, 중국군의 참전으로 다시 후퇴하게 되면서, 1953년 정전협정 이후에는 주로 남북한 간의 충돌과 남한의 민주주의 관찰이 주요한 기능이 되었습니다. 언커크는 남한에서 실시한 매 선거마다 관찰 보고서를 만들고, 유엔총회에 보냈습니다.

언커크의 조직 목적 자체가 38선 이북 지역의 관리였기 때문에 유엔군은 38선 이북 지역에 대한 관할권을 언커크가 가져야 한다고 주장했습니다. 반면 유엔의 승인안을 한반도 전체에 대한 관할권을 갖는 것으로 해석한 대한민국 정부는 북한 지역에 대한 관할권을 우리가 가져야 한다고 주장했습니다.

이렇게 되다보니 북한을 수복하고 나서 북한 지역에 유엔 언커크 쪽이 만든 행정기관과 대한민국 정부가 임명한 도지사가 구성한 행정기관이 동시에 나타난 거예요. 결과적으로는 국제법적인 부분들을 대한민국 정부가 받아들이지 않을 수 없었습니다. 왜냐하면 유엔군은 우리를 도와주러 왔기 때문에 유엔의 해석을 대한민국 정부가 뒤집을 방안이 별로 없었던 거죠.

사실 한국군과 유엔군이 38선 이북으로 진격한 지 한 달도 되지 않아 중국군이 참전했고, 이로 인해 다시 남쪽으로 급하게 후퇴하게 되면서 _{1.4 후퇴} 북한 지역에 대한 관할권은 더이상 논쟁이 되지 않았습니다. 이후 분단 상태가 오랫동안 지속되면서 남한에서는 북한에 대한 행정국을 따로 만들었습니다. 이는 대한민국 헌법이 규정한 영토 규정에 전혀 위배되지 않습니다. 유엔을 비롯한 국제사회에서도 남한에서 만든 북한 지역의 행정국이 실질적으로 행정권을 행사하지 않는 한 그에 대해 관심을 갖고 있지 않습니다. 그러나 한국전쟁 시기의 경험을 고려한다면 우리는 북한 지역에 대한 관할권이 우리의 생각과는 다를 수 있다는 사실을 인식해야 합니다.

또 하나의 사례는 90년대 초반에 대한민국 정부와 북한정부가 유엔에 동시 가입하는 과정에서 찾을 수 있습니다. 만약에 대한민국 정부나 우리 헌법의 해석대로 대한민국 정부가 한반도 전체에서 관할권을 갖는 유일한 합법정부라고 한다면 유엔은 북한정부를 받아들이면 안 됩니다. 북한을 합법정부로 승인한 적도 없으니 더더욱 그렇습니다. 그런데 당시 유엔은 애매하게 대처했습니다. 유엔은 북한정부를 합법적인 정부라고 인정한 적이 없으면서도 남북한 동시 가입을 승인했습니다. 아무런 유권해석 없이 38선 이북 지역을 차지하고 있는 북한정부를 받아들이고는 대한민국이 유일한 합법정부라고 했던 것에 대해서는 별다른 해명을 하지 않은 거죠.

하지만 달리 생각할 여지도 있습니다. 어떻게 보면 1948년의 대한민국 정부 승인안에서 '대한민국 정부는 38선 이남의 선거가 이루어진 지역에서 합법정부이고, 또 한반도 전체에서 유일한 합법정부'라고 규정함으로써 나중에 북한정부가 유엔에 가입할 경우 문제가 생기지 않도록 대비해둔 측면이 있습니다. 만약에 대한민국 정부가 한반도 전체를 관할하는 합법적인 정부라고 규정했다면 애당초 북한은 유엔에 가입할 수 없었으니까요.

이렇듯 1948년의 대한민국 정부 승인안을 정확히 이해하는 것은 꼭 필요한 일입니다. 또 한편으로는 유엔 등의 국제기구가 이 문제에 대해서 정확한 유권해석을 내려주는 것도 정말 중요합니다. 북한정부와 관련된 문제에서는 더더욱 그렇습니다. 남북관계를 국제법적으로 해결하려고 할 때마다 딜레마로 작용할 수 있기 때문입니다. 미래, 즉 통일 후에는 정말 가장 큰 골칫거리가 될 수 있습니다. 북한에서 동독과 유사한 사태가 생긴다면 앞서 이야기한 과정을 밟게 되겠죠. 즉 국제기구가 들어가서 북한에 대한 관할권을 유지하다가 선거를 통해 대한민국 정부가 들어가는 것입니다. 그런데 국가연합제의 방식으로 통일한다면 문제가 복잡해집니다. 북한정부를 어떻게 인정할지에 대해 국제법적으로 합의가 되어 있지 않기 때문입니다.

그렇다면 국제사회가 유권해석을 정확하게, 명확하게 내려줄까요? 예나 지금이나 그러한 것을 기대하기란 어렵습니다. 예컨대 한국과 일본 사이에 무슨 문제가 생겼다고 합시다. 국제사회에서 제일 큰 주도권을 가진 미국은 그런 문제에 대해서 항상 주저합니다. 결정을 내려주기보다는 당사자가 알아서 해결하라는 식입니다. 그렇다면 유권해석을 기다리기보다는 우리 스스로 노력해야 되겠죠. 다양한 준비를 해야겠지만, 우선은 국제법이나 국제기구가 한반도 문제를 어떻게 해석하게 할 것이냐도 미리 준비해나가야 합니다. 국제법상의 딜레마를 정확히 이해하고, 그러한 이해 속에서 이 문제를 해결할 방안을 찾는 것이 통일을 준비하는 또 하나의 길임에 틀림없습니다.

우리의 헌법 문제도 해결해야 합니다. 지금 헌법은 대한민국 영토를 한반도 전체와 부속도서로 정하고 있습니다. 그렇게 규정해버리면 북한은 불법적인 집단입니다. 그런데 박정희 정부 시기에 이미 7·4 공동성명1972년에서 북한을 대화의 상대방으로 인정하고, 6·23 선언1973년을 통해 남북한 유엔 동시 가입을 추진했습니다. 그렇다면 박정희 정부 스스로 헌법을 위반하는 행동을 한 것일까요? 이후에 있었던 남북 간의 모든 합의 역시 마찬가지로 헌법을 위배한 것일까요? 만약에 그렇다면 우리 역사 자체를 부정하는 셈입니다. 역대 정부는 우리의 영토가 우리의 주장만으로 성립하는 것이 아니라는 점을 잘 알았을 겁니다. 그런 까닭에 우리는 다양한 국제기구와 국제법 속에서 '우리의 영토'에 얽힌 딜레마를 푸는 현실적인 노력을 해야 합니다. 통일을 준비하고 있다면 그 어떤 정책보다도 이 문제를 풀려는 노력을 우선적으로 해야 합니다.

대한민국에 대한 군사 지원에 관한
1950년 6월 27일 안보리 결의안(S/1511호) (전문)

안전보장이사회는 북한군의 대한민국에 대한 무력 공격이 평화를 파괴하는 행위라고 결정하고, 전쟁 행위의 즉각적인 중지를 요구하고, **북한 당국이 그 군대를 즉시, 북위 38도선까지 철수시킬 것을 요구**하고, 북한 당국이 전투 행위를 중지하지도 않았고 그 군대를 북위 38도선까지 철수시키지도 않았다는 것과 국제평화와 안전을 회복시키기 위하여 긴급한 군사적 조치가 요청된다는 유엔한국위원단의 보고서에 유의하고, 평화와 안전을 확보하기 위하여 즉각적이고 효과적인 조치를 유엔에 요청한 대한민국의 호소를 주목하여, 유엔 회원국들이 대한민국에 대하여 이 지역에서 무력 공격을 격퇴하고 국제평화와 안전을 회복하기 위하여 필요한 지원을 제공할 것을 권고한다.

유엔한국통일부흥위원단 설치에 관한
1950년 10월 7일 결의안 376(Ⅴ) (부분)

총회는 1947년 11월 14일의 결정112(III)과 1948년 12월 12일의 결정
195(III), 그리고 1949년 10월 21일의 결정293(IV)에 주목하고 유엔한국
위원단 보고서를 접수하여 고려하고 결의안들에 제시되었던 목적,
특별히 한반도의 통일이 아직 이루어지지 않은 점과 대한민국 정
부를 분쇄하려는 북한의 무력공격 시도가 있었음에 유의하며 총회
가 **1948년 12월 12일에 유엔한국임시위원단**이하 임시위원단의 참관과 협의
가 가능했던 대부분의 지역에서 치러진 선거에 의해 합법적인 정부가 수립
되었음을 선포했던 사실과, 이 정부는 임시위원단의 감시 하에 있던 한반
도 일부 주민의 자유의사에 따라 치러진 선거에 기반하여 수립된 정부로서
한반도에 유일한 정부임을 상기한다. 1950년 6월 27일에 통과된 안보리
결의안S/1511호에 따라 현재 한반도에서 유엔군이 작전을 전개하고
있으며, 유엔 회원국들이 대한민국에 대한 무력공격을 격퇴시키고,
세계평화와 이 지역에서의 안전을 확보하는 데 필요한 지원을 아끼
지 않고 있다는 사실에 유의한다. 본 총회 결의안의 기본적인 목적
은 통일되고, 독립적이며 민주적인 한국정부를 수립하는 것임을 상
기하면서

1. 다음과 같이 권고한다.

(a) 전 한반도에 걸친 안정 조건을 확보할 것.

(b) 주권국가로서의 통일되고, 독립적이며 민주적인 한국정부를 구
성하기 위한 총선 실시를 포함한 모든 조치를 취할 것.

(c) 평화 회복과 총선 실시, 통일정부 수립 등의 문제를 논의하기 위해 남북한 전역에 걸친 대표들을 유엔 기구에 초청할 것.

(d) 유엔군은 위에 언급한 (a)와 (b)를 달성하기 위함이 아닌 한 한반도 어느 지역에도 잔류해서는 안 됨.

(e) 한반도의 경제적 복구를 위한 모든 조치가 취해져야 할 것.

2. 다음과 같이 결의한다.

(a) 유엔한국위원단은 오스트레일리아, 칠레, 네덜란드, 파키스탄, 필리핀, 태국, 터키로 구성되며, 유엔한국통일부흥위원단UNCURK, 이하 언커크으로 명명되며, (i) 현재 운영되고 있는 유엔한국위원단의 기능을 전수받고 (ii) 모든 한반도에 걸친 통일되고, 독립적이며 민주적인 정부를 수립하는 과정에서 유엔을 대표하며 (iii) 유엔 경제사회이사회 권고를 받아들여 총회가 결정하면 한반도의 구호와 재건 문제에 책임을 진다. 언커크는 가능한 한 빠른 시일 내에 한국으로 출발하여 업무를 시작해야 한다.

(…)

4

식민지 근대화론:

우리 안의 역사 논쟁

'조선은 망할 수밖에 없는 나라였고,
일본은 근대화라는 선물을 준 나라였다.'
우리나라 사람 대부분은 이렇게 생각하지 않을 것이다.
그런데 왜 여전히 '식민지 근대화론'이 논란인 것일까?
일제가 우리를 근대화했다는 주장은 왜 나타나는 것일까?
식민지 근대화론과 자본주의 맹아론의 대립부터
제국주의 국가의 착취 논리까지,
식민지 근대화론에 대해 비판적으로 검토해본다.

착취와
개발의 경계

　　　　　　현대사의 여러 이슈들 중에는 그 이전 시기부터 이어져온 것들이 많습니다. 이 장에서는 아주 낯익지만 언제나 뜨거운 논쟁을 불러일으키는 '식민지 근대화론'을 살펴보겠습니다.

　식민지 근대화론이 왜 논쟁의 중심에 있는가 하면, 바로 '식민지 시기를 어떻게 볼 것인가'와 관련이 있기 때문입니다. 또한 식민지 시기 이전과 이후를 바라보는 관점의 차이를 만드는 중요한 갈림길이기 때문입니다. 예를 들어 식민지 근대화론에 맞춰 식민지 시기를 굉장히 긍정적으로 평가한다면 그 이전 시기인 조선시대를 매우 부정적으로 바라볼 여지가 큽니다. 해방 이후에 우리가 이룩한 경제성장이나 민주화의 근거를 식민지 시기에서 찾을 수도 있습니다. 극단적으로 말하면 조선은 망할 수밖에 없는 나라였고, 일본은 우리에게 근대화라는 선물을 준 나라라는 인식에 다다를 수도 있죠. 그런데 우리나라 사람들 대부분은 그렇게 생각하지 않을 것입니다. 그래서 이 시기를 객관적으로 바라보는 것이 매우 중요합니다.

지금까지 식민지 시기에 대한 논의는 '독립운동이냐, 친일이냐' 하는 양립적인 인식이 주를 이뤘습니다. '모던 보이modern Boy'라고 하는 식민지 시기의 현상에 주목하게 되면서 '식민지 시기에 나타나는 근대 문화와 근대적인 질서를 어떻게 바라볼 것인가' 하는 논쟁이 시작되었습니다. 논쟁의 바탕에는 '식민지 시기는 일본 제국주의의 수탈을 받았던 시기인가, 일본이 근대화를 시켜준 시기인가' 하는 문제의식이 깔려 있습니다. 그러니 이 문제에 대해 논쟁이 활발할 수밖에 없었던 거죠. 이러한 논쟁은 1990년대 중반부터 시작되어 한 20년 정도 계속된 셈입니다.

한 가지 주의할 점은 식민지 근대화론이라고 해서 모두 동일한 주장을 하는 것은 아니라는 점입니다. 우리가 일반적으로 비판하는 식민지 근대화론은 주로 경제성장과 자본주의화에 초점을 맞춘 주장입니다. 외국 학계에서 주장하는 바는 조금 다릅니다. 경제적 측면보다는 문화적 측면을 좀더 강조하고 있습니다. 식민지 시기에 들어오는 서구 문화의 확산, 그리고 근대적 규율에 초점을 맞추고 있는 것이죠. 문화에 초점을 맞춘 주장은 근대화라는 것이 반드시 좋은 것은 아니라는 관점을 포함하고 있다는 점에서 경제적 측면에서의 식민지 근대화론과는 차이가 있습니다. 그런데 여기에서는 주로 경제적 측면에 초점을 맞춘 주장만을 다루도록 하겠습니다.

결론부터 얘기하자면 사실 식민지 시기를 통한 경제성장은 부인할 수 없는 사실입니다. 제국이라는 틀 안에서 보면 이는 너무나 당연한 사실입니다. 경제적으로 발전한 국가의 경제권 안으로 들어간다는 것 자체가 경제성장이 가능한 조건을 만들어주기 때문입니다. 일본은 이미 19세기 중반에 메이지유신을 단행해, 아시아 국가 중에 가장 먼저 산업화를 이뤘습니다. 주변국들도 그 사실을 알고 있었죠. 19세기 중국과 한국의 지식인들은 일본을 개혁의 모델로 삼았을 정도였습니다. 대표적으로 갑신정변이나 갑오개혁을 했던 지식인들의 일부도 일본을 모델로 부국강병을 이루려고 했었죠. 중국의 청년들도 마찬가지였습니다. 중국의 청년들은 일본을 배우기 위해 일본으로 유학을 떠났습니다. 너무나도 유명한 쑨원孫文, 1866~1925과 루쉰魯迅, 1881~1936도 그때의 중국 청년들입니다. 일본의 본질은 제국주의이지만 일본이 경험한 부국강병이 너무나 부러워서 따라 하고 싶었던 것입니다. 특히 이들은 서구와는 다른 아시아적인 근대화를 추진하고 싶었고, 그 롤 모델로서 일본을 설정하고 있었던 것입니다.

일본이 동아시아에서 가장 먼저 산업화에 성공했다고 해서 주변국의 산업화가 반드시 뒤따르는 것은 아닙니다. 그렇기 때문에 일본이 경제성장을 무난하게 달성하면서 이것이 일본만의 성장으로 끝난 것인지, 아니면 식민지였던 우리나라, 즉 조선의 성장으로 이어진 것인지를 정확하게 봐야 합니다. 기본적으로 그 시대에는 '제국'의 작동방식이 작용했습니다. 그러니까 제국적 본국이 식민지를 경영하면서 그 식민지까지 제국의 경제적 범위 안에 포함하기 때문에 일본이 발전했다면 식민지도 당연히 발전하게 됩니다. 식민지 경제가 일본이라는 제국의 틀 안에 들어가 묶여 있는 것이기 때문에 식민지도 제국의 일부로서 경제가 성장할 수밖에 없는 거죠. 이렇게만 보면 식민지 근대화론은 맞는 것

같습니다.

그런데 식민지 본국이 그 식민지를 아끼고 사랑하는 마음에서 개척하는 걸까요? 아닙니다. 식민지를 발전시켜주려고 개척하는 것이 아니라 제국주의 본국의 경제를 안정화시키고 더 확대하려는 목적이 있는 것입니다. 즉 착취라는 본질을 무시할 수가 없습니다. 그럼 일제가 한국을 근대화시켰다는 착시현상은 어디에서 비롯되는 것일까요? 식민지가 제국주의 본국 경제에 포함되어버리니까 제국주의 본국의 시장과 근대 문화가 '이식'되는 과정이 나타날 수밖에 없었던 것입니다. 그 과정에 식민지 지역에서 근대 자본주의적인 생산관계와 경제구조가 시작되는 것은 당연하다고 할 수 있습니다. 그렇게 이식된 경제구조를 보고 우리나라가 식민지 시기에 근대화되었다고 생각하는 거죠.

식민지 근대화론에 맞서는 논리로 자본주의 맹아론이 있습니다. 식민지 근대화론을 주장하는 이들의 기본적인 생각은 조선시대에는 자본주의적인 생산관계가 발전하지 않았으며, 스스로 발전하기도 어려웠다는 것입니다. 정체되어 있었다는 거죠. 그런 상황에서 일본이 들어오면서 한국에 근대 자본주의가 시작되었다고 합니다. 사실은 어느 나라든 자본주의 맹아가 없는 나라는 없습니다. 경제가 발전하다보면 어느 단계에는 자연스럽게 자본주의적인 모델들이 나타나게 마련입니다. 그런데 그렇게 나타난 모델들이 자생적으로 확대되고 발전할 수도 있고, 그 전에 제국주의의 식민지가 됨으로써 애초에 나타났던 맹아는 사라지고 이식된 자본주의적인 모델들이 나타날 수도 있습니다. 즉 맹아가 발전해서 스스로 발전한 나라도 있고 그렇지 않은 나라도 있습니다.

자본주의 맹아론은 기본적으로 모든 교과서가 수용하고 있는 이론입

남만주철도주식회사(만철)가 자랑하는
특급 여객열차 아지아(あじあ)호
일본은 중국을 근대화하기 위해 철도를 개설한
것이 아니다. 국책회사인 만철은 철도사업을 중
심으로 했으나 광업, 제조업 등 광범위한 분야에
서 사업을 펼친 만주 식민화의 핵심기관이었다.

니다. 알다시피 조선시대 후기에는 실학이라고 하는 근대 학문의 맹아
도 나타났기 때문에 교과서는 그 내용을 서술하고 있습니다. 그런데 식
민지 근대화론을 주장하는 사람들은 우리 안에 있던 자본주의 맹아는
애초부터 전국으로 확대될 가능성이 없었다는 주장을 합니다. 실학의
경우 농업을 발전시켜서 구조개혁을 해야 한다는 쪽과 상업을 발전시
켜서 구조개혁을 해야 한다는 쪽이 있었습니다. 그런데 특히 농업을 중
시한 쪽은 근대적인 모델보다는 옛날 제도를 토대로 개혁을 주장한 복
고주의라고 평가하는 의견이 있습니다. 서구 한국사학계의 대부라고
할 수 있는 제임스 팔레James B. Palais의 주장이 가장 대표적이라고 할 수
있습니다.

그런데 예전의 제도를 부활시킨다고 해서 모두 복고주의라고 비판받아야 할까요? 시대를 막론하고 사회가 문란해지면 사적 소유가 그 원인인 경우가 많습니다. 지금도 우리 사회의 불안정성은 빈부격차에서 비롯되는 문제라고 이야기하곤 합니다. 조선시대에도 마찬가지였습니다. 사극「정도전」에서도 확인할 수 있듯이 고려 말과 조선 초에 정도전이 단행했던 개혁의 핵심은 바로 토지의 공적 소유입니다.

고려 말에 가면 사적 소유가 확대되어 경제가 매우 문란해졌습니다. 이 문제를 해결하기 위해 정도전은 '토지 공개념'을 도입했습니다. 토지의 공적 소유, 즉 공공성의 확대를 통해서 사회개혁을 해야 한다는 입장이었죠. 그런데 이 공공성 모델 중에 동양의 지식인들에게 가장 주목받았던 역사적 사례가 고대 중국의 모델입니다. 주로 한나라와 당나라 시대의 유학이 그런 모델들을 잘 설명하고 있기 때문에 한당 유학이라고 불리곤 하죠. 정도전은 가장 주목받는 중국의 모델을 차용해서 개혁을 하려고 했던 것이지, 고대로 돌아가자고 주장한 것이 아닙니다. 사회개혁의 측면에서 공적 영역을 확대함으로써 사적 영역을 개혁하는 방식을 주장한 것입니다. 이러한 방식의 근대 산업화도 가능하며, 실패한 실험이기는 했지만 공산주의가 바로 국가가 주도하는 산업화 방식을 추진한 것입니다. 현재의 사회민주주의도 공적 영역이 중심이 된 사회개혁과 사회제도화를 계속 추진하고 있습니다. 이런 측면에서 본다면 실학 역시 사적 시스템보다 공적 시스템에 기반한 근대화를 추진하기 위한 학자들의 노력이 빚어낸 결과물인 셈입니다.

그럼 '우리나라가 19세기 후반부터 20세기 초반까지 외부의 세력을 받아들여서 발전하는 것이 나았을까, 아니면 우리 자체적으로 발전하는 것이 나았을까' 하는 의문이 생길 수도 있습니다. 그 당시 자본주의적 맹아와 근대적인 질서들이 나타나기는 했지만 19세기 우리의 모습은 사실 무척 실망스러웠습니다. 드라마에서 보고 교과서로 배운 것처럼 18세기의 개혁들은 한 발짝 더 나아가려는 개혁이었습니다. 하지만 이러한 노력은 19세기에 와서 무너지기 시작합니다. 세도정치가 바로 그걸 의미하죠.

사실 이런 측면에서 본다면 18세기에 대한 재평가도 필요합니다. 정조 시대에 제대로 된 정치개혁이 이루어졌다면, 그가 죽은 이후에도 일정 기간 동안은 정치개혁의 영향이 계속되었어야 합니다. 그의 개혁에 문제가 많았거나 제대로 정착되지 않았기 때문에 19세기의 현상이 나타난다고 봐야 할 것입니다. 세도정치도 문제였지만 홍경래의 난과 같은 사회적 불안정 역시 주목해야 합니다. 드라마와 영화 속에서 만들어진 영·정조 시대의 모습은 19세기 이후 조선의 모습을 통해서 재조명될 필요가 있습니다.

19세기 들어 정치와 사회가 불안정해지면서 조선정부는 외세에 제대로 대응하지 못합니다. 내부에 근대화에 대한 사회적 공감대가 형성되어 있지 않은 상황에서 외부의 힘에 대응하는 것이 불가능했죠. 이는 다른 한편으로 조선왕조 자체의 문제이기도 합니다. 500여 년이라는 기간 동안 조선은 스스로의 자정 능력을 잃어버렸습니다. 학문적으로는 동아시아 최고 수준의 성리학을 발전시켰지만, 그 과정에서 스스로가 매너리즘에 빠져버린 것입니다. 특히 집권층과 양반들은 자기만족에 빠져버렸습니다. 그로 인해 사회를 개혁하고 근대화를 추진할 수 있는 동력이 상실되었습니다. 외부로부터 유입되는 새로운 사상과 문물을 조선의 실정에 맞도록 수정하고, 이를 통해 한국에 맞는 모델을 만들어갔어야 합니다. 메이지유신이 바로 그런 것이었죠. 그러나 조선왕조와 지배층은 그렇게 할 수 있는 힘도, 의지도 없었습니다.

어떻게 보면 19세기 말의 갑오개혁은 외적인 부분과 결합한 우리의 근대화 모델 중 하나였습니다. 흔히들 갑오개혁은 일본이 뒤에서 조종한 반쪽짜리 개혁이라고 이야기합니다. 맞습니다. 그러나 일본의 압력만으로 시행한 것은 아닙니다. 우리 스스로 필요에 의해서 단행한 측면도 분명히 있습니다. 그것보다 우리는 '왜 어떤 나라는 자력으로 개혁에 성공한 반면 어떤 나라는 성공하지 못했는가'라는 질문에 답을 찾아야 합니다. 우리 같은 경우 어쨌든 스스로의 개혁에는 실패한 사례이기 때문에 왜 실패했는지, 또 그것이 식민지 시대에 어떤 결과를 가져왔는지를 성찰해야겠죠.

—

부인할 수 없는
외부 충격

이쯤에서 고민해봐야 할 질문이 있습니다. 그렇다면 우리가 생각하는 근대화란 뭘까요? 사실 지금까지 우리가 배운 근대화 모델은 대부분이 서양의 성공한 모델들입니다. 서양이라고 하면 미국이라고 여기기 쉽지만, 그렇지만도 않습니다. 영국과 프랑스, 즉 산업혁명과 부르주아혁명을 거치며 스스로 발전한 국가들을 성공사례로 배웠습니다. 나중에 후발 자본주의 국가들, 예컨대 독일과 일본의 성공한 모델들, 또 미국의 모델도 교과서에서 배웠습니다. 역사도 그 중심으로

서술된 거죠. 문제는 왜 우리는 그런 길을 가지 못했느냐에 항상 초점이 맞춰져 있다는 것입니다.

　세계사를 객관적으로 바라본다면, 지금까지 롤 모델로 생각했던 서양 몇몇 나라의 근대 자본주의 발전이 과연 보편적인가 하는 의문을 품어야 합니다. 오늘날 유엔에 가입한 국가가 200개가 넘습니다. 그중 자력으로 발전한 나라는 10개국 정도에 불과합니다. 그러니 우리가 모델로 삼는 선진국들이 더 예외적인 경우일 수 있습니다. 보편적인 근대화 모델은 나머지 국가들의 근대화 사례에서 찾아야 하겠죠. 그 나머지 국가에서는 외부로부터 자본주의가 이식되거나 외부의 자본주의경제에 본국이 편입되면서 근대 자본주의가 들어오는 경우가 많습니다.

　한국사에서 근대의 시작을 1876년 개항으로 잡고, 일본사에서도 근대의 시작을 메이지유신 이전 흑선黑船이 일본을 개항시키는 때로 잡는 이유는 아무리 자체적인 발전이 있었다고 하더라도 세계 자본주의 시장으로의 편입이 근대로 넘어가는 중요한 계기라는 인식이 있기 때문입니다.

　이런 관점에서 본다면 한국이 일본의 식민지가 되고 나서 근대적인 경제구조가 본격적으로 들어왔다는 사실이 전혀 이상하지 않습니다. 어떻게 보면 당연한 것이기도 합니다. 또 다른 나라와 비교해본다면 우리의 경우가 훨씬 보편적일 수 있죠. 그런데 이렇게 주장하면 식민지 근대화론자, 심지어는 친일파라는 비판을 받습니다. '우리 힘이 아니라 일제의 힘으로 개발되어서 좋다는 거냐'라고 비판하죠. 이제는 이분법적인 사고의 틀에서 벗어나 사실을 객관적으로 보아야 합니다. 즉 '개발이냐, 성장이냐' '좋으냐, 나쁘냐'라는 개념을 떠나 식민지 시기에 경

제가 양적으로 팽창하고 자본주의적인 생산관계가 들어왔다는 것, 또 일본이 미리 받아들였던 근대 문화의 여러 가지 요소들이 한국에 들어왔다는 사실은 인정하자는 것입니다.

그렇다면 당시 사람들은 우리의 근대화 과정에 대해 어떻게 생각했을까요? 당시 사람들이 일제의 식민지 지배에 대해 긍정적이지 않았다는 것 또한 분명한 사실입니다. 일본이 근대화시켜준다고 하면 좋아했어야지 왜 그토록 많은 사람들이 저항을 하고 독립을 원했는지를 생각하면 쉽게 이해할 수 있습니다. 사람들의 저항이 컸다는 것은 뭔가 이 시스템에 문제가 있었다는 의미입니다. 예컨대 1919년의 3·1운동은 단일국가에서 일어났던 독립운동 중에 아마 제일 규모가 컸을 것입니다. 3·1운동처럼 거족적으로 독립운동을 하는 경우는 세계사적으로 유례를 찾아보기 힘들죠. 그런데 그 정도로 크게 독립운동이 일어났다는 것은 기본적으로 일본이 무엇을 해주었든지 간에, 또 그것이 경제적으로 어떤 결과를 가져왔든지 간에 조선 사람들은 만족하지 못했다는 뜻입니다.

한국근현대사를 주제로 여러 외국 학자들과 이야기를 하다보니 재미있는 현상을 발견할 수 있었습니다. 우리는 일제강점기에 대해 매우 부정적인 생각을 가지고 있습니다. 우리가 편협하게 생각하는 것이 아니라 사실이 그렇기 때문입니다. 우리는 실제로 일제강점기에 약탈을 당했고, 수많은 사람들이 피해를 입고 고통을 겪었습니다. 아직도 위안부 문제나 징용 문제 등이 그대로 남아 있는 상태입니다. 그런데 식민지 시기를 경험한 다른 나라들은 그 시기를 굉장히 긍정적으로 보기도 합니다. 심지어 향수를 가진 나라들도 있습니다. 그 사실을 알고 정말 크게 놀랐습니다. 아니 도저히 이해되지 않았습니다. '도대체 왜 이런 현상이 나타날까, 정말 말이 안 된다'라는 생각부터 들었습니다.

1990년대 후반쯤에 '왜 중국은 경제성장을 이루지 못했고 한국은 경제성장을 했느냐'라는 주제의 토론에 참여할 기회가 있었습니다. 그때 함께했던 중국 유명 대학의 교수가 '한국은 일본의 식민지 시기를 겪었기 때문에 경제성장을 했고 중국은 일본의 식민지 시기를 겪지 않았기 때문에 이루지 못했다'라는 충격적인 이야기를 했습니다. 실제 식민지 경험을 했던 한국 사람으로서 정말 받아들이기 힘든 이야기였습니다. 그래서 식민지를 경험한 다른 나라에서는 어떻게 생각하는지 알아보았습니다. 조사해보니 특히 인도나 타이완, 캐나다 등지에서는 식민지 시기를 긍정적으로 평가하고, 그 시기에 대해 일종의 향수를 갖고 있다는 사실을 알게 되었습니다.

식민지 시기라는 같은 경험을 했는데, 왜 이런 현상이 나타날까요? 우리나라와 다른 나라 사이에는 몇 가지 의미있는 차이점이 있습니다. 첫 번째는 지리적인 문제입니다. 한국 같은 경우는 대단히 특이한 경우로 다른 나라와 달리 이웃 국가의 식민지가 되었습니다. 대다수 아시아, 아프리카 국가들은 멀리 떨어져 있는 서양 제국주의 국가의 식민지가 되었죠. 이웃 국가의 식민지가 된다는 것은 매우 자존심이 상하는 일입니다. 한국과 일본의 역사를 보면 큰 차이가 나지 않기 때문입니다. 역사의 어떤 국면에서는 큰 차이가 나기도 했겠지만 대체로 비슷하게 살아왔죠.

그뿐만 아니라 한국 사람들은 전근대 시대에 일본을 그렇게 문명화된 국가라고 생각하지 않았습니다. 반대로 우린 굉장히 문명화되어 있다고 생각했습니다. 중국의 문물을 받아들였던 종속적 문명이라고 이야기하는 사람들도 있지만 그건 당대를 제대로 이해하지 못하는 주장입니다. 전근대 시대에 선진문명의 제1 아이콘은 중국의 유학이었습니다. 그 유학을 받아들여서 나름대로의 유학체계를 유지해온 나라이니, 수준 높은 문명을 가지고 있었다고 자부하는 것은 지극히 당연합니다. 그러다가 우리보다 문명 수준이 낮다고 여겨지던 일본에 식민지화되었으니, 얼마나 자존심이 상하겠습니까. 그러니 이것만으로도 식민지화가 진행되었다는 것, 식민지가 되었다는 것, 식민지였다는 것에 대해 좋은 감정을 가질 수가 없는 거죠.

두 번째로 식민지를 경험한 국가들을 보면 수천 년 동안 독립된 통일 왕조를 유지한 경우가 별로 없습니다. 우리보다 역사가 더 오래되었다는 인도에도 독립된 통일왕조가 지속적으로 있었던 것은 아닙니다. 중간중간에 계속 외세의 침입을 받았고, 계속 분열되어 있었습니다. 이슬람 세력들이 지배한 적도 있죠. 베트남은 우리와 많은 점에서 비슷하면서도 큰 차이가 있습니다. 중국의 변방에 중국과 국경을 맞대고 있기 때문에 우리보다도 중국의 괴롭힘을 더 많이 받은 나라가 베트남입니다. 베트남에 통일왕조가 들어선 것은 1000년 정도밖에 되지 않았고, 그나마 그 중간에 분열과 복속이 반복되었습니다. 타이완은 식민지 전 300여 년간 독립국가를 이뤘던 적이 없었습니다. 포르투갈과 네덜란드 그리고 청나라의 지배를 받다가 일본이 들어왔고, 다시 국민당이 들어온 상태입니다. 그러니까 이들 국가의 국민들한테는 어떤 나라의 식민지가 되는지는 별로 중요하지 않았습니다. 누가 좋은 지배자였는지만 생각하면 되는 거죠.

그런데 우리나라는 다릅니다. 오랫동안 통일왕조를 유지하며 우리 것을 지키다가 별로 차이가 나지 않는, 아니 오히려 뒤떨어진 문명을 갖고 있다고 생각하던 이웃나라의 식민지가 되었죠. 우리와 같은 경우가 많지는 않아서 이웃나라인 영국에 통합된 아일랜드 정도가 있습니다. 한국과 일본처럼 아일랜드와 영국도 사이가 아주 좋지 않습니다. 사실 아일랜드와 영국의 관계에 비교해보면 그래도 한국 사람들은 정말 점잖은 편입니다. 아일랜드의 유혈투쟁에 대해서는 다들 너무나 잘 알고 있을 것입니다.

이런 부분들을 고려하면서 식민지 시기를 바라보면 '개발이냐, 수탈이냐' 같은 문제를 포함해 좀더 명확하게 이 시기를 이해할 수 있습니다. 그리고 식민지와 제국주의 관계의 본질을 파악할 수 있습니다.

식민지와
제국주의 관계의 본질

　　　　　　　제국주의 국가들이 식민지에 들어와 경영하는 것을 흔히 개척이라 표현합니다. 그런데 개척은 굉장히 특이한 용어입니다. 영어로 개척을 의미하는 익스플로이테이션exploitation을 사전에서 찾아보면 두 가지 상반된 뜻이 있습니다. 하나는 '자기의 이익을 위해서 남을 이용한다' 즉 수탈이라는 뜻이 있습니다. 다른 하나는 개발이라는 뜻이 있습니다. 일반적으로 생각하기에 개발과 수탈은 완전히 다른 뜻이죠? 그런데 왜 그 두 가지 뜻이 한 단어에 들어가 있을까요? 바로 이 용어 자체가 식민지와 제국주의 관계의 본질을 보여주고 있습니다.

　용어 이야기가 나온 김에 잠시 이야기를 돌리면, 학문의 세계에서는 어떤 용어를 쓰느냐가 무척 중요합니다. 고대 중국에서 정명正名을 강조하는 것도 그런 이유에서입니다. 정명은 '이름을 바로 지어줘야 한다. 올바른 용어를 써야 한다'라는 뜻을 담고 있습니다. 예를 들어 4·3 같은 경우 4·3항쟁으로 봐야 하느냐, 4·3사건으로 봐야 하느냐 하는 논쟁이 있습니다. 또 4·19혁명이냐 4·19의거냐 하는 논쟁도 있죠. 용어 자체가 논쟁이 되는 이유는 어떤 용어를 쓰느냐에 따라 사건의 의미와 본질이 달라지기 때문입니다. 2장에서 살펴본 것처럼 일본이 우리에게 지불한 돈을 청구권자금이라고 부를 때와 배상금이라고 부를 때 그 의미와 본질이 확연하게 차이 나는 것처럼 말입니다.

　앞에서 개척이라는 용어가 식민지와 제국주의 관계를 정확하게 보여주는 용어라고 했습니다. 쉽게 이해되지 않을 것입니다. 일반적으로 수탈은 완전히 부정적인 의미로, 개발은 완전히 긍정적인 의미로 사용되기 때문이죠. 하지만 개발과 수탈은 동전의 양면과 같은 관계입니다. 서부개척 영화들을 보면 철도를 놓고 마을을 건설하고 나서 광산을 개발합니다. 이게 바로 개척입니다. 하지만 개척의 과정에는 수많은 인디언들의 죽음이 있었습니다. 인디언들을 죽이고 몰아내고 산을 깎고 자연을 파괴합니다. 한마디로 개발의 과정에는 수탈의 과정이 동반되는 것입니다. 또 수탈을 위해서는 개발할 수밖에 없다는 의미이기도 합니다.

우리 사회가 '일제강점기를 어떻게 볼 것이냐'라고 했을 때도 마찬가지입니다. 기본적으로 개발을 하지 않으면 수탈이 불가능합니다. 일본이 한국에 맨손으로 들어온 것이 아닙니다. 다 가지고 들어왔죠. 뭔가 시설을 만들어야 했기 때문입니다. 일본은 우리나라에 들어와서 철도도 놓고, 항만도 건설하고, 도로도 깔고, 도시도 개발했습니다. 특히 일본은 도시 개설에 신경을 많이 썼습니다. 다른 식민지와는 다르게 말 그대로 식민植民을 하기 위해서였습니다. 즉 일본 사람들을 한반도로 대거 이주시키는 정책을 폈습니다. 일본은 이 사람들이 거주하고 경제활동을 할 수 있는 공간들을 만들어주어야 했기 때문에 식민지를 개발할수밖에 없었죠. 개발이 되는 순간 조선 안에 있는 것들을 밖으로 가지고 나갈 수 있는 사회간접자본들이 만들어집니다. 또 반대로 일본의 상품을 들여와서 팔 수 있는 통로도 마련됩니다. 또한 식민지에 살고 있는 사람들에게 일정한 수입을 주어야 합니다. 그들도 돈이 있어야만 제국주의 본국의 상품을 살 수 있으니까요. 이런 이유로 수탈과 개발을 따로 얘기할 수는 없는 것입니다.

좀더 쉬운 예를 들어볼까요? 예컨대 아주 미개한 부족을 찾아가서 컴퓨터를 한 대 판다고 해봅시다. 가능할까요? 아마 그 부족민들은 컴퓨터를 사지 않을 것입니다. 안 사는 혹은 못 사는 이유가 몇 가지 있습니다. 우선 컴퓨터를 사용할 줄 모르기 때문입니다. 다음으로 전기가 없기 때문입니다. 적어도 전원이 들어와야 컴퓨터를 쓸 수 있을 테니까요. 그럼에도 컴퓨터를 팔아야겠다면 그들에게 발전소를 건설해줘야 합니다. 요새는 컴퓨터로 문서만 만드는 것이 아니고 인터넷에도 접속하니, 기지국도 설치해줘야 합니다. 즉 우리가 어디에 가서 무엇인가를 팔거나 가지고 나오려면 그곳을 개발해주어야 합니다. 이것이 개발과 수탈을 식민지와 제국주의 관계의 동전의 양면이라고 하는 이유입니다. 그러니 어느 한쪽만 강조하면서 서로 다른 의견을 반박하는 것은 소모적인 논쟁일 수밖에 없습니다.

그런데 여기서 중요하게 생각해야 할 점이 있습니다. 우리가 가지고 있는 '개발에 대한 인식'의 문제입니다. 개발이라고 하면 대체로 긍정적으로 생각합니다. 그러나 반드시 그런 것만은 아닙니다. 남태평양에 있는 이스터 섬을 예로 들어보겠습니다. 이 섬은 사람이 살기에 매우 좋은 조건을 가지고 있었습니다. 당연히 이주자들이 늘어났죠. 그러면서 점점 번창했고 생산력도 높아졌습니다. 사람들은 밭을 만들기 위해, 불을 지피기 위해, 카누를 만들기 위해, 집을 짓기 위해, 그리고 석상을 옮기기 위해 나무를 베었습니다. 숲이 사라지면서 삶은 점점 고달파졌습니다. 숲이 파괴됨에 따라 흙이 비바람에 깎여나가면서 척박한 땅이 되고 말았습니다. 결국 농업생산력이 떨어지면서 섬은 사람들이 살기 어려운 곳이 되었죠. 1870년대에는 더이상 사람이 살지 못하는 섬으로 변해버렸습니다. 전염병 때문에 이스터 섬이 사람이 살 수 없는 지역이 되

이스터 섬을 찾아온 사람들이 먹고살기 위해 숲을 파
괴하면서 낙원은 이내 황무지로 변했다. 1870년대에
는 더이상 사람이 살 수 없는 섬이 되고 말았다.

었다는 주장도 있습니다만, 만약 그렇다고 하더라도 그 전염병은 외부
로부터 들어왔거나 근대화의 과정에서 나타났을 가능성이 큽니다.

이스터 섬의 예에서 보듯 개발이 반드시 좋은 결과를 내는 것은 아닙
니다. 그렇다면 개발의 의미에 대해서 다시 한번 생각해볼 필요성이 생
깁니다. 개발을 말 그대로 무언가를 바꾸는 작업으로 이해하고, 거기에
긍정이나 부정, 좋다거나 나쁘다 따위의 평가를 집어넣지 말아야 합니
다. 개발은 좋을 수도 있고 나쁠 수도 있습니다. 또 어떻게 개발하느냐,
무슨 목적으로 개발하느냐에 따라서 개발의 성격이 바뀔 수 있습니다.
개발을 좋은 것으로만 여기는 사람들에게 개발과 수탈은 동시에 진행

되는 것이라고 이야기하면 대부분 '어? 나쁜 것과 좋은 것이 같이 왔네' 라고 생각합니다. 그런데 개발은 어떻게 하느냐에 따라 그 평가가 달라질 수밖에 없다고 보면 개발과 수탈이 동시에 일어났다는 사실을 통해 식민지와 제국주의의 관계를 쉽게 이해할 수 있게 됩니다.

그럼 '개발은 좋을 수도 있고 나쁠 수도 있다' '식민지 시기에는 개발과 수탈이 동시에 진행되었다'라는 기본적인 시각을 갖고 근대화론과 수탈론을 다시 살펴봅시다. 그러자면 식민지 시기에 실제로 개발되었던 여러 가지 것들을 사실 그대로 보려는 노력이 필요합니다. 어느 한쪽을 무시하지 않고 양쪽 측면을 동시에 바라봐야 한다는 이야기입니다. 식민지 근대화론의 문제는 근대와 개발만을 강조한다는 것입니다. 또 개발만 강조하다보니 앞서 이야기한 것처럼 '조선은 낙후하고 정체했다' '한국의 경제성장은 결국 식민지 시기에 그 기원을 두고 있다'라는 식으로 주장하게 됩니다. 다른 한쪽의 편향을 갖게 되는 거죠. 반대쪽인 수탈론도 수탈의 측면만 바라보니까 식민지 시대에 일어났던 변화들을 제대로 잡아내지 못하는 문제들이 나타나는 것입니다. 결국 '개발이냐, 수탈이냐'로 진행되는 논쟁들이 하나의 합일점을 찾지 못하는 이유 중에 하나가 바로 인식의 문제에 있는 것입니다.

한국사 교과서에도 근대화의 양면을 사실 그대로 기술하되 그걸 총체적으로 바라볼 수 있는 시각을 담아야 됩니다. 두 개가 동시에 일어나고 있었으며, 성격이 다른 것이 아니라는 점을 제대로 알려줘야 한다는 이야기입니다. 사실만 제시하는 것이 아니라 사실들을 서로 다르게 보는 이유를 알려주고, 식민지의 양면성 문제로 이해하게 하는 것이 이 시기를 바라보는 올바른 관점이지 않을까요? 우리나라 한국사 교과서들은 어떻게 보면 사실 위주로, 아니 너무 사실만 강조했기 때문에 문제된 측면도 조금은 있었습니다. 다른 한편으로는 옛날에는 너무 수탈 얘기만 했던 것이 아닌가 싶기도 합니다. 학생들에게는 특히 균형 잡힌 관점이 중요합니다. 단순히 과거를 바로 알자는 말은 아닙니다. 이는 1960년대 이후 개발 원조와도 관련되기 때문에 현재를 바라보는 데도 상당히 중요하다고 할 수 있습니다.

아시다시피 우리는 원조를 받는 처지에서 벗어나 이제는 개발도상국에 원조를 주는 나라가 되었습니다. 사회 일각에서 우리도 힘든데 무슨 원조냐는 이야기를 하기도 합니다. 그러나 우리가 개발도상국에 원조를 하는 것은 우리의 필요 때문이기도 하다는 점을 놓쳐서는 안 됩니다. 수출 비중이 큰 우리나라는 개발도상국에도 우리 상품을 팔아야 합니다. 그러려면 우리 물건을 사는 나라도 잘살아야 합니다. 그곳의 사람들이 소득이 없고, 아는 것도 없고, 이용할 줄도 모르면 우리와의 교역은 불가능합니다. 즉 우리만 잘산다고 되는 것이 아니라 다른 나라와 같이 가야 되는 측면이 있는 거죠. 물론 이건 식민지화하고는 완전히 다른 차원의 이야기입니다. 논리는 비슷하지만 식민지는 상대국의 주권까지도 허용하지 않는 반면, 원조는 주권을 침해하지 않는 범위 내에서 이루어지는 것입니다. 그렇기 때문에 상생의 방안이죠. 식민지 시기의 본질은 착취였고 그 과정에서 개발이 나타나는 것이지만 오늘날 국제관계의 본질은 착취가 아니라 상생의 모델 속에서 어떻게 하면 서로 윈-윈 하느냐라는 것입니다. 따라서 같은 성격의 이슈라고 하더라도 시대에 따라서, 방식에 따라서 서로 다르게 그리고 객관적으로 파악하는 것이 제일 중요합니다.

5

미국:
혈맹의 복잡한 속마음

"한미관계는 평온한 적이 없었다."
주한 미국대사의 푸념이 워싱턴에 그대로 전해졌다.
해방 직후 우리에게 최대 원조를 제공해준 미국,
한국전쟁 이후 혈맹으로 맺어진 미국은
왜 우리 때문에 하루도 평온했던 적이 없는 것일까?
이승만의 반공포로 석방 사건과
미국의 이승만 제거 계획은 모종의 관련을 맺고 있다.
혈맹의 복잡한 속마음을 들여다본다.

"한미관계는
평온한 적이 없었다"

우리나라는 주한미군이 영토 안에 상주하고 있는 몇 안 되는 나라 중 하나입니다. 그런 까닭에 미국은 우리나라의 안보를 이야기할 때 꼭 등장하는 나라입니다. 또 한미 FTA 문제가 국정의 최대 이슈가 될 만큼 경제관계에서도 미국은 우리에게 큰 의미를 갖는 나라입니다. 이 장에서는 현대사의 여러 국면을 살펴보며 오늘날 왜 그토록 미국이 우리에게 중요한 의미를 갖게 되었는지를 생각해보겠습니다.

한미관계는 말 그대로 한국과 미국의 관계로 우리 현대사에서 다른 나라와의 관계와는 비교할 수 없을 만큼 의미가 큽니다. 무엇보다 한미관계는 한국의 경제성장에서 굉장히 중요했습니다. 또한 주한미군은 한국의 방위를 위해 빼놓을 수 없는 존재이기도 하고요. 주한미군사령관이 갖고 있는 한국군의 작전통제권 역시 한미관계에서 빼놓을 수 없는 부분입니다. 다시 이야기하겠지만 작전통제권 문제는 뿌리가 정말 깊습니다. 이런 이유로 우리 역사에서 한미관계의 단추들이 어떻게 끼워져 왔느냐, 그것이 오늘날 어떤 결과와 양상을 가져왔느냐 하는 점을 살펴보는 것이 아주 중요합니다.

이승만 초대 대통령과 미국의 관계부터 볼까요? 사실 이때가 한미관계의 시작이었습니다. 즉 이 시기에 한미관계의 원형이 만들어진 거죠. 1948년 대한민국 정부가 수립되고 미국과 행정협정을 맺으면서 미군정이 관할하고 있던 모든 재산이 대한민국 정부로 넘어오게 됩니다. 1953년에는 한국의 안보 문제에서 정말 중요한 한미상호방위조약이 맺어졌습니다. 그다음 1954년에 한미합의의사록에 의해서 한국군의 작전통제권이 유엔군사령관에게 이관됩니다. 유엔군사령관은 주한미군사령관이 겸임하게 되어 있었습니다. 한국군의 작전통제권이 유엔군사령관에게 넘어가면서 그 대가로 한국군의 유지비를 미국이 거의 전적으로 부담하는 조약이 맺어졌습니다.

1952~53년에는 미국과 경제협정이 맺어지면서 한국은 미국으로부터 원조를 받게 됩니다. 미국의 원조를 효율적으로 쓰기 위해서 합동경제위원회를 설치하는 내용도 조약에 포함되어 있었습니다. 원조로 들어온 돈과 물자를 어떻게 쓸지 결정하기 위해 한국과 미국 사이의 협의체가 생긴 거죠. 한마디로 이 시기에 정치·경제·군사적으로 한미관계의 틀이 잡혔습니다.

그렇다면 한국과 미국과의 관계는 어땠을까요? 좋았을까요, 나빴을까요? 이 시기는 한미관계가 당연히 좋아야 할 때입니다. 지금으로서

페허에서 땔감과 생필품을 찾는 사람들
전쟁의 참화를 겪은 1950년대의 한국에는 세금을 거둘 대상도
거두기 위한 시스템도 제대로 마련되어 있지 않았다.

는 이해하기 힘들겠지만 그 당시에는 미국의 도움 없이 국가를 운영하는 것 자체가 불가능했습니다. 일단 한국정부에 수입이 없었습니다. 세금이 걷혀야 정부 수입이 생기고, 수입이 생겨야 정부를 운영할 수 있습니다. 하지만 당시 한국에는 세금을 거둘 대상도 거두기 위한 시스템도 제대로 마련되어 있지 않았습니다. 당시 한국의 생산성이 높지 않았던 것이 가장 큰 이유입니다. 또한 한국전쟁을 거치면서 경제 기반시설이 엄청나게 파괴되어 혼란이 일어났고, 그 때문에 세수가 거의 없었습니다.

행정 시스템도 갖추어져 있지 않았습니다. 그 당시에는 주민등록제도 없었습니다. 주민등록제는 5·16쿠데타 직후에 시작되어 1968년에야 본격적으로 시행되었죠. 주민등록제는 중요했습니다. 왜냐하면 주민등록제가 있어야 세금 낼 사람을 추적할 수 있기 때문입니다. 어떤 사람이 어디서 어떤 생산활동을 하고 무슨 이익을 얻었는지를 알아야 세금을 매길 수가 있습니다. 그런데 그런 시스템이 없던 상황에서는 세금이 많을 수가 없죠.

당시 한국의 상황이 이러했기 때문에 대부분의 정부 운영자금이 미국의 원조에 의지했습니다. 당시 정부 재정의 약 40퍼센트, 또 국방 재정의 약 50퍼센트를 차지할 정도였습니다. 117면에 있는 두 개의 표를 보면 한국경제와 국방비에서 차지하는 원조의 비중을 잘 알 수 있습니다. 1957년과 1958년 정부의 세입 구성에서 원조로 들여온 물자를 팔아서 얻은 돈의 비중이 50퍼센트를 상회하고 있습니다. 이렇게 되니까 한미관계가 정치·경제·사회 모든 면에서 너무나 중요했습니다. 그런데 문제가 생겼습니다. 당시 상황만 놓고 보면 한미관계가 당연히 좋아야 했지만 사실은 그렇지 않았습니다.

이 시기 한미관계의 단면을 보여주는 중요한 편지가 있습니다. 1972년에 주한미국대사가 미국 워싱턴 정부에 보낸 편지입니다. 1972년이면 오래전이라고 생각하겠지만 사실 그렇게 먼 과거는 아닙니다. 당시 우리가 기억할 수 있는 사건으로는 유신 선포가 있습니다. 한국현대사에서 워낙 중요한 사건이기에 이 사건만 기억하지만, 1972년 유신 선포 이전에 있었던 중요한 두 사건을 놓치면 안 됩니다. 그중 하나는 '7·4 남북공동성명'으로, 남북관계에서 처음으로 통일의 원칙을 확인한 의

구분 연도	GNP 구성(100만 달러)			일반세입 구성(억 원)		
	GNP(A)	수원액(B)	B/A(%)	총세입(C)	원조자금(D)	D/C(%)
1953	1,361	194	14.3	46.6	7.9	17.1
1954	1,467	154	10.5	125.9	44.7	35.5
1955	1,414	237	16.8	323.7	150.5	46.5
1957	1,672	383	22.9	415.1	224.5	54.1
1958	1,897	321	16.9	454.8	245.8	54.0
1959	1,980	222	11.2	448.8	189	42.1
1960	1,996	245	12.3	476.6	167.6	35.2
1961	2,104	199	9.5	607.5	240.5	39.6

한국경제에서 원조의 비중

※ 출처: 『한국의 국민소득』, 한국은행 1973; 한국은행 『조사월보』 1964년 12월호; 경제기획원 『한국경제통계연감』 1963년판; 홍성유 『한국경제의 자본축적과정』, 아세아문제연구소 1965, 42면; 한국재정40년사편찬위원회 편 『한국재정40년사』 제6권, 한국개발연구원 1991, 157면.

구분 연도	국방비 중 원조 구성비	원조 중 국방비 지원 구성비
1953	5	19
1954	29	44
1955	43	37
1956	48	34
1957	43	22
1958	38	20
1959	38	28
1960	36	32
1961	96	66
1962	73	52
1963	73	57

국방비 중 원조 구성비와 원조 중 국방비 지원 구성비(1953~1963)

※ 출처: 한국재정40년사편찬위원회 편 『한국재정 40년사』 제7권, 한국개발연구원 1991, 119면.

미 있는 사건입니다. 또 하나는 '8·3조치'로 기업과 재벌의 사채를 동결하는 내용입니다. 사실 대단히 기업친화적인 조치이지만 다른 관점에서 보면 자본주의체제에서는 있을 수 없는 일이었죠. 8장에서 8·3조치를 깊이있게 다루기로 하고 우선 1972년의 상황으로 돌아가겠습니다.

1972년 당시 미국대사였던 하비브Philip C. Habib는 굉장히 당혹스러운 심정을 편지에 담았습니다. 세계사적으로 보면 1970년대는 데탕트détent, 동서진영 간의 긴장 완화의 시기입니다. 미국이 중국과 화해 분위기를 만들던 시기로, 미국의 닉슨Richard M. Nixon, 1913~94 대통령이 1972년에 중국을 직접 방문해 중국의 문을 열었죠. 유명한 영화「포레스트 검프」Forrest Gump, 1994를 보면 주인공 포레스트 검프가 탁구를 치기 위해 중국에 갔다 왔다 하는 장면이 나옵니다. 바로 그 시기가 1971~72년입니다. 핑퐁외교가 이때 등장한 말입니다. 그러니까 미국은 세계에 긴장 완화의 메시지를 보내고 있는데, 박정희 정부는 1971년 12월에 갑자기 긴급 비상사태를 선언한 것입니다. 미국 쪽에서는 당연히 '아니, 지금 전세계가 긴장 완화를 외치고 있는데, 도대체 이 나라는 왜 비상사태 선언이야' 하는 당혹감을 느낄 수밖에 없었던 거죠.

박정희 정부의 입장은 또 다릅니다. 데탕트 국면에서 미국은 주한미군 1개 사단을 철수하기로 합니다. 베트남전쟁에 너무 많은 돈을 쏟아부었던 탓에 주한미군의 감축을 결정한 거죠. 박정희 정부는 이를 안보의 위기로 바라보고 긴급 비상사태를 선언하는 한편, 1972년에는 이와 반대로 7·4 남북공동성명을 발표했습니다. 한편으로는 위기라고 규정하면서 한편으로는 북한과 공동성명을 발표하니까 주한미국대사가 본국에 편지를 보냈습니다. 그 첫 문장이 너무나 인상적입니다. "한미관계는 평온한 적이 없었다."로 시작하는 편지는 한미관계에 관심을 가지고 연구를 하는 이들을 어리둥절하게 하는 내용을 담고 있습니다. 한미관계는 동맹관계인데 편한 적이 없었다니, 이게 도대체 무슨 얘기인가 싶은 거죠.

이 편지에는 한미관계가 가장 불편했던 세 가지 사례가 쓰여 있습니다. 두 가지는 박정희 정부 때의 일입니다. 5·16쿠데타 이후 당시 국가재건최고회의 의장이었던 박정희가 1963년 민정이양에 대한 입장을 수차례 번복합니다. 그때 케네디John F. Kennedy, 1917~63 대통령과 한국정부 사이에 심각한 갈등이 있었습니다. 빨리 민정이양을 하지 않을 경우 한국에 대한 원조를 끊을 수도 있다는 것이 당시 미국정부의 입장이었습니다. 또 하나는 1968년 안보위기 때입니다. 북한의 무장게릴라들이 청와대를 습격한 사건과 이어지는 푸에블로호 납북 사건으로 한미 간에 갈등이 있었습니다. 안보위기 때의 이야기는 7장에서 더 자세히 살펴보겠습니다.

그런데 하비브 대사가 이 사건들보다 더 중요하게 꼽은 것이 바로 1953년에 있었던 이승만 대통령의 북진통일 주장과 반공포로 석방 사건입니다. 그는 반공포로 석방 사건에 나머지 두 사건을 더해 대표적인 세 가지 사건으로 꼽았습니다. 그러고는 이승만 정부 시기에 좋지 않았던 한미관계가 쭉 이어지면서 평안한 날이 없었다고 말한 것입니다. 굉장히 상징적인 이 편지는 이승만 정부 시기에 한미관계가 좋지 않았다는 것을 잘 보여주고 있습니다.

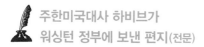
> 한미관계는 평온한 적이 없었다. 사실 강한 의견의 불일치나 양자에게 중요한 문제에 대한 상호 간의 의심이 과거 20년간 한미관계의 주요한 면모였다. **이승만은 격렬하게 휴전협정을 반대했고 한국이 통일될 때까지 계속해서 싸우기를 원했다. 우리는 그가 공공연히 주장한 북진정책을 두려워했고 반대했다.** 서울에 있는 우리 대사관은 처음에는 박 장군이 일으킨 1960년 1961년의 오기의 쿠데타를 반대했으며, 1963년에는 박이 선거를 치르도록 하기 위해 최고의 압력을 넣었다. 푸에블로호 피납과 청와대 습격에 대한 우리의 대응은 박을 격노케 했다.

　이승만 정부 시기 미국과의 관계는 어느 순간 나빠졌다기보다 처음부터 계속 꼬여 있었다고 보는 것이 맞습니다. 1948년 당시 미국의 지지없이는 대한민국 정부가 무난하게 수립되기 어려운 상황이었습니다. 다행히 미국은 전폭적으로 지지해주었습니다. 한반도에 자유민주주의 국가를 세우겠다는 미국의 의지가 워낙 강했기 때문이죠. 그럼에도 대한민국 정부가 수립되자마자 한미 간의 갈등이 시작됩니다. 대표적인 것이 이승만 대통령의 북진통일론입니다.

　이승만은 대통령으로 당선되자마자 북한으로 진격해서 통일을 하겠다고 공언합니다. 이승만 대통령이 "점심은 평양에서 먹고 저녁은 신의주에서 먹겠다."라고 말했다는 이야기도 있습니다. 미국 쪽에서는 어떻게든 말려야겠다고 생각하게 됩니다. 미국이 유엔을 통해 도움을 주어

세운 국가가 대한민국인데, 이 나라가 침략국이 되겠다니 용인할 수가 없었겠죠. 한국전쟁이 발발하기 1년 전인 1949년 6월 미군 철수 결정은 그 당시 미국의 딜레마가 반영된 사건인 셈입니다.

원래 미군과 소련군은 점령을 위해서 들어온 군대가 아니라 한반도에 있던 일본군의 항복을 받기 위해 들어온 군대였습니다. 즉 일본군의 항복을 받고 한반도에 독립된 국가가 수립되면 당연히 철수해야 했던 거죠. 이런 관점에서 보면 1945년을 한반도 분단의 기점으로 보는 것은 잘못된 셈입니다. 그런데 미군이 바로 철수하지 않았던 것은 남한사회가 그렇게 안정적이지 않았기 때문입니다. 남한 단독선거를 하기 전에 제주도 4·3사건이 있었습니다. 제주도에서 많은 사람들이 38선 이남만의 선거를 반대하고 일어났었죠. 또 4·3사건 진압군 내부에서 반란이 일어났습니다. 이게 여순 사건입니다. 미국이 더 큰 충격을 받은 것은 바로 이 여순 사건입니다. 군대가 총구를 거꾸로 돌리니 대한민국 정부가 스스로 생존할 수 있는가를 확신할 수 없었던 거죠.

이런 사건이 벌어지자 미국은 쉽게 철수 결정을 내릴 수가 없었습니다. 그래서 1948년 12월에 소련군이 철수한 이후에도 미군은 즉시 철수하지 못했습니다. 특히 당시 주한미국대사였던 무초 John J. Muccio 는 주한미군의 철수에 반대했습니다. 그만큼 한국정부가 허약하며, 한국의 국방력이 북한의 무력을 감당할 수 없다고 판단했던 것입니다. 그럼에도 불구하고 미군은 남한에 더 남아 있을 명분이 없었기 때문에 결국 1949년 6월에 철수했습니다. 이때 38선에서 분쟁들이 빈번하게 일어났죠. 당시에는 휴전선이 아니라 38선이었습니다. 결국 미군 철수 1년 만에 한국전쟁이 발발하게 되었습니다. 그리고 나서 미군이 다시 들어오게 되었습니다. 그러니까 한반도에서 미군이 철수한 상태에서 한국전쟁이 발발한 셈입니다. 정확하게 말하면 미 정규군은 다 철수하고 주한미군사고문단만 남았습니다. 목적은 한국군을 훈련시키는 거였죠. 북한에서도 역시 소련군은 철수했지만 소련군의 군사고문단이 남아 북한군을 훈련시켰습니다.

앞에서 이승만 대통령이 북침을 준비했다고 이야기했었죠. 그럼 우리 군대가 철저하게 준비를 하고 있었는지를 좀 짚어봐야 합니다. 그 부분에 대해서는 논란이 있기 때문입니다. 사실 이승만 정부는 단독으로 북진통일을 할 군사 능력을 보유하고 있지 않았습니다. 그래서 이승만의 북진통일론은 진정한 의사 표시라기보다는 하나의 레토릭수사으로 여겨지는 것입니다. 북한을 위협하려던 것이라는 의미입니다. 또 이런 상황을 연출함으로써 한국군이 먼저 전쟁을 일으키는 것을 원하지 않았던 미국과 뭔가 협상을 하려던 것이 아니냐는 추측을 낳기도 합니다.

주한미군 얘기가 나온 김에 짚고 넘어갈 것이 있습니다. 주한미군이 철수하기 직전에 김일성이 스탈린을 만나기 위해 모스크바를 찾았습니다1949년 5월. 그때 김일성도 스탈린한테 무력으로 한반도를 통일하겠다는 속내를 털어놓았습니다. 그런데 스탈린이 의외의 대답을 했습니다. 안된다는 것이었습니다. 북한이 남한에 있는 미군을 이길 수 없다는 것이었죠. 또 북한군은 충분히 준비가 되어 있지 않아서 미군뿐만 아니라 남한도 이길 수 없다는 것이었습니다.

소련의 인식은 1950년에 갑자기 바뀝니다. 1950년 1월 스탈린이 김일성에게 오고 싶으면 오라는 메시지를 보냈습니다. 1949년 말까지는 김일성이 그렇게 가겠다고 해도 오지 말라고 했었죠. 북한 입장에서 얼마나 신이 났겠습니까. 그래서 김일성이 1950년 봄에 다시 모스크바를 가게 되었습니다. 김일성은 3월 말에 가서 4월에 스탈린을 만났습니다. 그때는 남쪽의 공산당 책임비서였던 박헌영도 같이 갔습니다. 그리고 셋이서 합의한 거죠. '전쟁하자. 이젠 된다.'

전쟁을 벌여도 된다고 판단한 중요한 근거가 되는 세 가지 사건이 있습니다. 그중 두 가지가 1949년에 벌어졌습니다. 이 사건들은 한국전쟁뿐만 아니라 세계사적으로 중요했습니다. 첫째가 1949년에 일어난 중국의 공산주의 혁명입니다. 둘째가 소련의 원자폭탄 개발입니다. 원래 원자폭탄을 가지고 있는 나라는 미국밖에 없었습니다. 즉 1949년에 미국의 원자폭탄 독점이 끝난 것입니다. 1949년은 이 두 가지 사건을 통해 공산주의자들이 큰 힘을 얻는 시기입니다. 세계에서 가장 인구가 많은 중국이 공산주의 혁명을 했고, 미국과 대등한 공산주의 국가인 소련이 원자폭탄을 가지게 되었습니다. 게다가 남한에서 주한미군까지 철수한 거죠. 주한미군 철수가 전쟁을 벌여도 되겠다고 판단한 세 번째 근거입니다.

미국의 군사고문단은 남아 있지만 정규군은 없는 한반도 상황을 두고 세 사람이 이야기를 나누었습니다. 핵심 주제는 미국의 참전 여부였습니다. 이때 세 사람 모두 미국이 참전하지 않을 거라고 내다봤습니다. 중국이 공산화되는데도 미국이 개입하지 않았다는 것이 그 근거였습니다. 중국에도 개입하지 않았는데 한반도같이 하찮은 곳의 전쟁에 미국이 개입할 리가 없다고 본 거죠. 그러고서는 김일성이 가져간 전쟁 계획안을 스탈린이 승인하고, 이어서 두 달 후에 한국전쟁이 발발했습니다.

소련의 첫 번째 원자폭탄

소련의 원자폭탄 개발은 미국의 대외정책 방향을 바꾸어놓았다. 공산주의
세력에 더이상 밀려서는 안 된다는 위기의식을 가지게 된 미국이 한국전쟁
에 깊숙이 개입하게 된 한 계기가 되었다.

결과적으로 보면 세 사람 모두 바보였습니다. 실상은 전쟁이 발발하고
며칠 만에 미군이 바로 파견됩니다. 그들은 미국의 의도를 잘못 읽었던
것입니다. 근데 여기에 역사의 역설이 있습니다. 당시 상황으로만 보면
그들뿐만 아니라 누구라도 그렇게 판단했을 것입니다. 역사의 역설은
당시가 미국이 굉장히 수세에 몰리는 순간이었다는 바로 그 지점에 있
습니다. 앞서 말씀드린 것처럼 1949년 미국은 중국이라는 시장을 잃은
데다 소련의 핵개발로 소련에 대한 군사적 우위도 잃어버렸습니다. 위
기에 몰린 미국은 새로운 대책을 고민할 수밖에 없었죠. 그래서 1949년
말부터 1950년 사이에 미국은 대외정책을 바꾸었습니다.

1949년 6월의 주한미군 철수만 보면 공산주의 지도자들의 판단이 맞

습니다. 미국 쪽의 힘이나 원조 재원 자체가 모자랐기 때문에 한반도에서 한 발 물러서서 일본이나 서유럽에 집중하려 했던 것입니다. 이런 의도에도 불구하고 공산주의 진영이 1949년을 기점으로 세력이 커지니까 미국 쪽에선 더이상 밀려서는 안 된다는 위기의식을 가지게 되었습니다. '우리도 공세적으로 나가자'라는 주장에 힘이 실리면서 '국가안보회의 문서 68번'이 새로 만들어졌습니다. 이 문서는 미국의 대외관계 변화를 보여주는 아주 상징적인 문서입니다. 그 문서에 담긴 가장 중요한 전략은 '세계 어느 곳에서도 미국은 밀리면 안 된다'라는 것입니다. 물론 미국정부는 한국전쟁이 발발하기 전까지는 이 문서를 공식적으로 승인하지 않았습니다. 그런데 한국전쟁에 개입하면서 승인을 했죠.

—

이승만
제거 계획

미국이 '어느 곳에서도 밀리지 않겠다'라고 결정한 것은 역사의 역설이었습니다. 4장에서 식민지 근대화 논쟁을 이야기하면서 개척, 즉 익스플로이테이션에 대해 이야기했습니다. 개발과 착취라고 하는 아주 역설적인 것들이 동시에 일어난다는 이야기였죠. 역사에서는 그런 경우가 많습니다. '기회가 위기고 위기가 기회'인 경우가 역사 속에는 수없이 등장합니다. 1997년에 있었던 우리의 금융위기가 한편으로는 위기지만 다른 한편으로는 경제의 체질을 개선하는 계기가 됐던 것처럼 말입니다. 아쉽게도 그 기회를 살리지 못했습니다만, 2014년 4월에 있었던 세월호 사건도 마찬가지입니다. 세월호 사건은 우리 국민과 우리 사회 전체에 굉장히 큰 위기감을 줬고, 그런 점에서 오랫동안 기억될 것입니다. 다른 한편으로는 우리 사회를 다시 한번 일깨우는 기회가 되리라고 믿습니다.

역사에서도 1949년에 있었던 주한미군 철수, 중국 공산혁명, 소련의 원자폭탄 개발이 공산주의 진영에 힘을 실어줬다면 반대로 미국에는 역공의 명분이 되기도 했던 것입니다. 공산주의 세력 확대를 막아야 하기 때문에 새로운 문서가 나왔던 것이고, 결국은 미국이 한국전쟁에 개입하게 되었습니다. 이런 부분들을 고려해 종합해본다면 당시 공산주의 지도자들의 판단은 완전히 잘못되었습니다. 이들의 잘못된 판단 때문에 전쟁이 발발하면서 한국은 3년 동안 전쟁의 참화를 겪었습니다.

어떻게 보면 1949년 6월부터 1950년 6월까지가 1945년 이후부터 지금까지 미군의 정규군이 한반도에 주둔하지 않았던 유일한 시기였습니다. 지금도 주한미군 철수 문제가 많이 언급됩니다. 그럴 때마다 한국과 미국은 주한미군이 없었던 시기에 북한이 전쟁을 시작했다는 점을 떠올립니다. 그러니까 북한의 지도자들이 오판할 기회를 주어서는 안 된다는 생각이 깊이 박혀 있는 거죠. 철수했던 미군은 전쟁이 발발하자마자 유엔군의 깃발 아래 한반도로 들어옵니다. 그리고 대한민국 정부를 구해주는 거죠. 사실은 우리에게 고마운 일입니다. 그러니 이러한 상황에서 이승만 정부와 유엔군사령부 그리고 미국의 관계가 굉장히 안 좋았다는 것은 역사의 아이러니입니다.

1952~53년에 특히 미국과의 관계가 좋지 않았습니다. 1952년에는 부산정치파동이 있었습니다. 당시는 전쟁 중이었기 때문에 수도를 서울에서 부산으로 옮겼습니다. 부산이 임시수도가 된 거죠. 거기서 이승만

대통령이 계엄령을 선포하고 국제공산당에 연루되었다는 혐의로 일부 국회의원들을 체포했습니다.

국회의원 체포 이면에는 다른 사실들이 숨겨져 있습니다. 당시 국회는 개헌안을 결의했는데, 이승만 대통령은 이 개헌안이 못마땅했습니다. 원래 헌법, 즉 1948년 헌법에는 대통령을 국회의원들이 선출하게 되어 있었습니다. 이승만 대통령도 헌법에 따라 1948년에 국회의원에 의해서 선출되었습니다. 그런데 전쟁이 발발하기 25일 전인 1950년 5월 30일 국회의원 총선거에서 이승만을 지지하지 않는 사람들이 대거 당선된 것입니다. 국회에서 대통령을 선출하면 이승만은 더이상 대통령을 할 수 없게 된 거죠.

이런 상황에서 개헌안이 제출된 것입니다. 이승만 대통령을 반대하는 세력과 이승만 대통령을 지지하는 세력이 각각 개헌안을 제출했습니다. 반대하는 사람들은 대통령책임제를 없애고 의원내각제를 하자는 안을 냈습니다. 이승만 대통령은 1890년대 독립협회 때부터 오랫동안 독립운동과 정치를 해왔던 큰 어른이기 때문에 대통령에 계속 앉히되, 권한을 완전히 없애버리겠다는 내용이었죠. 그 대신 국회에서 인기 있는 사람을 총리로 뽑아 의원내각제를 하겠다는 것이었습니다. 이승만 대통령을 지지하는 측에서는 국회에서 대통령을 선출하면 더이상 이승만이 대통령을 할 수 없으니까 직선제로 바꾸겠다는 안을 냈습니다. 당시에는 언론이 대단히 발전한 상황도 아닌데다가 전쟁 중이어서 일반 국민이 아는 사람은 이승만 대통령밖에 없었습니다. 다른 정치인은 국민이 알 수가 없었던 거죠. 그러니 직선제를 하면 이승만 대통령이 당선되는 것입니다.

부산정치파동은 두 개의 개헌안에 대한 국회의 논쟁이 치열한 상황에서 이승만 대통령이 계엄령을 선포해 본인을 반대하는 국회의원들을 체포해버린 사건입니다. 미국에서는 난리가 났습니다. 대한민국의 민주주의를 돕겠다고 참전했더니 대한민국의 상황이 민주주의와는 거리가 멀었던 거죠. 나중에 미국은 베트남에서 똑같은 딜레마에 빠집니다. 민주주의를 지켜서 공산주의 확산을 막겠다고 베트남전에 개입했더니 미국이 지키고자 했던 남베트남 정부는 민주주의 정부가 아니었던 거죠. 그 딜레마가 1952년에도 있었던 것입니다.

부산정치파동 국면에서 이승만 정부와 미국정부 사이에 줄다리기가 시작되었습니다. 특히 유엔군으로 참전했던 영연방 국가들 중에 영국, 캐나다, 호주 등이 미국정부에 강력하게 항의했습니다. 민주주의를 지키려고 왔는데, 계엄령을 선포하고 국회의원을 체포하는 것이 무슨 민주주의냐는 거였죠. 게다가 이승만 정부는 계엄령을 선포·유지하기 위해 전선에 있던 군인 일부를 부산으로 동원하기도 했습니다. 유엔군은 전선에서 죽어가는데, 한국정부는 군대를 후방에서 정치적 목적에 이용하고 있었던 거죠.

미국은 이승만 대통령 제거 계획을 세웁니다. 이승만 대통령과는 도저히 안 되겠다고 판단한 거죠. 무엇보다 이렇게 해서는 전쟁 수행이 곤란하다고 봤습니다. 그런데 미국은 두 가지 이유 때문에 이승만 제거 계획을 실행하지 못했습니다. 첫째로 전쟁 중에 그런 사건이 발생하면 전 세계 여론이 매우 나빠집니다. 그리고 누구나 미국이 개입했을 것이라고 생각하게 됩니다. 두 번째로 이승만 대통령을 대체할 인물이 없었습니다. 이승만 대통령은 아주 강한 카리스마를 가진 강력한 반공주의자

통근버스에 실려 연행되는 국회의원

전쟁이 한창이던 1952년, 이승만은 정치투쟁에
열을 올렸다. 직선제 개헌이 부결되자 5월 26일
국회의원을 실은 통근버스를 헌병대로 통째로
연행해 27시간 동안이나 감금했다.

입니다. 반공전쟁을 하고 있는 미국으로서는 이승만 대통령보다 더 강
력한 반공주의자를 내세워야 되는데 그게 힘들었던 거죠.

　미국으로서는 이보다 더 심각한 사건이 1953년에 또다시 일어납니
다. 바로 반공포로 석방 사건입니다. 1953년 6월 18일에 일어난 반공포
로 석방 사건은 한국사회에서는 이승만 대통령의 쾌거로 알려져 있습
니다. 그러나 실제로 이 사건은 매우 복잡한 성격을 띠고 있습니다.

　우선 반공포로가 무엇인지부터 보겠습니다. 북한군 포로 중에 공산
당을 싫어하는 사람들을 반공포로라고 했습니다. 전쟁 당시 포로수용

소에는 공산포로와 반공포로가 나뉘어 있었습니다. 전쟁 초기에는 북한이 남한을 점령하고 있었습니다. 1950년 6월 25일에 전쟁이 시작되고 1950년 9월 15일 인천상륙작전이 이루어지기 전까지입니다. 이 시기에 북한은 남한에서 젊은이들을 강제로 징용해서 북한 인민군에 동원한 거죠. 근데 이 사람들 모두 공산주의가 좋아서 입대한 것은 아닙니다. 기본적으로 끌려간 거죠. 안 그러면 죽으니까. 그런데 이 사람들이 포로가 되었다는 데서 문제가 생깁니다. 이들이 포로가 되지 않고 탈출을 했으면 아무 문제가 없었을 겁니다. 그런데 강제로 인민군이 되었거나 아무것도 모르고 그냥 친구 따라 입대했다가 포로가 되어버린 것입니다. 그래서 분류한 거죠. 공산포로와 반공포로로. 이렇게 분류하는 것 자체가 미국의 전략이었고, 심리전이기도 했습니다. 이승만 대통령의 생각이 아니었습니다. 인권의 측면에서 보더라도 분류하는 것이 맞습니다. 당연히 공산포로와 반공포로를 분류해야 하죠. 그런데 반공포로 석방 사건이 문제가 되는 것은 제네바협정 때문입니다.

제네바협정은 포로의 취급에 대해 다루고 있습니다. 그중에 "모든 포로는 전쟁이 끝나면 반드시 무조건 돌려보낸다."라는 규정이 있습니다. 포로는 군인이고 군인은 국가의 목적을 위해 동원된 사람입니다. 그래서 전쟁범죄자를 제외한 군인은 일반 범죄자로 처리하지 않고 포로로 따로 처리하게 했습니다. 포로의 무조건 송환 규정이 생긴 데는 제2차 세계대전 이후의 두 가지 사건이 중요한 역할을 했던 것 같습니다. 하나는 소련이 독일과 전쟁을 하고 막판에 일본과 전쟁을 벌이면서 생긴 사건입니다. 그때 소련은 포로들을 돌려보내지 않고 자국에서 노역을 시켰습니다. 전쟁 후라 노동력이 부족해서 전후 복구에 포로들을 동원했던 거죠. 또 하나는 독일군에게 잡힌 소련 포로들이 고국에 돌아가지 않 겠다고 한 사건이었습니다. 스탈린이 싫었던 거죠. 물론 독일은 망한 상 태였습니다.

이 두 가지 사건의 딜레마를 해결하기 위해서 1949년에 제네바협정 이 맺어졌습니다. 부상자 상태 개선을 위한 1864년의 협정, 부상자와 민 간인 보호를 위한 1906년과 1907년의 협정 그리고 포로의 대우에 관한 1929년의 협정을 모두 개정하면서 1949년 포괄적인 협정을 만든 것입 니다. 한국전쟁이 일어나기 1년 전이었죠. 그런데 "반드시 무조건 돌려 보낸다."라고 정한 제네바협정 때문에 한국전쟁의 반공포로 문제가 생 긴 것입니다. 반공포로들은 집도 남쪽이고 공산주의 신념도 없는 사람 들입니다. 그런 반공포로들이 북한군이라는 이유만으로 제네바협정에 의해 무조건 북으로 가야 하는 상황에 봉착한 거죠. 이 문제로 미국, 중 국, 북한이 협상을 했습니다. 그 결과 '무조건 돌려보내지 못한다. 구분 을 해서 가겠다는 사람은 가고 안 가겠다는 사람은 남겨두자'라고 합의 했습니다. 이때 중립국 인도가 반공포로와 공산포로를 분류하기로 했 습니다. 인도는 전쟁 초기부터 유엔에서 휴전과 평화를 제안했던 국가 입니다.

그런데 이런 합의를 하는 순간에 이승만 대통령이 반공포로를 그냥 석방하는 사건이 발생한 것입니다. 이승만 대통령은 합의를 받아들이 지 않은 거죠. 미국에서는 난리가 났습니다. 이때 또 한번 이승만 대통 령을 제거하기 위한 계획이 나옵니다.

반공포로
석방 사건

　　　　　　　반공포로 석방 사건은 역사 해석 및 역사 교과서와 관련해서 논쟁이 되고 있는 중요한 사안이기도 합니다. 논쟁이 되고 있다는 것은 결국 보는 관점에 따라 다르게 해석이 가능하다는 의미입니다. 일부 연구자들은 반공포로 석방 사건이 없었다면 한미상호방위조약이 맺어질 수 없었다고 주장합니다. 또한 이런 쾌거에 의해서 반공포로들을 모두 석방할 수 있었다고 이야기합니다. 역사적으로 보면 이런 주장은 사실과 다른 측면이 있습니다. 이 부분을 제대로 보아야 합니다. 실제로 반공포로 석방이 일어났을 때 한국정부와 신문들은 굉장한 쾌거라고 이야기했습니다. 이승만 대통령 입장에서도 워낙 반공이라는 것을 내세웠기 때문에 본인도 반공포로 석방에 대해 할 말이 많았을 것입니다.

　하지만 역사적으로는 두 가지 사실에 주목할 필요가 있습니다. 당시 야당 지도자였던 조병옥이 "이건 아니다!"라고 얘기했다가 테러를 당하고 붙잡혀가기도 했습니다. 그런데 조병옥의 말처럼 사실 반공포로 석방은 국제법적으로는 해서는 안 될 일입니다. 전쟁포로는 전쟁포로로 잡혀 있는 국가의 헌법이나 법률에 의해서 처벌받거나 처리되지 않을 권리가 있습니다. 그렇기 때문에 전쟁이 끝난 다음에 돌려보내게 되어 있는 거죠. 그런 합의가 이루어지지 않은 상태에서 일부 포로를 석방한 것이기에 문제라는 것입니다.

　또 당시 한국의 작전통제권은 미군 아래에 있었습니다. 1950년에 전

1951년경 부산의 포로수용소에 수감된 사람들
오늘날 육군훈련소에 입소한 스무 살 남짓 청년들의
모습과 다를 바가 없다. 이승만의 반공포로 석방은
한미 사이에 또다른 갈등을 불러왔다.

쟁이 시작되자마자 이승만 대통령이 이른바 대전협정이라 불리는 편지를 맥아더Douglas MacArthur, 1880~1964 장군에게 보냅니다. 그 내용은 한국군의 작전통제권을 유엔군사령부 아래에 두겠다는 것이었습니다. 그런데 이승만 대통령은 유엔군사령관의 허가를 받지 않고 한국군에 명령해서 반공포로를 석방시켜버린 거죠. 미국으로서는 이 부분을 굉장히 심각하게 받아들였습니다. 미국 쪽에서 당연히 '왜 작전통제권의 체계를 지키지 않았느냐, 왜 유엔군사령관의 허가도 없이 반공포로를 석방했느냐'라는 이야기가 나온 거죠.

두 번째는 사실 더 심각한 문제입니다. 1953년은 아이젠하워Dwight D. Eisenhower, 1890~1969 대통령이 취임한 해입니다. 아이젠하워 대통령은 1952년 선거에서 당선되고 취임하는 과정에서 트루먼Harry Truman, 1884~1972 대통령 재임 시에 시작된 전쟁을 빨리 끝내겠다고 공언했습니다. 그래서 대통령에 당선되자마자 한국을 방문했죠. 취임하기도 전에 전황을 시찰한 것이죠. 그만큼 한국에서의 전쟁을 빨리 끝내는 것이 중요했다는 의미입니다.

사실 한국에서 전쟁을 하면서 미국의 군사비가 3배로 증가합니다. 그러면서 미국정부의 재정에 문제가 생겼습니다. 아이젠하워 대통령이 재정적자를 균형재정으로 맞추겠다고 말한 것도 당연한 거죠. 이런 이유로 미국은 6월 18일 전후에 유엔군과 함께 공산군 측의 중국과 북한을 만나 정전협정에 사인하기로 했습니다. 이 시점에 이승만 대통령이 반공포로를 석방한 것입니다.

이승만 대통령이 반공포로를 석방하자 당연히 북한과 중국이 항의했습니다. 협상 과정에서 분명히 인도가 들어와 반공포로와 공산포로를 구분한 다음 석방하기로 했는데 이승만 대통령이 합의사항을 위반했다는 거죠. 그래서 정전협정 사인이 한 달 늦춰집니다. 7월 27일에 사인하게 되었죠. 미국의 입장에서는 하루라도 빨리 전쟁을 끝내야 하는데 말입니다. 이건 한국 대통령이 자신을 도와주고 있는 미국 대통령에게 정면으로 도전한 것으로 해석될 수 있습니다.

반공포로가 석방된 다음날 아이젠하워 대통령이 이승만 대통령에게 친서를 보냅니다. 이런 식이면 함께할 수 없다는 경고를 담아서요. 아주 직설적으로 "모종의 조치를 취할 수도 있다."라는 표현이 있습니다. 이게 구체적으로 어떤 내용인지는 모릅니다. 하지만 추측컨대 그 이전에 나온 에버레디 계획Ever Ready Plan이 그 내용일 수도 있습니다. 에버레디 계획은 말 그대로 항상 준비하는 계획, 그러니까 1953년에 나온 이승만 대통령 제거 계획일 수 있습니다. 현재 상태를 유지한다면 전쟁을 멈출 수가 없고, 한미 간의 협정도 이뤄지지 않을 거라는 생각을 미국이 했던 거죠. 물론 이 계획도 1952년과 같은 이유로 실행되지 않았습니다. 여전히 이승만 대통령 외에 눈에 띄는 인물이 없었다는 것이 첫 번째 이유였습니다. 두 번째 이유는 전쟁 중에 이런 사고가 발생하면 분명히 여론이 나빠질 것이고, 한국뿐만 아니라 전세계가 용납하지 않으리라는 것이었습니다. 반공포로 석방 사건의 후폭풍 때문에 한미 간의 신뢰에 치명상을 입었다는 것은 앞서 언급했습니다.

그런데 이 문제가 교과서나 역사학계에서 논쟁이 되고 있습니다. 이른바 뉴라이트 쪽은 이승만 대통령이 반공포로 석방을 통해 미국을 압박했기 때문에 미국이 꺼려했던 한미상호방위조약이 맺어질 수 있었다고 해석하고 있습니다. 실제 자료를 보면 정전협정에 반대한 것은 이승만 대통령입니다. 이승만 대통령은 끝까지 전쟁을 해서 통일을 해야 한다고 주장했습니다. 특히 중국군을 북쪽에서 몰아내야 한다고 주장했습니다. 이와 달리 미국은 전쟁을 멈춰야 했습니다. 그래서 이승만 대통령을 달래기 위해 제안을 했습니다. 뉴질랜드나 호주, 필리핀 같은 수준의 상호방위조약을 맺어주겠다고 했던 거죠. 이승만 대통령의 반공포로 석방 지시가 있기 한 달여 전의 일이었습니다. 미국이 이렇게까지 제안한 상황에서 이승만 대통령이 반공포로를 석방해버린 것입니다. 만약 미국의 제안이 없었다면 뉴라이트 쪽에서 주장하는 것처럼 반공포로 석방을 한미상호방위조약을 맺기 위한 압박 카드로 볼 수 있겠죠. 그런데 사실은 미국이 먼저 한미상호방위조약을 제안했습니다. 이승만 대통령은 한미상호방위조약 이상의 다른 무언가를 얻기 위해 그랬던 것 같습니다.

당시 이승만 대통령의 주장을 종합해보면 두 가지 요구를 관철하기 위한 것으로 추측됩니다. 하나는 북대서양조약기구NATO와 같이 유사시 미군이 자동으로 개입할 수 있도록 해달라는 것이고, 다른 하나는 정전 협정을 체결하기 전에 한미상호방위조약을 맺어달라는 것이었습니다. 정전협정이 맺어지더라도 주한미군이 철수하지 않도록 하기 위한 것이었죠.

결국 이러한 요구는 하나도 관철되지 않았습니다. 오히려 중요한 것은 반공포로 석방 사건이 한미관계를 악화시켰다는 점입니다. 그리고 반공포로 석방 사건으로 혼이 난 미국은 앞서 언급한 것처럼 1954년 한미합의의사록을 작성합니다. 그리고 여기에서 한국군의 작전통제권을 유엔군사령관 겸 주한미군사령관이 갖도록 합니다. 그 대가로 한국군 유지에 필요한 원조를 하기로 약속하죠. 한국군의 작전통제권이 한미상호방위조약에 따라 이양된 것으로 잘못 알고 있는 경우가 많지만, 사실은 한미합의의사록에 따라 이양된 것입니다. 미국은 한국 대통령의 발목을 잡아두기 위해 한국군의 작전통제권을 가져갔지만, 반대로 한국군에 대한 원조 때문에 발목을 잡히기도 합니다. 미국정부의 재정 상황이 좋지 않아도 한미합의의사록에 의거해서 한국정부에 계속 군사원조를 했어야 하니까요.

반공포로 석방 1일 전(1953년 6월 7일자)
이승만 대통령에게 전달된 편지(부분)

(…)

2. 귀하_{이승만 대통령}께서는 상호방위조약을 언급하셨습니다. 저_{아이젠하워 대통령}는 정전협정의 체결과 수용 직후 귀하와 함께 이제까지 미국이 필리핀, 호주, 뉴질랜드와 함께 체결한 조약과 유사한 수준의 상호방위조약을 협상할 준비가 되어 있습니다. 귀하께서는 이 두 조약 모두 "태평양 지역에서 더욱 포괄적인 지역 안보체제의 개발"을 언급한 사실을 기억하실 것입니다. 미국과 한국 간의 안보조약으로 인해 그 방향으로 한 발자국 더 내딛게 될 것입니다. 이는 지금 그리고 차후에 평화적인 수단으로 대한민국의 통치 아래 놓인 영토를 포함시킬 것입니다. 물론 우리의 헌법체제 아래서는 어떠한 조약도 상원의 조언과 동의 아래서만 체결된다는 것을 알고 계실 것입니다. 그러나 미국 상원이 이제까지 취해온 행동과 한국의 독립을 위해 이미 치러진 엄청난 피와 재화의 투자는 침략의 반복을 용인하지 않겠다는 미국의 의지와 의도를 분명히 했습니다.

(…)

대한민국과 미합중국의 공동이익은 긴밀한 협조를 계속 유지하는데 있는바 이는 상호 유익함을 입증하였으며 자유세계가 공산 침략에 대하여 투쟁하며 자유로운 생존을 계속하고자 하는 결의를 위하여 중요한 역할을 한 것이다. 따라서 대한민국은 다음 사항을 이행할 의도를 가지고 있으며 또한 이를 그의 정책으로 삼는다.

1. 한국은 국제연합을 통한 가능한 노력을 포함하는 국토통일을 위한 노력에 있어서 미국과 협조한다.

2. 국제연합사령부가 대한민국의 방위를 위한 책임을 부담하는 동안 대한민국 국군을 국제연합사령부의 작전지휘권 하에 둔다. 그러나 양국의 상호적 및 개별적 이익이 변경에 의하여 가장 잘 성취될 것이라고 협의 후 합의되는 경우에는 이를 변경할 수 있다.

3. 경제적 안정에 배치하지 않고 이용할 수 있는 자원 내에서 효과적인 군사계획의 유지를 가능케 하는 부록 B에 규정된 바의 국군병력 기준과 원칙을 수락한다.

4. 투자기업의 사유제도를 계속 장려한다.

5. 미국의 법률과 원조계획에 일반적으로 적용되는 관행에 부합하는 미국정부의 원조자금의 관리를 위한 절차에 협조한다.

6. 부록 A에 제시된 것을 포함하여 경제계획을 유효히 실시함에 필요한 조치를 취한다.

대한민국이 실현하겠다고 선언한 조건에 기하여 미합중국은 다음 사항을 이행할 의도를 가지고 있으며 또한 이를 그의 정책으로 삼는다.

1. 1955회계연도에 총액 7억 달러에 달하는 계획적인 경제원조 및 직접적 군사원조로써 대한민국이 정치적, 경제적 및 군사적으로 강화되도록 원조하는 미국의 계획을 계속한다. 이 금액은 1955회계연도의 한국에 대한 원조액으로 기왕에 미국이 상상하였던 액보다 1억 달러 이상을 초과하는 것이다. 이 총액 중 한국민간구호계획의 이월금과 국제연합 한국재건단에 대한 미국의 거출금을 포함하는 1955회계연도의 계획적인 경제원조금액은 약 2억 8,000만 달러에 달한다(1955회계연도의 실제 지출은 약 2억 5,000만 달러로 예상된다).

2. 양국 정부의 적당한 군사대표들에 의하여 작성될 절차에 따라 부록 B에 약술한 바와 같이 예비군제도를 포함한 증강된 대한민국의 군비를 지원한다.

3. 대한민국의 군비를 지원하기 위한 계획을 실시함에 있어서 대한민국의 적당한 군사대표들과 충분히 협의한다.

4. 대한민국에 대한 도발에 의하지 않는 침공이 있을 경우에는 미국의 헌법 절차에 의거하여 침략자에 대하여 그 군사력을 사용한다.

5. 필요한 국회의 승인을 조건으로 하여 한국의 재건을 위한 경제계획을 계속 추진한다.

한국과 미국의
환율전쟁

이승만 정부 시기에 한미관계가 나빴던 것은 단순히 이승만의 북진통일 의지 때문만은 아닙니다. 또 하나 중요했던 것이 환율 문제입니다. 이 사실을 아는 사람이 많지는 않지만 그 당시 환율 문제는 원조와 밀접한 관련이 있습니다. 간단하게 이야기하면, 미국은 한국에 원조를 하되 어떻게든 적게 주어야 했습니다. 반대로 한국은 어떻게든 더 받아야 했죠. 그런데 환율로 이 문제를 해결할 수 있습니다.

어떻게 되는지 한번 볼까요? 만약 미국이 1,000달러의 가치가 있는 설탕을 대한민국에 원조로 주었다고 가정해봅시다. 원조라는 것은 미국이 물품을 주면, 그 물품을 팔아서 돈을 쓰는 것입니다. 이때 환율을 1,000원 대 1달러로 잡는다면 한국정부는 설탕 판매 대금인 돈 100만 원을 원조자금으로 해서 정부를 운영할 수 있습니다. 그런데 만약 500원대 1달러로 잡으면 설탕을 팔아 50만 원밖에 얻지 못합니다. 미국이 동일한 양의 원조로 2배 이상의 효과를 보려면 원화 환율을 높여야 합니다.

여기에서 문제가 되는 것은 미국이 1954년 한국정부와의 합의의사록을 통해서 한국군을 유지하기 위한 돈을 제공하겠다고 약속한 것입니다. 이승만 정부가 전쟁을 통해서 북한으로 진격해 통일을 하겠다고 계속 주장하자 미국은 이를 막고자 합니다. 이때 미국이 바다에 그은 군사분계선이 북방한계선입니다. 이 선을 넘어가지 말라는 거죠. 아울러 한국군의 작전통제권을 유엔군사령관이자 주한미군사령관이 장악합니다. 그 대가로 한국군의 유지비를 대겠다고 했던 거죠. 이게 앞서 이야기한 한미합의의사록의 주된 내용입니다.

따라서 미국정부는 한국군을 유지하기 위해 일정한 정도의 원조물품을 주어야 합니다. 만약 한국정부가 한국군 유지를 위해 100만 원이 필요하다고 하면 미국은 100만 원을 제공해야 합니다. 그런데 미국 입장에서 환율이 1,000원 대 1달러이면 1,000달러어치의 원조를 주면 되지만 환율이 500원 대 1달러가 되면 2,000달러어치의 원조를 주어야 합니다. 이런 상황에서 한국정부는 어떻게든 환율을 500원 대 1달러로 잡으려고 하겠지만 미국정부는 어떻게든 1,000원 대 1달러로 잡으려고 하겠지요. 그런데 이승만 정부가 계속 500원 대 1달러를 고집한 것입니다. 더 많은 원조를 받기 위해서였죠.

아이젠하워 정부가 당시 제일 중요하게 실행했던 뉴룩 정책New Look Policy의 핵심이 바로 건전한 재정입니다. 미국정부는 균형재정을 이루기 위해서 대외원조를 줄여야 하는 상황이었습니다. 1950년대에는 단일국가 중 한국에 대한 원조의 규모가 제일 컸습니다. 이 원조를 줄이지 않고서는 재정적자를 면할 길이 없었습니다. 그런데 이승만 정부가 환율 문제에 계속 협조를 하지 않는 거죠. 이 때문에 계속해서 갈등이 생겼습니다. 1959년에 주한미국대사가 매카너기Walter P. McConaughy로 바뀌면서 이런 소문이 돌았습니다. 매카너기가 환율을 맞추러 왔다는 것이었죠. 실제로 1960년이 되면 4·19 직전에 환율이 인상됩니다. 두 번째는 매카너기가 이승만 대통령을 바꾸러 왔다는 소문이 돕니다. 정말 그랬는지는 알 수 없습니다. 중요한 것은 그럴 정도로 한미관계가 안 좋아졌다는 사실입니다.

하비브 대사가 본국에 보내는 편지를 "한미관계는 평온한 적이 없었다."라는 말로 시작한 이유를 이제는 알았을 것입니다. 이렇듯 한미관계는 첫 단추부터 잘못 끼워지기 시작한 거죠. 더 강조할 필요 없이 한미관계는 우리에게 너무나 중요합니다. 따라서 상호 간의 신뢰가 중요합니다. 그런데 이렇게 양자 사이에 갈등이 발생하고 서로가 이해하지 못할 일들이 계속되었기 때문에 한미상호방위조약을 맺고 60년이 지나서도 한미 간에 진정한 신뢰관계가 있는지 의문이 듭니다. 어떠한 조약이나 협약보다도 중요한 것이 마음입니다. 상대방이 진정한 친구라는 신뢰가 있어야 하는 것입니다. 그래야만 진정으로 그 친구를 위해서 일할 수 있는 거죠. 한미관계가 항상 2퍼센트 부족하다고 느끼게 되는 것은 바로 이 때문이 아닐까요?

6

정전협정:

사라진 한국전쟁 2년의 기억

전쟁은 3년간 계속되었다.
그러나 발발로부터 1년이 채 되지 않아서
참전국들은 모두 깨달을 수 있었다.
누구도 일방적 승리를 거둘 수 없는 전쟁이란 것을
그런데도 왜 2년이나 전쟁은 계속되어야 했을까?
어쩌면 이 전쟁은 정전협정 전쟁이라고 불러야 할지 모른다.
한국인의 기억 속에서는 사라져버렸지만.

잃어버린

2년

　　　　　6·25 혹은 한국전쟁 하면 모두들 잘 알고 있다고 생각할 것입니다. 그런데 정말 그럴까요? 우리가 귀에 못이 박이도록 들은 이야기는 한국전쟁이 발발하고 1년간의 이야기에 불과할지 모릅니다. '북한이 남한을 침략하자 미국이 유엔을 통해 남한에 군대를 파견했다. 그 사령관인 맥아더 장군이 인천상륙작전을 감행하여 공산군을 물리치고 38선 이북으로 돌파했지만 중국군이 참전하는 바람에 전쟁에서 이기지 못하고 휴전협정을 맺게 되었다.' 이것이 한국전쟁에 대해 알고 있는 이야기의 전부일 것입니다. 그런데 이런 사건들은 모두 1950년 6월부터 1951년 봄까지 1년도 채 되지 않는 기간에 일어났습니다. 하지만 전쟁은 1953년 7월 27일 정전협정이 체결되고 나서야 중지됩니다. 그렇다면 1951년 봄부터 1953년 7월까지 2년이 넘는 기간은 역

사 속에서, 그리고 기억 속에서 사라져버리는 것입니다.

어쩌면 이 2년간이 더 중요한 시기였는지도 모릅니다. 한국전쟁을 정전협상 전쟁이라고 불러도 좋을 만큼 전쟁 행위를 중지하기 위한 협상이 2년이나 지루하게 지속되었습니다. 이 2년 동안은 중부전선의 고지를 제외하고는 전선이 이동되지 않았고 후방에서도 전쟁이 진행되었습니다. 정치적이고 경제적인 전쟁들이었죠. 예컨대 정치적 숙청이나 화폐개혁 같은 이슈들이 지속적으로 제기됩니다. 영화 「고지전」2011은 바로 이 시기 전선에서의 고지전투를 잘 보여주고 있습니다. 그런데 이런 이야기들은 교과서에서 잘 다루지 않습니다. 사실 정전협상은 이후 한국현대사에서 다양한 사건들의 기원이 되기 때문에 꼭 알아야만 합니다.

전쟁을 끝내자는 협상에 왜 2년이나 걸렸을까요? 아마 당시 당사국들도 궁금했을 것입니다. 유엔군과 북한군 그리고 중국군의 대표들이 모여서 협상을 했지만 어떻게 해도 합의가 이루어지지 않았죠. 사실 정전협정은 전쟁을 완전히 끝내는 협정이 아니라 일시적으로 중단시키는 협정이기 때문에 그 조항들이 매우 복잡합니다. 언제까지 전쟁을 중단할 것이냐, 정전합의가 지켜지는지를 어떻게 감시할 것이냐, 전쟁을 임시적으로 중단한 상태에서 어떻게 완전히 전쟁을 끝낼 것이냐, 전쟁을 중단하기 위해 임시로 국경선을 어떻게 그을 것이냐, 포로 문제는 어떻게 처리할 것이냐 등 해결할 문제들이 너무나 많은 거죠. 이러한 이슈들에 복잡한 이해관계가 얽혀 있었기 때문에 합의가 더 어려울 수밖에 없습니다. 예컨대 반공포로 문제도 그중 하나입니다.

어려운 협상이었습니다. 하지만 협상 과정에서 유엔군과 공산군은 다섯 가지를 의논하기로 합의했습니다. 그런데 그중 협상에서 다룰 의

제를 무엇으로 할 것인가 하는 첫 번째 이슈를 제외한 나머지 네 가지가 쟁점이 되었습니다. 그 네 가지는 38선을 대체하는 새 국경선을 긋는 문제, 정전협정을 감시할 중립국감시위원단의 구성 문제, 포로교환 문제, 정치협상으로 평화협정을 체결함으로써 정전체제를 마감하는 문제입니다.

중립국, 포로,
국경선

중립국감시위원단을 어느 국가의 대표들로 구성할 것인가라는 문제부터 살펴봅시다. 박찬욱 감독의 영화 「JSA」2000를 보면 배우 이영애 씨가 사건을 조사하러 옵니다. 중립국감시위원단의 위원 역할이었던 거죠. 중립국감시위원단에 어떤 나라를 포함시킬 것이냐를 두고 공산군 측과 유엔군 측이 논의하는데, 공산군 측에서는 소련이 들어와야 한다고 생떼를 썼습니다. 쌩떼라고 한 이유는 누가 봐도 소련은 중립국이 아니기 때문입니다. 미국도 모르는 척했지만 사실은 소련이 뒤에서 전쟁전략을 조정하고 있다는 것을 알고 있었습니다. 실제로 소련 공군이 참전하기도 했죠. 그런데 소련을 들여놓겠다는 것 때문에 협상이 길어지면서 그사이에 고지전투에서 우리의 많은 젊은이들이 죽어갔습니다. 결과적으로 유엔군 측에서는 스웨덴과 스위스, 공산군 측에서는 체코슬로바키아와 폴란드를 중립국으로 선정했습니다. 사실 체코슬로바키아와 폴란드는 동유럽의 공산주의 국가로서 중립국이라고 할 수 없지만 협상에 합의하기 위해서는 어쩔 수 없이 받아들여야 했습니다.

1953년 7월 27일 정전협정에
서명을 하는 유엔군과 북한 측 대표

1951년 봄부터 1953년 7월까지 2년이 넘는 기간 동안 전
선은 크게 움직이지 않았다. 그 2년 동안 전쟁 행위를
중지하기 위한 협상이 지루하게 진행되었고, 그사이
이름 모를 고지에서는 수많은 젊은이들이 죽어갔다.

정전협상을 지연시킨 것은 이것만이 아닙니다. 포로 문제에 대해서
는 더 오랫동안 논쟁이 진행되었습니다. 거의 1년 6개월 동안 논의되었
으니까요. 사실 포로 문제는 아주 간단했습니다. 앞에서 이미 언급한 바
와 같이 한국전쟁이 시작되기 1년 전인 1949년 제네바에서 포로 문제에
대한 협정이 마련되었습니다. 물론 국제법입니다. 모든 전쟁포로는 전
쟁에서 아군을 죽일 수 있는 적입니다. 그런데 제네바협정에 따르면 그
들의 행위는 살인으로 인정되지 않습니다. 그들은 국가에 의해 동원되
었기 때문에 책임은 국가가 져야 한다는 것이었죠. 즉 포로는 포로로서
의 대우를 받고 포로로 잡혀 있는 나라의 국내법에 의해서 처벌되지 않
습니다. 그 나라의 국내법에 의해 처벌된다면 그 나라 군인을 죽인 포로
에게는 살인죄가 적용될 테니까요.

제네바협정에서 그다음으로 중요한 것은 전쟁이 끝난 후에 포로들은 무조건 송환하게 되어 있다는 점입니다. 중요한 것은 '무조건'이라는 대목입니다. 그냥 송환해야 하는 거죠. 이런 조항이 생긴 것은 제2차 세계대전 당시의 두 가지 사건 때문입니다. 이 부분에 대해서는 이미 5장에서 반공포로 석방을 둘러싼 한미 간의 갈등을 이야기하면서 언급했었죠.

　사실 북한 쪽에서도 반공포로의 존재를 인정했습니다. 물론 처음에는 전혀 인정을 안 했습니다. 그런데 이것을 인정하지 않으면 전쟁이 끝나지 않는 거예요. 전쟁을 일으킨 전범도 북한이었고 전쟁에서 제일 큰 피해를 입은 것도 북한이었습니다. 정전협상이 진행되는 중에도 미국은 계속해서 북한 지역에 폭격을 했습니다. 그러니 북한으로서는 더이상 전쟁을 계속할 여력이 없었습니다. 중국군이 아니면 사실 북한은 끝이 나는 상황이었죠. 전쟁을 빨리 끝내기 위해 북한도 반공포로를 인정합니다.

　반공포로의 존재를 인정하더라도 문제가 또 남아 있습니다. 어떻게 반공포로와 공산포로를 구분하느냐 하는 것이었죠. 북한 쪽 사람이 포로수용소에 가서 물어볼 때와 남한 쪽 사람이 물어볼 때의 반응이 다를 수밖에 없습니다. 결국 중립국 인도가 포로를 구분하게 하자고 합의합니다. 이게 또 나중에 문제가 됩니다. 반공포로를 구분하기 위해 포로들을 비무장지대로 이동시키는데, 인도가 포로를 구분하는 것에 반대해 포로수용소에서 폭동이 일어나는가 하면, 포로의 성향을 분류하는 과정에서 인도군이 포로들에게 발포하여 사상자가 발생하는 등 여러 문제가 불거지기도 했습니다.

　여기서 끝이 아니라 중국군 포로 문제도 복잡하게 얽혀 있습니다. 한국전쟁 당시 중국군은 약 100만 명 정도가 들어왔습니다. 포로도 상당히 많이 잡혔습니다. 중국군 포로 중에는 고국으로 돌아가지 않겠다는 사람도 당연히 있었죠. 중국군은 공식 명칭을 CVA China Voluntary Army로 붙였습니다. '발룬터리'는 자원했다는 의미입니다. 그런데 자원해서 참전한 포로들이 고국에 돌아가지 않겠다고 했던 겁니다. 중국 쪽에서는 굉장히 당황했습니다. 세계 여론도 중국이 거짓말을 했다고 수군거렸습니다. 중국은 북한을 돕기 위해 자원한 사람들을 참전시켰다고 밝혀왔는데, 자원병들이 중국 대신 국민당 쪽인 타이완으로 가겠다고 했으니까요.

공산당이라는 조직은 사실 명분을 굉장히 중요시합니다. 중국은 이 문제를 중국공산당의 명예와 직결되는 것으로 받아들였습니다. 중국은 한국전쟁이 발발하기 1년 전인 1949년에 공산주의 혁명을 했습니다. 혁명 후 자신들이 정당성 있는 정부라고 매번 주장했는데 이런 문제가 발생하게 되면 정부의 명예에 먹칠을 한다고 봤죠. 그래서 중국 쪽에서 포로교환 문제에 합의를 안 해주게 됩니다. '중국 포로 중에는 돌아오지 않으려고 하는 사람이 없다, 그러니 제네바협정에 따라 무조건 모두 중국에 돌아와야 한다'라고 주장했습니다. 중국의 도움을 받고 있는 입장에서 북한은 중국의 주장을 무시할 수 없었죠. 게다가 스탈린도 반대했습니다. 스탈린은 어떻게든 한국전쟁을 더 길게 끌고 싶었습니다. 중국과 미국의 힘을 동시에 뺄 수 있는 기회였거든요.

중국의 주장은 사실과 달랐습니다. 중국군으로 들어온 사람 중에 과거에 공산군이 아니라 국민당군으로 싸웠던 사람이 실제로 있었기 때문입니다. 즉 동원된 사람들이 있었던 것입니다. 물론 자발적으로 참전한 사람도 있겠지만 대부분은 동원되었던 것이고 그중 과거 국민당을 지지했던 사람들은 중국대륙보다 타이완으로 가는 편을 택했던 거죠.

이런 여러 문제가 겹쳐 포로 문제에 대해서 거의 1년 반 동안 논의가 진행되었고 결국에는 중국도 합의했습니다. 그런데 5장에서 이야기한 것처럼 어렵게 합의에 이르러 사인만 하면 되는 상황에서 이승만 대통령이 반공포로 석방을 단행합니다. 이로 인해 정전협정은 또 한 달이 지연되었습니다.

결과적으로 중국과 북한은 현실을 인정합니다. 그래서 반공포로들은 남한에 남았습니다. 남북한 모두 싫다는 사람은 인도를 거쳐서 유럽이나 남미 쪽으로 가기도 했죠. 중국 포로들은 타이완으로 가기도 했습니다. 반공포로 문제는 그 당시만큼이나 현재에도 여전히 중요한 문제입니다. 정전협정 후에 풀려난 분들이 지금도 남한에 살고 있습니다. 이분들은 반공포로로 풀려났음에도 1950~60년대에 계속 사찰을 받았습니다. 이 분들이 어떤 일을 할지 모르기 때문에 그랬던 거죠. 전쟁 중에도, 전쟁 후에도 이분들의 삶이 그렇게 행복하지는 않았던 것입니다.

또다른 이슈는 정전협정 이후에 국경선이 될 군사분계선을 긋는 문제입니다. 4개월여의 논의 끝에 협정이 체결되는 순간의 전선을 군사분계선으로 하기로 결정합니다. 그리고 상호 간의 적대 행위를 막기 위해 군사분계선을 중심으로 남과 북 2킬로미터 지점에 비무장지대, 즉 DMZ를 설치하도록 하죠. 비무장지대는 말 그대로 무장이 안 되는 지역입니다. 지금은 무장지대가 되어버렸지만 말입니다. 게다가 2킬로미터도 많이 축소되었다고 합니다. 점점 군대가 밀고 들어간 거죠. 그러나 사람의 발길이 닿지 않았던 비무장지대는 청정지역으로 지금은 자연의 보고가 되어 있습니다.

무력 행위의 완전 정지를 위한
정전협정(부분 발췌)

국제연합군 총사령관을 일방으로 하고 조선인민군 최고사령관 및 중국인
민지원군 사령원을 다른 일방으로 하는 하기下記의 서명자들은 쌍방
에 막대한 고통과 유혈을 초래한 한국 충돌을 정지시키기 위하여,
최후의 평화적인 해결책이 나올 때까지 한국에서의 적대 행위와 일체의
무력 행위의 완전한 정지를 보장하는 정전을 확립할 목적으로 하기
조항에 기재된 정전 조건과 규정을 접수하며, 또 그 제약과 통제를
받는 데 개별적으로나 공동으로나 또는 상호 간에 동의한다. 이 조
건과 규정의 의도는 **순전히 군사적 성질에 속하는 것**이며 이는 오직 한
국에서의 교전 쌍방에만 적용한다.

(…)

제2장 정화停火 및 정전停戰의 구체적 조치

가. 총칙

제12조 적대 쌍방 사령관들은 육·해·공군의 모든 부대와 인원을 포
함한 그들의 통제 하에 있는 모든 무장 역량이 한국에 있어서의 일
체의 적대 행위를 완전히 정지할 것을 명령하고 또 이를 보장한다.
본 항의·적대 행위의 완전 정지는 **본 정전협정이 조인된 지 12시간 후
부터 효력을 발생한다**(본 정전협정의 기타 각항의 규정이 효력을 발
생하는 일자와 시간에 대하여서는 본 정전협정 제63조를 보라).

제13조 (…)

(d) 한국 국경 밖에서 증강하는 작전비행기·장갑차량·무기 및 탄약의 반입을 정지한다. 단 정전 기간에 파괴, 파손, 손모損耗 또는 소모된 작전비행기·장갑차량·무기 및 탄약은 같은 성능과 **같은 유형의 물건을 일대일로 교환하는 한 교체할 수 있다.**

(…)

나. 군사정전위원회

1. 구성

제20조 군사정전위원회는 10명의 고급장교로 구성되며, 그중의 5명은 국제연합군사령관이 이를 임명하며, 그외의 5명은 조선인민군 최고사령관과 중국인민지원군 사령원이 공동으로 이를 임명한다. 위원 10명 중에서 쌍방의 3명은 장급將給에 속하여야 하며 각방의 나머지 2명은 소장, 준장, 대령 혹은 그와 동급인 자로 할 수 있다.

(…)

2. 직책과 권한

제24조 군사정전위원회의 전반적 임무는 본 정전협정의 실시를 감독하며 본 정전협정의 어떠한 위반 사건이든지 협의하여 처리하는 것이다.

(…)

다. 중립국감시위원단

1. 구성

제37조 중립국감시위원단은 4명의 고급장교로 구성하되 그중의 2명은 유엔군 총사령관이 지명한 중립국, 즉 스웨덴 및 스위스가 이를 임명하며, 나머지 2명은 조선인민군 최고사령관과 중국인민지원군 사령원이 공동으로 지명한 중립국, 즉 폴란드 및 체코슬로바키아가 이를 임명한다. 본 정전협정에서 쓴 중립국이라는 용어의 정의는 그 전투부대가 한국에서의 적대 행위에 참가하지 않은 국가를 말하는 것이다. 동 위원회에 임명되는 위원은 임명하는 국가의 무장부대로부터 파견될 수 있다. 매개 위원은 후보위원 1명을 지정하여 그 정위원이 어떠한 이유로 출석할 수 없게 되는 회의에 출석하게 된다. 이러한 후보위원은 그 정위원과 동일한 국적에 속한다. 일방이 지명한 중립국 위원의 출석자 수와 다른 일방이 지명한 출석자 수가 같을 때에는 중립국감시위원단은 곧 행동을 취할 수 있다.

(…)

제40조 (a) 중립국감시위원단은 처음에는 20개의 중립국 감시소조를 두어 그 협조를 받는다. 소조의 수는 군사정전위원회의 쌍방 수석위원회의 합의를 거쳐 감소할 수 있다. 중립국 감시소조는 오직 중립국감시위원단에 대해서만 책임을 지며 그에 보고하고 또 그 지도를 받는다.

(…)

제4장 쌍방 관계 정부들에의 건의

제60조 한국 문제의 평화적 해결을 보장하기 위하여 쌍방 사령관은 쌍방의 관계 각국 정부에 **정전협정이 조인되고 효력을 발행한 후 3개월**

내에 각기 대표를 파견하여 쌍방의 한 급 높은 정치 회의를 소집하고 한국으로부터의 모든 외국 군대의 철수 및 한국 문제의 평화적 해결 등 문제들을 협의할 것을 이에 건의한다.

제5장 부칙

제61조 본 정전협정에 대한 수정과 증보는 반드시 적대 쌍방 사령관들의 상호 합의를 거쳐야 한다.

제62조 본 정전협정의 각 조항은 쌍방이 공동으로 접수하는 수정 및 증보 또는 쌍방의 정치적 수준에서의 평화적 해결을 위한 적당한 협정 중의 규정에 의하여 명확히 대체될 때까지는 계속 효력을 가진다. (⋯)

정전협정
이후

정전협상에서 문제가 되었던 네 가지 이슈 중 마지막 것이 가장 중요합니다. 즉 수많은 젊은이들이 죽어가는 2년 동안 맺은 정전협정이 전쟁을 완전히 끝내는 협정이 아니라는 것이 더 큰 문제입니다. 정전停戰협정은 말 그대로 일시적으로 전쟁을 멈추는 것입니다. 정전이라고도 하고 휴전休戰이라고도 하는데 큰 차이는 없습니다. 단지 공식 명칭은 정전협정이며, 휴전협정은 언젠가부터 이승만 정부에서 정전협정 대신 쓰기 시작한 용어입니다. 아마도 북진통일을 주장하는 입장에서 볼 때 전쟁을 잠시 쉬고 있다는 뜻에서 쓴 것이 아닌가 하고 추측할 따름입니다. 전쟁을 잠시 쉬고 있으니까 언제든지 북진통일을 추진할 수 있다는 거죠. 어쨌든 정전이든 휴전이든 모두 군사적 성질의 협정들이기 때문에 항상 데드라인이 있습니다. 한국의 정전협정에도 언제까지만 유효하다는 내용이 있습니다.

그럼 왜 전쟁을 완전히 끝내는 종전終戰 협정이 아니라 정전협정을 체결했을까요? 어느 누구도 이런 식으로 분단 상태가 고착될 거라고 생각하지 않았기 때문입니다. 오히려 머지않아 통일이 될 거라고 생각했습니다. 대한민국 정부가 수립됐을 때도 분단 상태가 오래갈 거라고 생각한 사람은 많지 않았습니다. 이승만 대통령의 경우에는 아예 정전협정에 사인을 하지 않았습니다. 북진통일을 주장했기 때문이기도 하지만 사실은 분단이 이렇게 오래갈 거라고 생각하지 않았던 탓입니다. 완전히 전쟁을 끝내기 위한 평화협정에 대한 조항이 정전협정 내에 들어 있었던 것도 그 요인 중 하나라고 생각합니다. 미국도 한국전쟁 중에는 주한미군을 철수하고 한반도를 중립국으로 만들자는 의견을 내놓기도 했습니다. 물론 미국은 이내 입장을 바꿨습니다. 전쟁을 완전히 끝내지 않은 상태에서 그대로 현상을 유지하는 정책으로 바꾼 거죠. 중립국이 된다면 미국에 호의적이지 않은 정부가 들어설 수도 있었기 때문입니다.

정전협정을 맺으면 적대적인 군사행동이 끝나야 하는데, 실제 협정만으로 전쟁이 끝나지는 않습니다. 그래서 정치 회담이 이어지는 거죠. 전쟁은 가장 높은 수준의 정치 행위이기 때문에 정치적으로 합의를 보지 않으면 전쟁은 끝나지 않습니다. 정치적 합의를 봐야 전쟁이 끝난다는 사실은 이스라엘과 이집트의 사례에서 확인할 수 있습니다. 알다시피 이스라엘과 이집트는 1950년대부터 1970년대 후반까지 계속 전쟁을 했습니다. 그사이에 너무나 많은 정전협정, 휴전협정을 맺었는데도 전쟁은 안 끝났죠. 전쟁이 완전히 끝난 것은 1979년 이집트 대통령과 이스라엘 수상이 미국의 카터James Carter, 1924~ 대통령을 만나 평화협정을 체결하면서부터입니다. 그 이후 전쟁이 없어졌습니다.

마찬가지로 우리도 지금 정전협정을 평화협정으로 바꾸면 전쟁을 끝낼 수 있습니다. 그러려면 남한과 북한의 최고 수뇌부가 정치적으로 합의를 봐야 합니다. 평화협정을 맺기만 해서는 안 됩니다. 평화협정이 영원히 평화를 가져오게 하려면 협정을 맺는 것도 중요하지만 양쪽의 지도자와 국민이 서로 신뢰해야 합니다. 즉 상대방에게 전쟁을 일으키지 않을 거라는 믿음을 줘야 합니다. 그런데 남북한은 서로 신뢰가 없기 때문에 평화협정을 맺는다고 해서 얼마나 효력이 있을지 모두들 의문을 갖습니다.

신뢰의 문제는 어느 한 정부의 문제만은 아닙니다. 그간의 과정을 살펴보면 신뢰를 쌓는 노력 없이 정전협정이 지금까지 계속된 것이 원인입니다. 정전협정에는 분명히 데드라인을 정해놨습니다. 정전협정의 서문에 보면 "최후의 평화적인 해결책이 나올 때까지"가 그 기한입니다. 양쪽이 정치적으로 평화적인 해결책을 찾아서 합의할 때까지만 정전협정이 유효하다는 거죠. 만약에 그 합의가 정전협정을 맺고 한 달 후에 나왔으면 그때까지, 합의가 이루어지지 않으면 계속 정전협정이 유효한 것입니다.

이렇게 본다면 남북한 수뇌부는 평화협정을 맺기 위해서 꾸준히 노력했어야 합니다. 실제로 정전협정 내에 구체적인 내용이 있습니다. '정전협정을 맺고 3개월 이내에 더 높은 급의 정치 회담을 개최한다'라고 말이죠. 더 높은 급의 정치 회담에서는 두 가지 논의를 하게 되어 있습니다. 최후의 평화적인 해결책을 마련하는 것과 한반도에 있는 외국군을 철수시키는 것에 대해 논의한다고 정전협정의 제60조에 규정되어 있습니다.

외국군 철수 조항이 있다는 것이 좀 의외인가요? 사실 외국군이 있으면 전쟁이 일어날 가능성도 있고 반대로 전쟁을 막을 수도 있습니다. 어떻든 정전협정에서 외국군 철수를 논의하라고 적은 것은 사실 남북한의 문제는 남북한이 논의해서 해결하라는 의미를 담은 것입니다. 그 조항 때문에 3개월 내는 아니지만 1954년 제네바에서 정치 회담이 열리게됩니다. 그런데 1953년에 전쟁 적대 행위가 끝나고 1년도 지나지 않은 1954년에 열린 회담에서 무슨 합의를 하겠습니까? 아무 합의도 하지 못하고 끝났습니다. 그러고 나서 1954년부터 지금까지 60여 년의 시간이흘렀습니다.

결국 제네바 정치 회담에서 한국에 대해서는 아무런 결정도 내리지못하고 곧 이은 논의에서 베트남을 17도선으로 분단하는 것을 결정했습니다. 베트남은 한국에 이어 또다른 열전 지역이 되었지요. 그 기간동안 더이상의 정치 회담은 없었습니다. 그럼에도 그동안 전쟁이 재발하지 않은 것은 기적 같은 일입니다. 어쩌면 정전협정보다도 주한미군이 억지력으로 작용해서 전쟁이 발발하지 않았을 가능성이 더 큽니다.

이런 의미에서 한국전쟁에 관심을 갖는 것을 넘어서 정전협정과 정전체제를 어떻게 이해하고 바라보느냐 하는 것이 굉장히 중요합니다. 지금까지 정전협정이 지속되고 있으니 더욱 중요합니다. 북한은 계속해서 정전협정이 무효라고 주장하고 있습니다. 1970년대 말부터 평화

1989년 1월 1일 군사정전위원회의 모습

군사정전위원회는 1953년부터 1994년까지 정전체제를 관리하는 역할을 했다. 북한은 한국정부가 정전협정에 사인을 하지 않았기 때문에 군사정전위원회의 대표가 될 자격이 없다고 주장하고 있다.

협정으로 바꾸자고 주장했고 1991년부터 정전협정이 무효라고 주장하고 있습니다. 우리는 한국군 장군이 군사정전위원회의 대표로 임명되어야 한다고 주장을 했고, 북한은 한국이 정전협정에 사인을 하지 않았기 때문에 한국군 장성이 군사정전위원회의 대표가 될 자격이 없다고 주장했습니다. 1994년 군사정전위원회에서는 북한이 회의장을 박차고 나왔고 중국 쪽도 대표단을 철수시켰습니다. 1994년은 북한에 대단히 중요한 해입니다. 이 해에 김일성이 죽었고, 군사정전위원회가 더이상 열리지 않았으며, 중립국감시위원단도 더이상 활동하지 못하게 되었습니다. 특히 북한 쪽에서는 중립국감시위원단이 모두 철수했습니다. 북한 쪽에서 자꾸 무효라고 이야기하기 때문에 정전협정이 계속 흔들리는 것입니다.

군사정전위원회가 가동되지 않으면서 정전협정을 관리할 수 없게 되었습니다. 군사정전위원회는 무척 중요한 기구임에도 불구하고 지금까지 개최되지 않고 있습니다. 천안함 사건 때 군사정전위원회에 대한 언급이 있었습니다. 북한 쪽에서 천안함 사건에 대한 조사단을 보내겠다고 하자 남한정부가 그건 안 된다면서 군사정전위원회를 열자고 했습니다. 그러나 사실은 1994년부터 군사정전위원회가 열리지 않고 있습니다. 또한 중립국감시위원단이 감시하게 되어 있지만 현재 감시는 이루어지지 않고 있습니다. 북한은 폴란드와 체코슬로바키아가 자유화·민주화되면서 더이상 도움이 되지 않자 모두 내쫓아버렸습니다. 게다가 체코슬로바키아는 체코와 슬로바키아로 나뉘어졌죠. 두 나라로 나뉘고 나서는 어느 쪽도 대표단을 파견하지 않으려고 했습니다. 실익 없이 돈만 들기 때문입니다. 반면 폴란드의 중립국감시위원단 대표는 지금 남한에 와 있습니다. 남한 측을 대표하는 중립국감시위원단은 3개국이 되었고, 북한 측을 대표하는 쪽은 하나도 없는 것입니다.

중립국감시위원단이란 그저 유명무실한 상징적인 장치라고 여길 수도 있습니다. 하지만 중립국감시위원단은 정전협정을 누가 위반했는지를 감시하고 국제사회에 보고하는 기관입니다. 따라서 중립국감시위원단의 감시 및 보고는 유엔을 비롯한 국제사회에 큰 영향을 미칠 수 있습니다. 그럼에도 현재 군사정전위원회뿐만 아니라 중립국감시위원단 역시 전혀 운용되지 않고 있습니다. 남북관계가 좋을 때에는 두 기구가 열리지 않아도 남북 간에 정전체제에 대해 논의할 수 있는 기회가 있습니다. 그러나 남북관계가 좋지 않을 때에는 두 기구가 정전체제와 관련해서 남북 간에 논의를 할 수 있는 유일한 기구라고 할 수 있습니다. 군사정전위원회와 중립국감시위원단은 다시 운용되어야 합니다. 만약 운용이 되지 않는다면, 정전협정을 평화협정을 비롯한 다른 협정으로 대체해야 합니다. 그렇게 해야만 한반도의 안보가 보장될 수 있습니다.

—

NLL
충돌의 기원

정전협정에는 전쟁을 막기 위한 여러 조항들이 있습니다. 적대 행위를 하지 않는다는 조항, 중립국감시위원단이 정전협정 위반 여부를 감시한다는 조항, 외부로부터 더 발전된 무기를 들여오지 못하게 하는 조항 등이 그런 것들입니다. 그런데 이 조항들도 지금 잘 작동하지 않고 있습니다. 북한은 정전협정을 지키지 않겠다고 선언 1991년하는 것에 그치지 않고 계속해서 위협도 가하고 있습니다. NLL에서의 군사 충돌이 대표적입니다. 사실 정전협정을 통해서 바다 위에 군사분계선을 긋지는 않았습니다. 정전협정에는 서해 5도가 유엔군의 관할 지역으로 명시되어 있습니다. 서해 5도는 북한 쪽과 아주 가까워 날씨가 좋은 날에는 북한의 옹진반도가 눈에 보일 정도입니다. 그러니 그 사이에 선을 긋기가 너무 힘들었던 거죠. 또 협정을 빨리 마무리하기 위해 일단 협정을 맺고 선은 나중에 논의하기로 했습니다. 하지만 북한과의 협의가 이루어지지 않은 채 남쪽에서 그은 선이 북방한계선, 즉 NLL

입니다. 지금까지는 유엔군사령관이 NLL을 그은 것으로 알려져 있지만, 최근 국방부의 조사에 의하면 한국의 해군에서 NLL을 제안한 것으로 알려지고 있습니다.

NLL을 누가 그었든 간에 북한 측에서는 그 선을 승인한 적이 없습니다. 북한은 1970년대 초반까지 아무 말이 없었고 NLL은 자연스레 바다 위의 군사분계선이 되었던 거죠. 그런데 1970년대 초부터 북한이 갑자기 이 선을 인정할 수 없다고 주장하기 시작했습니다. 그때부터 NLL이 문제가 되었죠. 사실 왜 1970년대 초부터 북한이 NLL에 대해서 문제를 제기하기 시작했는지는 지금도 의문입니다. 1960년대 말부터 계속된 안보위기의 연장선상에서 이해해야 하는 것인지, 아니면 1972년 이후 남북관계가 악화되었기 때문인지 그 이유는 분명치 않습니다. 아니면 북한의 해군이 어느정도 군사력을 갖추는 것이 1970년대 초였을 가능성도 있습니다.

한편 1991년에 NLL에 대한 합의가 있긴 했습니다. NLL을 직접 거론하지는 않지만 1991년 노태우 정부 시절에 이뤄진 남북기본합의서에 그와 관련된 조항이 있습니다. 제11조에 보면 "남과 북의 불가침 경계선과 구역은 1953년 7월 27일자 군사 정전에 관한 협정에 규정된 군사분계선과 지금까지 쌍방이 관할하여온 구역으로 한다."라는 규정이 있습니다. 여기에서 "지금까지 쌍방이 관할하여온 구역"에는 NLL도 포함시킬 수 있습니다. 그런데 이 남북기본합의서가 우리 국회에서 통과되지 않았다는 것이 문제입니다. 즉 무효가 된 것이죠. 사실 지금도 북한과 NLL 문제로 다툴 때는 남북기본합의서 이야기를 하면 됩니다. 북한 쪽에서도 인정한 선이기 때문입니다. 그런데 이게 남쪽에서는 유효

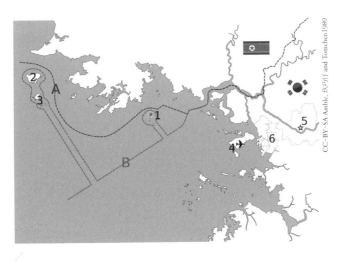

1953년에 한국이 설정한 북방한계선(A)과
1999년 1차 연평해전 당시 북한이 주장한 군사분계선(B)
1~6은 차례대로 대연평도·소연평도, 백령도,
대청도·소청도, 인천공항, 서울, 인천이다.

하지 않기 때문에 사실 문제가 되는 것입니다.

2007년의 10·4 공동선언에도 NLL 관련 부분이 있습니다. 그때 남북한은 서해에 평화구역과 공동어로구역을 설치하기로 합의했습니다. 공동어로구역을 보면 NLL 주변으로 합의되어 있습니다. 곧 북한 쪽에서 NLL을 인정했다고 보면 되는 거죠. 그런데 이명박 정부가 10·4 공동선언을 무효화시켰다는 것이 문제입니다. 사실 1991년의 남북기본합의서와 2007년의 10·4 공동선언을 다시 살려낸다면 NLL이 더이상 문제될 이유가 없습니다.

서해에서 무력충돌이 계속 발생하는 것은 정전협정에 처벌 조항이 없기 때문이기도 합니다. 즉 어느 한쪽이 정전협정을 위반해도 처벌할 수가 없는 것입니다. 조사 결과가 나오면 각각 알아서 처벌하도록 규정했지만 사실 도발의 책임자가 처벌받기는커녕 해당국의 영웅이 되는 것이 더 일반적인 현상입니다. 사실이 이렇기 때문에 정전협정은 한반도의 국지전을 막기에도 한계가 있습니다. 다행히 남한과 북한이 동맹관계를 맺고 있는 미국과 중국이 한반도에서의 전쟁을 원하지 않기 때문에 동북아시아에 대한 미국과 중국의 이해관계가 중요한 억제력으로 작동하고 있습니다. 그렇기 때문에 오늘날의 한반도가 아주 위험한 상태인 것은 아니지만 두 나라만 믿고 있어서는 안 됩니다. 조금이라도 불안한 요소를 없애야 한다는 측면에서 정전협정 문제에 대해서 깊이 고민할 필요가 있습니다.

정전협정의 체결과 그 이후 제대로 이뤄지지 못한 정치협상 때문에 한반도에 여전히 전쟁의 위협이 남아 있다는 것은 정말 가슴 아픈 일입니다. 하지만 지금부터라도 정전협정이 제대로 작동하지 않고 있다는 점에 관심을 기울여야 합니다. 예컨대 정전협정 제13조 (d)항 같은 중요한 조항들이 무효가 되어 있습니다. 남북한의 군비경쟁에 중요한 시사점을 주는 이 조항은 1957년 미국이 주한미군을 감축하면서 한반도에서 힘의 균형을 유지하기 위해서는 핵무기를 배치해야 한다는 필요성을 느끼고 무효화시켰죠. 제13조 (d)항은 정전협정 당시 한반도에 있던 무기보다 더 발전한 무기를 한반도로 들이지 못한다는 내용의 조항으로, 이를 남북의 각각 5개 항구에서 중립국감시위원단이 감시하도록 규정하고 있었죠. 사실 이 조항이 그대로 있었다면 한반도에서 더이상의 충돌이 일어나지는 않았을 것입니다. 물론 일본이나 중국에 비해 현저하게 약한 방위력을 보유하게 되면서 주변국의 위협을 스스로 막아내지 못하는 나라로 전락했겠죠. 사실 이 조항이 들어간 이유는 정전협정이 이렇게 오래될지 어떠한 당사국도 몰랐기 때문입니다. 정전협정이 조인되는 시점에서는 90일 이후에 열리는 정치협상에서 평화협정이 조인되고, 이 평화협정이 정전협정을 대체할 것으로 생각했기 때문입니다.

정전협정을 제대로 작동시키기 위해서는 바깥으로 눈을 돌릴 필요도 있습니다. 유엔의 실효성에 대해서 국제적으로 여러 논란이 있기는 하지만, 유엔은 오늘날 세계적인 분쟁을 조정할 수 있는 유일한 기구이기 때문에 그 역할이 너무나도 중요합니다. 북한의 핵 문제나 도발이 발생했을 경우 유엔이 중재자가 될 수 있습니다. 그런데 우리의 경우 유엔군사령관이 전쟁의 한쪽 당사자로 정전협정에 서명했다는 점이 문제가 됩니다. 정전협정의 서문을 보면 한쪽 당사자는 중국과 북한이고, 다른 한쪽은 유엔군으로 되어 있습니다. 한국군의 작전통제권이 유엔군에 들어가 있기 때문에 남한이 서명한 것과 마찬가지지만 중국과 북한의 입장에서 보면 유엔군이 전쟁 당사자인 거죠. 즉 그들이 보기에 유엔은 중재기구가 아닌 것입니다. 북한의 핵 문제가 나왔을 때도 유엔이 중재를 못 하고 6자 회담을 만든 것이 그런 이유 때문입니다. 한반도에서 정전협정이 불안정한 상황인데도 유엔이 새로운 협정이나 체제를 고민하는 과정에 제 역할을 못한다는 것은 어떻게 보면 우리 정전체제의 가장 큰 특수성이라고 할 수 있습니다.

정전협정을 맺은 지 60년이 넘었습니다. 일부 조항은 무효화되었습니다. 60년 넘게 바다 위에는 국경선이 없었습니다. 북한은 수시로 정전협정을 지키지 않겠다고 위협하고 있습니다. 이로 인해 수많은 젊은이들이 희생되고 있습니다. NLL 근처에서 조업하는 어부들도 항상 위협을 느끼고 있죠. 이제 이러한 위협에서 벗어날 때가 되었습니다. 평화협정을 맺든 정전협정을 복원하든 무언가 대책을 만들어야 합니다. 가장 중요한 것은 정전체제의 위험성에 대해 국민 모두가 공감대를 형성하여 무언가 바꾸어야 한다고 느끼는 것입니다. 다음 세대가 우리와 같은 위협 속에서 살지 않도록 만들어주는 것이 우리의 임무와 역할이 아닐까요? 그러기 위해서는 역사 수업에서 이 부분을 객관적으로 잘 가르쳐 주는 것부터 시작해야 합니다.

특수관계를 인정한
남북기본합의서(부분)

남과 북은 분단된 조국의 평화적 통일을 염원하는 온 겨레의 뜻에 따라 7·4남북공동성명에서 천명된 조국 통일 3대 원칙을 재확인하고, 정치 군사적 대결 상태를 해소하여 민족적 화해를 이룩하고, 무력에 의한 침략과 충돌을 막고 긴장 완화와 평화를 보장하며, 다각적인 교류·협력을 실현하여 민족 공동의 이익과 번영을 도모하며 쌍방 사이의 관계가 나라와 나라 사이의 관계가 아닌 통일을 지향하는 과정에서 잠정적으로 형성되는 특수관계라는 것을 인정하고 평화 통일을 성취하기 위한 공동의 노력을 경주할 것을 다짐하면서 다음과 같이 합의하였다.

제1장 남북 화해

(…)

제5조 남과 북은 현 정전 상태를 남북 사이의 공고한 평화 상태로 전환시키기 위하여 공동으로 노력하며 이러한 평화 상태가 이룩될 때까지 현 군사정전협정을 준수한다.

(…)

제2장 남북 불가침

제9조 남과 북은 상대방에 대하여 무력을 사용하지 않으며 상대방을 무력으로 침략하지 아니한다.

제10조 남과 북은 의견 대립과 분쟁 문제들을 대화와 협상을 통하여 평화적으로 해결한다.

제11조 남과 북의 불가침 경계선과 구역은 1953년 7월 27일자 군사 정전에 관한 협정에 규정된 군사분계선과 지금까지 쌍방이 관할하여온 구역으로 한다.

제12조 남과 북은 불가침의 이행과 보장을 위하여 이 합의서 발효 후 3개월 안에 남북 군사공동위원회를 구성·운영한다. 남북 군사공동위원회에서는 대규모 부대 이동과 군사 연습의 통보 및 통제 문제, 비무장지대의 평화적 이용 문제, 군 인사 교류 및 정보 교환 문제, 대량살상 무기와 공격 능력의 제거를 비롯한 단계적 군축 실현 문제, 검증 문제 등 군사적 신뢰 조성과 군축을 실현하기 위한 문제를 협의·추진한다.

제13조 남과 북은 우발적인 무력 충돌과 그 확대를 방지하기 위하여 쌍방 군사 당국자 사이에 직통전화를 설치·운영한다.

제14조 남과 북은 이 합의서 발효 후 1개월 안에 본 회담 테두리 안에서 남북 군사분과위원회를 구성하여 불가침에 관한 합의의 이행과 준수 및 군사적 대결 상태를 해소하기 위한 구체적 대책을 협의한다.

제3장 남북 교류·협력

제15조 남과 북은 민족 경제의 통일적이며 균형적인 발전과 민족 전체의 복리 향상을 도모하기 위하여 자원의 공동 개발, 민족 내부 교류로서의 물자 교류, 합작투자 등 경제 교류와 협력을 실시한다.

제16조 남과 북은 과학·기술, 교육, 문화·예술, 보건, 체육, 환경과 신문, 라디오, 텔레비전 및 출판물을 비롯한 출판·보도 등 여러 분야에서 교류와 협력을 실시한다.

(…)

남북관계 발전과
평화번영을 위한 선언(전문)

대한민국 노무현 대통령과 조선민주주의인민공화국 김정일 국방위원장 사이의 합의에 따라 노무현 대통령이 2007년 10월 2일부터 4일까지 평양을 방문하였다. 방문 기간 중 역사적인 상봉과 회담들이 있었다. 상봉과 회담에서는 6·15 공동선언의 정신을 재확인하고 남북관계 발전과 한반도 평화, 민족 공동의 번영과 통일을 실현하는 데 따른 제반 문제들을 허심탄회하게 협의하였다. 쌍방은 우리 민족

끼리 뜻과 힘을 합치면 민족 번영의 시대, 자주통일의 새 시대를 열어나갈 수 있다는 확신을 표명하면서 6·15 공동선언에 기초하여 남북관계를 확대·발전시켜나가기 위하여 다음과 같이 선언한다.

(…)

3. 남과 북은 군사적 적대관계를 종식시키고 한반도에서 긴장 완화와 평화를 보장하기 위해 긴밀히 협력하기로 하였다.

남과 북은 서로 적대시하지 않고 군사적 긴장을 완화하며 분쟁 문제들을 대화와 협상을 통하여 해결하기로 하였다.

남과 북은 한반도에서 어떤 전쟁도 반대하며 불가침 의무를 확고히 준수하기로 하였다.

남과 북은 서해에서의 우발적 충돌 방지를 위해 공동어로수역을 지정하고 이 수역을 평화수역으로 만들기 위한 방안과 각종 협력사업에 대한 군사적 보장조치 문제 등 군사적 신뢰구축조치를 협의하기 위하여 남측 국방부 장관과 북측 인민무력부 부장 간 회담을 금년 11월 중에 평양에서 개최하기로 하였다.

4. 남과 북은 현 정전체제를 종식시키고 항구적인 평화체제를 구축해나가야 한다는 데 인식을 같이하고 직접 관련된 3자 또는 4자 정상들이 한반도 지역에서 만나 종전을 선언하는 문제를 추진하기 위해 협력해나가기로 하였다.

남과 북은 한반도 핵 문제 해결을 위해 6자 회담 「9·19 공동성명」과 「2·13 합의」가 순조롭게 이행되도록 공동으로 노력하기로 하였다.

(…)

7

베트남전쟁:

안보와 전쟁특수 사이

한국군은 베트남에 왜 갔는가?
단지 돈을 위해서 갔던 것인가?
아니다.
일본이 한국전쟁에서 돈을 벌어 경제부흥을 이루었다고
비난하는 우리가 설마 돈만 벌기 위해서 간 것일까?
왜 우리는 베트남에서 돈을 벌었다는 기억만을 갖고 있을까?
무언가 우리가 기억하지 못하고 있는
역사적 사실들이 있는 것은 아닐까?

세계를 바꾼
전쟁

　　　　한국전쟁 외에 우리에게 가장 큰 영향을 끼친 전쟁을 꼽는다면 뭐가 있을까요? 바로 베트남전쟁입니다. 베트남전쟁은 세계사에서 중요한 의미를 갖고 있고, 또 우리 사회에도 굉장한 변화를 가져왔습니다. 그렇다면 우리 사회는 베트남전쟁을 어떻게 인식하고 있을까요?

　사적인 이야기부터 해보겠습니다. 개인적으로 베트남전쟁에 관심을 가진 것은 두 가지 이유 때문입니다. 첫 번째는 베트남전쟁을 배경으로 했던 조성모의 「아시나요」라는 뮤직비디오에 대한 베트남 학생의 항의 때문입니다. 알다시피 「아시나요」는 굉장히 잘 만든 뮤직비디오로 어떻게 보면 한국 상황에서 한국사회가 갖고 있는 베트남전쟁에 대한 인식을 잘 보여준 뮤직비디오입니다. 한국 사람들이 보면 잘못되었다는 인상을 전혀 받지 못하지만 베트남 학생이 보기에는 전쟁의 실상을 왜곡하고 있습니다. 그래서 베트남전쟁에 대한 우리의 인식은 무엇인지, 베트남 사람들이 생각하는 베트남전쟁은 무엇인지, 세계가 바라보는 베트남전쟁은 어떤 것인지를 살펴봐야겠다는 생각을 하게 되었습니다. 두 번째는 교과서에 베트남전쟁이 제대로 기술되어 있지 않아 그 전모를 알기가 어려웠기 때문입니다. 이 두 가지가 베트남전쟁에 대해 관심을 갖게 된 이유입니다.

연구를 진행하면서 베트남전쟁은 우리가 생각하는 것과 다를 수도 있으며, 이 전쟁을 제대로 바라보는 것이 한국현대사와 한국사회를 이해하는 데도 꼭 필요하다는 사실을 인식하게 되었습니다. 이 장에서는 그 이야기를 차근차근 풀어보겠습니다.

개인적인 경험을 떠나 베트남전쟁에 대한 베트남 사람들의 인식이 우리와 다르다는 사실은 쉽게 확인됩니다. 예컨대 박근혜 정부는 베트남 파병 50주년2014년 기념행사를 대대적으로 열려고 했었습니다. 그런데 신문 등 여러 가지 경로로 들은 바에 따르면, 베트남 쪽에서 행사를 자제해달라고 요청했다고 합니다. 베트남 입장에서 우리의 베트남 파병 50주년 행사는 자신들의 통일전쟁에 적국으로 참전한 국가가 자신들의 피를 대가로 이룬 경제적인 성공을 자축하는 행사이기 때문입니다.

거꾸로 우리 쪽에서도 베트남 쪽과 같은 요구가 나오기도 했습니다. 박근혜 대통령이 베트남에 가서 호찌민胡志明, 1890~1969 묘역을 참배한 적이 있습니다. 대통령이 귀국한 다음에 베트남 참전 군인들이 항의를 했습니다. 베트남 입장에서 애국자인 호찌민은 우리로 보면 적의 우두머리이기 때문입니다. 그들이 보기에 우리 대통령이 적에게 참배한 격이니, 이를 받아들일 수 없었던 것입니다.

　박근혜 정부 이전에도 이런 일이 있었습니다. 김영삼 정부 때도 외무부 장관이 베트남전쟁과 관련해 사과한 적이 있고, 김대중 정부와 노무현 정부에서도 그런 적이 있었습니다. 그런데 아직까지 이 갈등이 풀리지 않고 있습니다. 이런 측면에서도 베트남전쟁에 대한 올바른 인식이 절실하게 필요합니다. 이는 한국의 국가 브랜드라는 측면에서도 역시 중요합니다. 과거를 제대로 인식하지 못하는 나라라는 오명에서 벗어나야 하기 때문입니다.

—

불행의
시작

　　　　　　베트남전쟁은 사뭇 긴 역사를 가지고 있습니다. 베트남은 19세기 말 프랑스의 식민지가 되면서부터 이미 독립을 위한 전쟁을 시작했기 때문입니다. 1940년부터 1945년까지 프랑스의 지배에서 벗어나 일본의 점령을 받았고, 1945년 일본이 패망하면서 외세로부터 독립할 기회를 맞습니다만, 다시 제2차 베트남전쟁이 시작됩니다. 우리는 제2차 세계대전이 끝나고 1945년에 해방되지만 베트남은 해방이 되지 않았습니다. 베트남을 비롯한 동남아시아 국가들은 제2차 세계대전의 패전국이 아니라 승전국의 식민지였습니다. 프랑스의 경우 독일에 점령됐지만 독일이 패망하면서 승전국이 되었습니다. 네덜란드도 영국도 마찬가지입니다. 영국은 미국의 가장 중요한 동맹국이었기 때문에 더욱 비중 있는 승전국이었죠. 한국과 타이완은 패전국인 일본의 식민지였던 반면 동남아시아 대부분의 국가들은 유럽 국가들의 식민지였습니다. 인도차이나 지역은 프랑스, 인도와 미얀마는 영국, 인도네시아는 네덜란드의 식민지였습니다. 이런 나라들은 제2차 세계대전의 패전국이 아니었기 때문에 기존의 식민지를 그대로 유지하려고 했습니다. 이 점은 이미 1장에서 카이로선언의 의미를 지적할 때 설명했습니다. 그래서 이들 국가의 식민지에서는 독립을 위한 전쟁이 다시 한번 시작됩니다. 제2차 세계대전이 끝나고 1950년대 내내 독립전쟁을 치르게 되는 거죠.

영국은 영연방이라는 제도를 만듭니다. 커먼웰스Commonwealth of Nations, 英國聯邦라는 제도를 만들어서 인도를 비롯한 과거 영국 식민지 국가들을 영연방체제에 집어넣고 독립을 시켜주죠. 프랑스와 네덜란드는 인도네시아와 인도차이나 지역을 놓지 않습니다. 아무래도 전후 경제부흥에 식민지가 굉장히 중요한 역할을 하리라고 봤기 때문이겠죠. 인도네시아나 인도차이나 지역은 자원이 풍부하기 때문에 본국의 경제성장, 경제부흥에 중요한 역할을 하리라고 판단했던 것입니다. 시대착오적인 생각이죠. 이미 1945년 이후부터 과거 식민지체제가 붕괴하고 있었고 유럽의 제국주의 국가들도 거의 힘을 잃어가고 있었기 때문입니다.

게다가 식민지에서는 독립에 대한 요구가 강하게 일어나고 있었습니다. 이들 국가들에서 독립운동을 위한 힘도 점점 커지고 있었죠. 아울러 미국이 독보적인 존재로 떠오르게 되면서 유럽 제국들이 그 지역들을 관리한다는 것은 더욱 어려운 일이 되었습니다. 결국 네덜란드는 인도네시아에서 쫓겨날 수밖에 없었고, 프랑스도 근근이 버티다가 1954년 디엔비엔푸Dien Bien Phu라는 곳에서 호찌민이 이끄는 북베트남 군대에 결정적으로 패배하게 됩니다.

디엔비엔푸 전투에 참전한 프랑스 군인
이 전투에서 프랑스군은 결정적인 패배를 맞았다. 북베트
남군의 승리에는 중국의 지원이 큰 역할을 했다.

디엔비엔푸 전투와 관련해 하나의 에피소드가 전해지고 있습니다. 디엔비엔푸 전투 당시 객관적으로 보면 프랑스가 아무리 약해졌다고 해도 호찌민 군대를 이길 힘은 있었습니다. 그런데 이 전투가 있었던 1954년은 한국이 정전협정을 맺은 다음 해입니다. 이게 무슨 의미일까요? 그전까지 중국은 한국에 신경을 쓰다가 1953년 7월 정전협정이 맺어지자 북한이 아닌 베트남을 지원하게 되는 거죠. 여기에는 이유가 있습니다. 중국은 1945년부터 1949년까지 국공내전을 합니다. 국민당군과 공산당군이 내전을 벌여서 처음 2년 동안은 공산당군이 계속 밀리게 됩니다. 그런데 이 기간에 중국공산당의 간부 가족들이나 부상자들이 북한과 북베트남으로 피신을 했습니다. 북베트남공산당과 북한공산당이 중국공산당을 도왔던 거죠. 그러니까 중국이 북한을 돕기 위해서 출병할 때도 자기들이 이전에 받았던 은혜를 갚겠다는 보은의 의미가 있었고 북베트남을 돕는 것에도 사실은 보은의 의미가 있었습니다. 중국이 북베트남을 지원하게 되면서 북베트남은 상당히 강한 힘을 갖게 되었고 디엔비엔푸 전투에서 승리하게 됩니다. 그러면서 1954년에 프랑스가 베트남에서 철수합니다. 이후 역설적이게도 북베트남과 중국의 사이는 벌어지지만, 1954년까지만 해도 중국 없이 북베트남이 프랑스에 승리하는 것은 어려웠죠.

프랑스가 철수하고 베트남 사람들끼리 알아서 살라고 하면 되는데 미국이 대신 베트남에 개입하기 시작합니다. 그 당시에는 프랑스가 미국에 베트남 개입을 요청합니다. 이때의 개입 요청은 1960년대와는 의미가 좀 달랐습니다. 1960년대에는 드골 Charles de Gaulle, 1890~1970 대통령이 미국의 케네디 대통령한테 이렇게 이야기했습니다. "베트남에 개입하지 마라. 거기는 늪이다. 가봤자 이길 수 없다." 그런데도 미국이 베트남에 들어갔습니다. 1950년대 프랑스가 들어가달라고 요청했을 때는 미국이 전면적으로 개입하지 않았습니다. 남베트남 정부에 대한 지원은 있었지만, 전투부대를 파병하지는 않았습니다.

미국이 베트남과 인연을 맺기 시작한 시기는 한국 문제를 해결하기 위해 열렸던 제네바 정치 회담 직후였습니다. 프랑스가 철수했던 1954년에 제네바에서 정치 회의가 열렸습니다. 첫 번째 회의에서는 한국 문제를 다뤘습니다. 한국에서 정전협정을 대체할 평화적 방법을 만들기 위해서였습니다. 하지만 결국 실패했죠. 두 번째 회의에서 베트남 문제를 다루면서 베트남을 분단하는 안이 나왔습니다. 남쪽은 자유시장체제, 북쪽은 공산주의체제로 해서 17도 선을 중심으로 남북을 가르게 되죠.

그렇게 분단이 되었지만, 제네바에서 열강들과 남북 베트남은 분단 후 2년 내에 통일을 위한 총선거를 치르도록 결정하였습니다. 그런데 2년 후 미국이 지원하는 남베트남 정부가 이 결정을 거부했습니다. 남북 총선거 대신 남쪽에서만 선거를 실시했습니다. 그것도 매우 심각한 부정선거였습니다. 그래서 이때부터 본격적으로 내전으로서의 게릴라 전쟁이 시작됩니다. 부패하고 외세에 의존하는 남베트남 정부에 반대하는 남베트남 사람들의 투쟁이 시작된 것입니다. 1956년부터 시작된 이 전쟁을, 1954년까지 계속된 독립전쟁에 이은 제2차 베트남전쟁이라고 합니다. 이러한 상황을 본다면 북한의 침략에 의해 시작된 한국전쟁과는 자못 그 성격이 다르다고 할 수 있습니다.

—

파병의 목적은
무엇인가

그렇다면 우리는 왜 베트남전쟁에 참전하게 됐을까요? 이 문제를 이해하기 위해서는 먼저 베트남전쟁이 왜 중요한지부터 살펴봐야 합니다. 베트남전쟁은 기본적으로 베트남의 해방과 관련된 것이지만 세계사적으로는 냉전의 역사를 완전히 바꿔놓았습니다. 그전까지는 미국과 소련이 중심이 되는 양극체제의 냉전이 공고하게 유지되다가 베트남전쟁과 함께 세계가 흔들리기 시작합니다.

베트남전쟁의 결과 베트콩과 북베트남이 승리하면서 미군과 한국군을 비롯한 미국의 동맹국 군대가 철수하게 됩니다. 그런데 미국과 그 지원을 받는 정부가 패배하는 모습을 보고 제3세계에서 민족해방을 위한 거대한 물결이 일어납니다. 1970년대 후반 이란과 니카라과가 미국의 동맹으로부터 떨어져 나오게 됩니다. 미국의 영향권으로부터 벗어난 것은 아니지만, 한국도 1979년과 1980년 부마항쟁과 광주민주화운동을 경험하였고, 이후 반미운동이 시작되었습니다. 베트남전쟁과 직접적인 관련은 없지만, 1979년 12월에는 냉전의 또다른 축인 소련이 아프가니스탄을 침공합니다. 이와 같이 베트남전쟁으로 촉발된 일련의 사태들 때문에 1970년대 후반 미국 중심의 체제, 소련 중심의 체제가 흔들리게 됩니다. 거기에 1978년 중국이 개혁·개방을 하면서 1980년대 말부터 1990년대 초까지 전세계적 차원에서 냉전체계가 붕괴되는 중요한 전환점을 마련합니다.

특히 미국 같은 경우에는 베트남전쟁에 너무 많은 돈을 쏟아부었기 때문에 1969년 닉슨독트린Nixon Doctrine을 발표하고 나서 1971년에 달러의 금태환을 정지시킵니다. 이것은 대단히 중요한 의미를 갖습니다. 달러의 금태환이라는 것은 1944년 브레턴우즈Bretton Woods 조약 이후 달러만을 세계의 기축통화로 삼는 정책이었습니다. 전세계 경제가 달러를 중심으로 움직였던 거죠.

그런데 1960년대 중후반부터 이런 체제가 흔들리게 됐고 거기 결정적인 역할을 한 것이 베트남전쟁이었습니다. 미국이 돈을 너무 많이 쓴 탓이죠. 금태환 제도에서는 1달러를 발행하려면 일정 정도의 금을 가지고 있어야 합니다. 금 1온스당 35달러의 가치를 가지고 있었습니다. 즉 달러를 찍기 위해서는 그만큼의 돈이 있어야 했습니다. 한국의 원화는 그렇지 않죠. 금이 없어도 그냥 돈을 찍어내면 됩니다. 달러만이 그 자체로서 변하지 않는 가치를 갖는 기준 통화였던 거죠. 그런데 미국이 달러의 그러한 권리를 포기한 것입니다. 베트남전쟁에 들어가는 돈을 쓰기 위해 달러를 찍고 싶어도 그만큼의 금이 없었기 때문입니다.

이렇게 되면서 1971년 이후에는 세계 모든 국가가 변동환율제를 채택하게 됩니다. 물론 달러화가 국제 결제화로 계속 유지되지만, 달러가 가지고 있었던 절대적인 지위를 잃게 되는 것입니다. 이제 달러뿐만 아니라 엔, 프랑, 마르크, 파운드 등이 달러와 어깨를 나란히 하게 되는 것입니다. 미국 중심의 세계경제체제가 흔들리게 되었다는 뜻이기도 합니다. 이것만 보더라도 베트남전쟁이 세계경제에 중요한 변화를 가져왔다는 것을 알 수 있습니다. 물론 우리 입장에서는 한국군이 파병됐다는 것만으로도 베트남전쟁에 대해 알아야 할 이유가 분명합니다.

그렇다면 미국정부는 왜 이렇게 많은 돈을 써야만 했을까요? 이는 베트남에 너무 많은 미군을 투입했기 때문이기도 합니다만, 한국을 비롯해서 미국의 요구로 파병한 국가들의 파병비용을 미국정부가 모두 부담했기 때문입니다. 바로 이점 때문에 한국이 베트남에 파병한 것은 경제적 이유라고 알려져 있습니다. 파병을 통해 미국의 지원을 받음으로써 경제성장에 필요한 자금이나 자원을 얻을 수 있었다는 거죠. 또다른 한편으로는 베트남 수출이 늘어나 수출주도형 경제정책을 취하고 있는 한국에 많은 도움이 됐다는 것입니다. 이것이 전쟁특수입니다. 전쟁으로 '특수한 수요'가 생겼다는 의미에서 쓰는 말이죠. 일본도 한국전쟁 시기의 특수를 통해 경제성장을 이루었다는 사실은 이미 잘 알려져 있습니다.

그런데 이렇게 전쟁특수를 위해 참전했다는 주장은 참전 이후에 만들어진 것일 수 있습니다. 즉 처음부터 한국정부가 돈을 바라고 갔던 것 같지는 않다는 의미입니다. 한국정부가 파병했던 제일 중요한 이유는 역시 정치적인 이유와 안보적인 이유입니다. 1964년 본격적으로 파병하기 이전에 이승만 대통령과 박정희 국가재건최고회의 의장은 한국군을 인도차이나에 파병하겠다는 제안을 했었습니다. 이승만 대통령은 인도네시아와 인도차이나에 파병하겠다는 제안도 했죠. 그런 제안을 했던 이유는 미국이 당시 주한미군뿐만 아니라 한국군의 감축을 추진하고 있었기 때문입니다. 만약 한국군이 미국의 정책을 돕기 위해 파병된다면, 미국이 더이상 한국군의 감축을 추진할 수 없을 것이라고 본 것이죠. 아울러 국제적으로 한국의 군사적 역할을 강화하기 위한 목적도 있었습니다.

물론 미국은 이승만 정부의 제안을 거절했습니다. 왜냐하면 1950년대에는 미국도 베트남을 포함한 해외 지역에 대한 적극적 개입을 꺼리고 있었기 때문입니다. 그러나 이승만 정부뿐만 아니라 군사정부는 한국군의 해외 파병을 미국에 거듭 제안합니다. 왜냐하면 이승만 정부나 쿠데타 이후의 군사정부 입장에서 보면 한국군을 감축한다는 것은 남북 간의 균형을 깬다는 의미가 있었습니다. 남북 간의 균형을 맞추기 위해서라도 감축을 막아야 했습니다. 두 번째로 군대는 정부의 중요한 지지대였습니다. 그 당시에는 군대 표가 중요했고, 또 군사정부는 군인들이 만든 정부였기 때문에 군대의 지지를 받지 않으면 더더욱 존속이 어려웠습니다.

본격적으로 한국이 파병한 것은 1964년입니다. 미국의 존슨 Lyndon B.

Johnson, 1908~73 대통령이 한국정부에 문서로 파병을 요청하면서부터 한국군이 파병되었습니다. 그런데 미국이 파병 요청을 하고 한국이 수락하는 상황은 그 자체로 모순이 발견됩니다. 왜냐하면 한국이 스스로 안보를 지키지 못해 미군이 주둔하고 있는 상황에서 다른 나라를 돕기 위해 파병을 한다는 것은 사실 말이 안 되죠. 그런데도 왜 한국은 참전을 결정했을까요? 크게 두 가지 이유 때문입니다.

첫 번째는 한미동맹을 고려한 탓이었습니다. 한국전쟁 당시 미군이 도와줬기 때문에 미국의 파병 요청을 무시할 수 없었던 것입니다. 거기다 미국은 1953년 한미상호방위조약을 맺은 동맹국이기 때문에 그 요청을 무시할 수 없었죠. 앞으로의 한미관계를 잘 유지하기 위해 베트남전 파병이 필요하다고 봤던 것입니다.

두 번째는 안보적 문제입니다. 한국정부는 우리가 가지 않으면 주한미군 일부가 빠져나갈 것이라고 예측했습니다. 실제로 미국은 베트남에 모든 것을 쏟아붓고 있었기 때문에 그외 지역에 있는 미군을 베트남으로 옮길 가능성이 상당히 컸습니다. 물론 완전히 철수하거나 이동하지는 않고 일부 부대를 옮겼을 것입니다. 하지만 주한미군을 감축한다는 것은 당시 북한과 대치하고 있는 상황에서 상당한 위험요소임에는 틀림없습니다. 실제로 한국정부는 우리가 파병하는 대신에 당분간은 주한미군의 규모를 줄이지 말라는 요청을 미국에 했습니다. 만약에 한국군이 가지 않았으면 주한미군 일부가 베트남에 갔을 가능성이 있었다는 거죠.

그렇다면 베트남전에 파병함으로써 우리가 의도했던 목적이 제대로 이루어졌느냐 하는 부분을 한번 고려해보아야 합니다. 지금까지는 대

1966년 백마부대 환송식에
참석한 박정희 대통령

베트남전쟁에 대해서는 전쟁특수
를 위해 파병했다는 주장이 널리
알려져 있다. 하지만 정치적인 이
유와 안보적인 이유가 훨씬 더 중
요했다.

개 베트남전 파병의 경제적인 효과에 대해 많이 언급해왔습니다. 물론
경제적으로 도움을 받기 위해 파병했고 실제로 많은 도움을 받았습니
다. 장병들, 기술자들, 근로자들이 송금한 월급이 대부분 저축되면서 국
내의 자본축적에 도움이 됐습니다.

경제적인 측면에서 얻은 것은 또 있습니다. 다른 나라는 다 지원부대
를 보냈지만 한국은 전투부대를 보냈습니다. 미국이 전투부대를 보내
는 대가로 1966년 군사적·경제적 지원을 약속하는 브라운 각서를 전달
했습니다. 브라운W. G. Brown은 당시 주한미국대사의 이름입니다. 그리고

실제로 지원도 받았습니다. 그외에도 한국 기업들이 베트남에 진출하는 등 경제적 이익이 굉장히 컸습니다. 베트남뿐만 아니라 미국에 대한 수출도 많이 늘었습니다. 이런 까닭에 한국은 경제적 목적으로 참전했고 그 목적을 달성했다고 평가하는 경우가 많습니다. 그렇지만 앞서 이야기한 것처럼 이 전쟁의 기본적 목적은 정치적이고 군사적이고 안보적인 것이라고 봐야 합니다. 그럼 과연 정치적이고 안보적인 목적은 달성됐을까요?

안보적인 부분부터 보면 그다지 성공적이지 못했습니다. 한국군이 베트남에 파병된 기간에 남한과 북한의 교전 횟수가 엄청나게 늘어났습니다. 당시 유엔군사령부의 자료나 한국 신문들이나 미국의 자료를 종합한 187면의 표를 보면 1966년까지 DMZ에서 일어난 주요 사건은 1년에 약 40회 정도입니다. 그런데 1967년에는 400회, 1968년에는 500회로 늘어납니다. 1년이 365일이니 하루에 1건 이상 사건이 일어난 셈입니다. 1967년에는 DMZ에서 일어난 교전 횟수가 100건이 넘습니다.

그렇다면 왜 이렇게 갑자기 교전이 증가했을까요? 우선 북한의 전략 때문입니다. 북한은 북베트남과 아주 가까운 사이였습니다. 한국군 전투부대가 베트남에 파병된 상황에서 어떻게든 북베트남을 도와줘야 했습니다. 최근 베트남에서 공개되는 자료들을 보면 북한에 대한 것이 굉장히 많습니다. 북한과 북베트남이 아주 가까운 사이였다는 증거들입니다. 그런데 북한이 물질적으로 도와주기는 어려웠습니다. 군 고문관을 파견해 군사적으로 도와줄 수는 있었지만 그보다 더 확실하게 도움을 주는 방법은 한반도에서 분쟁을 일으킴으로써 한국군 전투부대가 더이상 빠져나가지 못하게 하는 것이었습니다. 한국의 안보가 위험한 상황에서 어떻게 한국군이 빠져나가겠습니까? 그래서 1967년부터 분쟁이 급증하게 되었던 것입니다. 실제로 북한은 1966년에 조선노동당 대표자대회를 열어 남한에 대한 공세를 강화한다는 결정을 내렸습니다.

남북 간의 교전이 증가한 또다른 이유를 보면, 한국정부도 적극적으로 대응했기 때문입니다. 이전까지는 굉장히 소극적으로 대응하다가 1967년과 1968년에는 적극적으로 북한에 대응하기 시작합니다. 적의 도발에 대응하지 않을 경우 한국군의 사기가 떨어진다는 것이 이유였습니다. 한국군이 파병되어 있는 상황에서 군의 사기가 떨어지는 것은 상당히 문제가 될 수 있습니다. 그런데 이 문제로 한국정부와 미국정부 사이에 갈등이 생겼습니다. 미국은 항상 '한국정부는 절대로 가해자의 입장이 되면 안 된다, 피해자가 되어야 한다'는 입장이었습니다. 그래야만 미국이 도와줄 수 있기 때문입니다. 미국이 침략자를 도울 수는 없는 거죠. 또한 미국이 베트남에 깊숙이 발을 담근 상황에서 또다시 한반도에서 전쟁이 일어난다면 미국은 동시에 두 가지 전쟁을 치러야 합니다. 당시 미국으로서는 두 개의 전쟁을 동시에 감당하기란 어려운 일이었습니다. 이런 상황임에도 한국정부는 베트남에 파병된 군인들의 사기를 위해서라도 북의 도발에 적극 대응해야 한다고 주장한 것입니다. 이런 입장 차이 때문에 1967년부터 한국정부와 미국정부 사이에 마찰이 일어났습니다. 남북한의 갈등과 한미 간의 불협화음이 정점을 이룬 것이 1968년 안보위기입니다.

1968년에 푸에블로호 Pueblo號 납북 사건이 있었고, 그 이틀 전에 청와대 습격 사건이 있었습니다. 「실미도」2003라는 영화의 첫 장면이 기억날 것입니다. 북한이 보낸 무장간첩단이 청와대를 습격해서 박정희 대

연도 구분	1965	1966	1967
비무장지대 주요 사건	42	37	423(286)
휴전선 남부 주요 사건	17	13	120
비무장지대 교전 횟수	23(29)	19(30)	117(132)
휴전선 남부 교전 횟수	6	11	95
휴전선 남부 북한군 사살	4(34)	43	224(146)
휴전선 남부 북한군 생포	51	19	50
유엔군 피살자	21(40)	35(39)	122(75)
유엔군 부상자	6(49)	29(34)	279(175)
한국 경찰 민간 피살자	19	4	22
한국 경찰 민간 부상자	13	5	53

북한의 대남 도발 건수

※ 출처: 박태균 「1960년대 중반 안보위기와 제2경제론」, 『역사비평』 2005년 가을호, 260면.

통령을 죽이려고 하는 장면입니다. 그 사건이 국내에 미친 영향은 엄청 났습니다. 이 사건으로 한반도의 안보위기가 거의 정점에 달하게 되었 죠. 이때 미국정부는 베트남에 더 많은 한국군을 파병할 것을 요구하려 다가 안보위기가 심해지자 결국 포기했습니다. 미국이 청와대 습격 사 건보다 더 심각하게 생각한 것은 푸에블로호 납북 사건입니다. 당시에 는 인공위성이나 비행기가 정찰 활동을 제대로 못했기 때문에 배를 통 해 정찰 활동을 많이 했습니다. 푸에블로호도 근해에서 정보를 수집하 는 정보함이었습니다. 그런데 북한 측에서 푸에블로호가 북한의 영해 를 넘어왔다면서 나포해버렸습니다. 그 배에 타고 있던 미 해군들이 북 한에 억류되었습니다. 미국으로서는 그들을 살려서 데려오는 것이 중

청와대 습격 사건 현장검증 중인 김신조

1968년에 있었던 두 가지 큰 사건, 즉 북한 무장 간첩단의 청와대 습격 사건과 미국의 첩보함 푸에블로호 납북 사건에 대해 미국의 대응은 달랐다. 두 사건에 동시 대응해야 한다는 한국정부의 입장과 달리 미국은 미군 송환을 위해 북한과 직접 협상에 들어갔다.

요했습니다. 베트남전쟁도 힘에 부치는데 이 문제가 터진 거죠. 존슨 대통령의 회고록을 보면 1968년에 제일 당황한 사건은 베트남전쟁이 아니라 푸에블로호 납북 사건이라고 기록되어 있습니다. 전혀 예상치 못한 곳에서 사건이 발생했기 때문이죠.

그런데 이 문제 때문에 또다시 한국정부와 미국정부 사이에 갈등이 발생합니다. 미국정부는 어떻게든 포로가 된 미국인들을 살려서 데려와야 했습니다. 한국정부는 그런 미국에 섭섭할 수밖에 없었습니다. 왜냐하면 한국정부의 입장에서 보면 청와대 습격 사건이 훨씬 심각한 문제인데도 미국은 푸에블로호만 언급하면서 북한과 직접 협상을 했기 때문입니다. 한국정부를 소외시킨 채로 말입니다. 한국정부가 화가 났죠. 당시 한국정부의 입장은 청와대 습격 사건과 푸에블로호 납북 사건에 대해 동시에 대응해야 한다는 것이었습니다. 「실미도」의 배경은 이러한 상황과 관련이 있습니다. 미국은 한반도에서는 절대로 전쟁과 같은 상황이 일어나서는 안 되고 베트남에 집중해야 한다는 입장이었습니다. 단지 납북된 미군을 데려오는 것만이 중요했습니다. 이러면서 한국정부와 미국정부의 갈등이 시작된 거죠. 그러니까 정치적인 측면, 한미관계의 측면, 안보적인 측면에서 동시에 살펴보면 베트남전쟁에 한국군을 파견한 것이 그다지 도움이 되지 않았다고 보아야 합니다.

안보 논쟁의
허와 실

그렇다면 한국군의 베트남 파병으로 주한미군이 감축되었는가, 아니면 그대로 유지되었는가부터 살펴보겠습니다. 즉 우리가 참전하지 않았다면 미군 감축으로 안보 문제가 생겼을 거라는 주장의 허와 실을 한번 살펴보자는 의미입니다. 이 문제는 1967년 대통령 선거 유세에서 박정희 대통령이 직접 언급한 것이기도 합니다. 박정희 대통령은 우리가 베트남에 가지 않으면 미군이 가니까 우리가 가야 한다는 논리를 폈습니다. 한국의 전투부대가 파병됐기 때문에 주한미군이 급격하게 감축되지 않은 것은 사실입니다. 또 미국이 존슨 대통령 때는 주한미군을 감축할 경우 한국정부와 사전에 의논하겠다는 약속도

해주죠. 우리 스스로 안보를 지키기 어려운 상황이기에 우리가 남을 도 와주러 간다는 것이 문제될 소지가 분명히 있었음에도 주한미군이 급 격하게 감축되는 것을 막았다는 점에서 단기적으로는 국가 안보에 긍 정적이었다고 볼 수 있는 것입니다.

하지만 좀더 시간을 두고 보면 마냥 그렇지만은 않습니다. 사실 미국 의 정권이 계속 이어지는 것은 아닙니다. 알다시피 미국에서는 4년마다 대통령 선거가 치러지죠. 한 번 연임은 가능하지만 그 이후에는 대통령 이 바뀌게 됩니다. 그러면 당연히 여당이 바뀔 수도 있습니다. 1968년까 지 미국의 대통령은 민주당의 존슨이었습니다. 박정희 대통령은 존슨 대통령의 요청으로 한국군을 파병했기 때문에 미국과의 관계는 나쁘지 않았습니다. 물론 안보위기 때는 한미관계가 조금 나빠지기는 했습니 다. 그런데 1969년 닉슨 대통령이 취임한 이후 존슨 대통령과의 약속이 깨지게 됩니다. 그러면서 아주 심각한 문제가 나타났습니다.

앞서 보았듯이 미국정부는 한국군이 베트남에 가 있는 동안에는 주 한미군을 감축하지 않거나 한국정부와 의논한 후에 감축하겠다고 약속 했습니다. 그런데 1970년에 미국정부가 한국정부와 의논도 없이 주한 미군의 감축을 결정한 것입니다. 즉 한국군 파병에 따른 약속이 지켜지 지 않은 것입니다. 닉슨독트린 이후 한국정부도 어느정도 예상은 했지 만 그렇게 뒤통수를 칠 줄은 몰랐습니다. 존슨 대통령도 임기 말에 주한 미군 감축 방안을 연구하라고 행정부에 지시를 내렸지만, 실제로 감축 하지는 않았습니다.

사실 존슨 행정부와 닉슨 행정부가 똑같은 정책을 실시해야 할 필요 는 없습니다. 오늘날도 마찬가지입니다. 예컨대 클린턴Bill Clinton 행정부에서 부시_{George W. Bush} 행정부로 이행될 때 부시 행정부의 정책을 ABC 라고 했습니다. 'Anything But Clinton'이라는 뜻입니다. 클린턴 행정부가 실시했던 정책만 아니면 모두 좋다는 뜻이죠. 부시 행정부에서 오바마_{Barack Obama} 행정부로 이행될 때도 변한 정책들이 있었습니다. 이처럼 미국의 정책은 정권이 바뀌면 한번에 뒤집어질 수 있습니다. 한국에서도 'ABR'이 있었던 것 같습니다. '노무현을 제외하고는 무엇이든지 Anything But Roh.' 어쨌든 미국의 정권이 바뀌는 과정에서 한국정부가 한미관계를 제대로 추슬러내지 못했던 부분이 있습니다. 결국 한미관계의 측면에서 보더라도 닉슨 행정부 때부터 박정희 대통령과 닉슨 대통령 사이에 갈등들이 나타나기 시작합니다. 이러한 사실들을 종합해보면 베트남 파병은 안보적으로도 그렇게 성공적이지 않았던 셈입니다.

물론 이 부분도 다르게 보는 사람들이 있습니다. 이 시기에 한국이 베트남에 전투부대를 파병한 대가로 미국은 한국정부에 군수산업을 허용해주었습니다. 우리 스스로 군수산업을 개척하면서 자주국방의 기반을 닦았다는 면에서 보면 안보적으로 득이 되었다고 할 수도 있습니다. 그럼에도 한국의 안보체제가 한미동맹과 주한미군을 중요한 축으로 작동한다고 하면 베트남 파병이 안보적으로는 성공하지 못했다고 봐야 합니다. 특히 한국과 미국 사이에 불신과 오해가 생기고 동맹관계에 문제가 생긴 것이 1970년대이고, 그 문제들이 베트남 파병 시기 미국과의 협상 과정에서부터 시작되었다고 보아야 하기 때문입니다.

내가 하면 로맨스,
남이 하면 불륜?

　　　　　　　앞서 이야기한 것처럼 경제적으로는 베트남 파병이 도움이 됐습니다. 그뿐만 아니라 미국이 한국에 대한 원조를 감축하려던 시기에 파병을 결정하여 미국의 대한원조를 연장할 수도 있었습니다. 미국은 1960년대 초부터 원조 감축을 생각하고 있었습니다. 당시 미국이 원조할 곳들이 너무 많았기 때문에 한국이라는 단일국가에 그렇게 대규모의 원조를 주기가 힘들었습니다. 원조를 감축하려는 시점에 베트남 파병이 이루어지면서 1966년 브라운 각서를 작성하고 미국이 한국에 특별원조를 주기로 했죠. 그외에도 전투에 들어가는 모든 비용을 미국이 부담했기 때문에 우리한테는 경제적으로 많은 도움이 되었습니다. 특히 경제개발계획 실행에 꼭 필요한 도움이었습니다. 경제개발계획을 실행하려는 개발도상국들이 일반적으로 겪는 어려움이 있습니다. 돈과 기술 문제입니다. 베트남전쟁이 문제들을 모두 극복하는 계기가 되었습니다. 전쟁특수로 돈이 들어왔고 파병의 대가로 한국과학기술연구원KIST이 만들어졌습니다.

　하지만 짚고 넘어갈 점도 분명히 있습니다. 돈을 버는 것도 중요하지만 어떻게 버느냐도 참 중요합니다. 누구나 나름대로의 방법으로 돈을 벌 수 있습니다. 다만 그 방법이 정당했는가 하는 문제는 여전히 남죠. 학생들을 가르치면서 '한국전쟁 기간에 일본이 돈을 벌어서 경제를 부흥시킨 것을 알고 있는지' 물어본 적이 있습니다. 특히 신입생들한테 물어보면 거의 90퍼센트 이상이 알고 있다고 답합니다. 어디서 배웠느냐고 물으면 그 친구들은 기억을 못 합니다. 부모님한테 들은 건지 수업시간에 들었는지. 그러나 분명히 한국 사람들은 알고 있습니다. 우리가 전쟁으로 고통받는 동안 일본은 얄밉게도 전쟁특수를 이용해서 돈을 벌었다는 것을요.

한국전쟁을 베트남전쟁에 비교해보면 베트남 사람들은 우리를 어떻게 생각할까요? 우리와 직접적인 이해관계가 있는 전쟁이라고 하더라도 그 전쟁을 통해 돈을 벌었다는 것이 문제가 됩니다. 하물며 베트남은 우리나라와 공통점이 많은 나라이긴 하지만 아주 멀리 떨어져 있고 직접적인 이해관계도 없는 국가입니다. 그곳에 가서 벌어온 돈으로 경제적인 이득을 봤다고 해서 우리 스스로 전쟁특수를 정당화시킨다면 일본이 한국전쟁 중에 돈을 번 것을 어떻게 비난하겠습니까. 비난을 떠나 우리가 일본을 굉장히 얄밉게 보는 것처럼 베트남 사람들도 한국인들을 그렇게 바라보겠죠. 내가 하면 로맨스고 남이 하면 불륜인가요?

우리 후손들한테 어떻게 이야기할지도 문제입니다. 우리의 후손들한테 이런 이야기를 하면서 자랑스러워하라고 말할 수 있을까 하는 점입니다. 우리는 젊은 세대들에게 목적도 중요하고 결과도 중요하지만 그 과정도 중요하다고 이야기합니다. 어떤 결과나 결론을 얻기 위해서 어떤 과정을 거쳤고 어떤 수단을 썼는지를 봐야 한다고 하면서도 막상 우리가 경제성장을 위해 남의 나라 전쟁에 참전해서 이득을 얻는 과정이 정당했는지를 따지지 않는다면 역사에서 우리가 얻을 교훈은 전혀 없습니다.

데탕트의 진실과

베트남전쟁은 미국을 궁지에 몰아넣은 전쟁이기도 합니다. 실제로 닉슨이 대통령이 되었을 때는 미국의 곳간이 비어 있는 상태였습니다. 베트남전쟁에 돈을 너무 많이 써버린 거죠. 더이상 쓰면 미국정부가 파산을 하게 생겼습니다. 닉슨 행정부는 키신저Henry A. Kissinger를 국무장관에 앉히면서 레알 폴리틱스Real Politics라고 하는 현실주의적인 정치를 선택합니다.

사실 냉전이라는 것은 현실주의적인 정치가 아니고 이상주의적인 정치입니다. 현실주의적 정치와 이상주의적 정치의 구분은 간단합니다. 이데올로기 때문에 국가 이익을 포기하면 이상주의적인 정치이고 이데올로기와 관계 없이 현실적으로 돈을 벌겠다고 선택하면 현실주의적인 정치입니다.

현실주의적 정치는 곧 실용주의 노선을 의미합니다. 닉슨 대통령이 취임하고 보니 베트남전쟁으로 곳간이 비어서 잘못하면 미국이 망하게 생겼어요. 그래서 "안 되겠다. 우린 현실주의로 간다. 이데올로기가 중요한 것이 아니다. 우리는 베트남에서 철수한다. 우리에게 베트남은 중요하지만 아시아 문제는 아시아 사람들이 해결해라."라고 발을 빼는 거죠. 이것이 바로 1969년의 닉슨독트린입니다. 이어서 앞에서 언급한 바와 같이 1970년대 초에 기축통화로서 달러의 역할을 포기합니다. 미국이 돈을 많이 썼기 때문에 달러의 역할을 계속 유지할 수가 없었던 것입니다. 이렇게 1944년부터 시작되었던 브레턴우즈체제는 깨져나갑니다.

미국의 지위가 흔들리는 거죠.

닉슨독트린의 여파는 베트남만이 아니라 한국에도 미칩니다. 한국에 주한미군이 와 있기 때문에 한국과 일본에 공통적으로 해당되는 거죠. 그런데 한국과 일본에 미친 영향은 매우 다릅니다. 한국의 경우 한국군의 현대화가 이루어진 성과가 있었지만, 주한미군 1개 사단이 철수하고 한국에 대한 원조도 감축했습니다. 일본의 경우에도 전쟁특수가 줄어들기는 했지만, 패전 이후 일본 정부가 고대했던 오키나와의 반환이 이루어집니다. 미국이 더이상 오키나와를 유지할 능력이 없었던 것입니다. 오키나와는 원래 독립국이었기 때문에 독립을 시켜주었어야 함에도 불구하고 전략적으로 중요한 지역이었기 때문에 동맹국인 일본에 반환한 것입니다. 사실 1943년에는 루스벨트 행정부가 중국국민당에 오키나와를 통제할 것을 제안하기도 했었습니다. 장제스 총통이 미국의 제안을 받아들이지 않았죠. 이 시기의 장제스를 보면 19세기 말의 리훙장을 보는 듯한 느낌입니다. 어쨌든 미국으로서는 당시 상황에서 오키나와 반환은 불가피한 선택이었습니다. 돈이 없으니까요. 그리고 나서 닉슨 대통령은 중국을 방문하게 되는 거죠.

닉슨의 중국 방문과 베트남전쟁은 깊숙이 연결되어 있습니다. 왜냐하면 미국정부는 미군이 베트남에서 철수한 후에도 남베트남이 북베트남에 지지 않고 계속 싸우려면 어떤 조건이 필요한지를 찾아야 했습니다. 가장 먼저 생각할 수 있는 것은 미군이 빠지더라도 한국군이 계속해서 베트남에 남아 있는 것입니다. 그런데 이건 사실 불가능한 조건입니다. 베트남에 있던 한국군 2개 사단이 미군 없이 베트콩과 싸우기란 어려운 일입니다.

두 번째 조건은 중국이 북베트남을 도와주지 않는 것입니다. 그래서 1971년에 키신저가 저우언라이周恩來, 1898~1976를 만났고 1972년에 닉슨이 마오쩌둥毛澤東, 1893~1976을 만난 것입니다. 겉모습은 데탕트였습니다. 하지만 사실은 미국과 중국의 사이가 좋아졌으니까 미국이 베트남에서 나오더라도 중국이 북베트남을 안 도와줬으면 좋겠다는 이야기를 했던 거죠. 데탕트라는 것도 어떻게 보면 닉슨 행정부가 적극적으로 평화 공세를 했다고 볼 수 있지만 다른 한편으로는 재정적인 문제로 인한 불가피한 선택이었다고 보는 것이 더 정확합니다.

하지만 이것은 미국의 판단착오였던 것 같습니다. 왜냐하면 미국의 걱정과 달리 당시 중국과 베트남의 사이가 너무 안 좋았거든요. 지금도 별로 좋지 않습니다. 1954년 베트남의 분단에 합의한 것도 중국이고, 1961년 라오스에서 북베트남에 불리한 조건으로 미국과 합의한 것도 중국이었으며, 파리 평화협상이 진행되면서도 전쟁이 한창 중인 1972년 미국 대통령을 초청한 것도 중국이기 때문에 베트남은 중국이 진정으로 베트남을 돕는다고 생각하지 않았습니다. 그리고 베트남이 통일한 1979년 중국은 베트남을 침공했습니다. 이른바 국경분쟁이죠.

그런데도 미국이 중국을 고려하지 않을 수 없었던 것은 한국전쟁 이후 트라우마가 생겼기 때문입니다. 즉 북쪽으로 치고 올라갈 경우 중국이 개입할 수도 있다는 점을 무시할 수 없었던 것이죠. 한국전쟁 때도 그러지 않았습니까? 인천상륙작전 이후 북진했다가 중국군의 참전으로 미군은 큰 타격을 입었습니다. 전쟁의 목적도 달성하지 못했죠. 미국정부가 북베트남에 대해 폭격은 하면서도 지상군을 진격시키지 않은 데는 이러한 트라우마가 작용했던 것입니다.

사실 이런 관점에서 본다면 도미노 이론도 잘못된 것이죠. 베트남이 넘어가면 이웃 동남아시아 국가들이 모두 공산화되어 중국의 영향권에 들어간다는 것이 미국정부의 생각이었습니다. 하지만 베트남조차도 중국의 영향권에 들어갈 가능성은 없었던 거죠.

피해자만 있는
전쟁

　　　　　　　　베트남전쟁을 어떻게 바라볼 것이냐를 길게 이야기하면서 한국군에 대한 이야기를 빼놓을 수는 없습니다. 베트남전쟁에서 한국군은 정말 중요한 역할을 했습니다. 한국군은 주로 사이공 Saigon. 현재의 호찌민에서 북쪽으로 올라가는 해안선에 부대의 사령부를 두고 거기서 내륙으로 오면서 여러 가지 중요한 군사활동을 했습니다. 베트남전쟁이 워낙 세계를 뒤흔든 사건이다보니 미국, 유럽, 일본 등에서 많은 연구가 이뤄졌습니다. 그런데 그 연구들에는 한국군에 대한 내용이 없습니다. 사실 한국군은 생사의 갈림길에서 혹독한 전쟁을 겪었습니다. 맹호부대, 청룡부대, 백마부대 등은 가장 치열한 지역에서 전투를 했습니다. 실제 참전한 분들의 이야기를 들어보면 정말 지옥 같은 경험이었습니다.

베트남전에 참전한 군인들에게는 여러 가지 목적이 있었을 것입니다. 하지만 우선은 군인이었기 때문에 국가가 가라고 하면 가야 한다는 것이 가장 큰 참전의 이유입니다. 물론 돈을 벌기 위해 간 사람들도 있습니다. 어떻든 이분들은 전쟁의 가장 큰 피해자입니다. 한국군이 베트콩과 싸우는 과정에서 민간인 학살 문제가 일어나 사회적으로 굉장한 후유증도 일으켰고 당연히 그 부분도 해결해야 합니다. 그럼에도 베트남에 갔던 한국군도 사실은 피해자라는 것을 잊어서는 안 됩니다. 베트남에서 피해를 당한 사람들의 입장에서는 한국군이 가해자였음을 인정하는 것이 아주 중요하고 또 그것을 과거사 정리 차원에서 해결해줘야 합니다. 하지만 베트남전 참전 군인들이 거기서 입은 피해도 무시할 수 없습니다. 베트남전 참전 군인들은 무엇보다 정신적으로 많은 피해를 입었습니다. 「하얀 전쟁」1992이라든지 「알 포인트」2004 같은 영화에서 베트남전에 참전한 한국군이 어떤 피해를 입었는지 확인할 수 있습니다.

고엽제 문제도 심각합니다. 미국은 베트남에서 전쟁을 하면서 밀림 지역에서 활동하는 게릴라들 때문에 곤혹을 겪었습니다. 그래서 밀림을 깨끗하게 만드는 방법을 찾게 됩니다. 밀림 지역에서 나무를 다 베어낼 수는 없고, 그래서 선택한 것이 나뭇잎을 말리는 고엽제였습니다. 증언을 들어보면 하늘에서 고엽제가 떨어지면 워낙 더운 곳이라서 시원하다고 맞았다고 합니다. 비처럼 느껴지는 액체니까. 그래서 고엽제 피해자들이 계속해서 고통을 겪는 것입니다. 그런데 이 고엽제의 고통은 한 세대에 끝나는 것이 아니라 유전됩니다. 그러니까 사실은 너무너무 심각한 문제입니다.

베트남을 다녀온 분들에 대해 국가의 보상이 제대로 이루어지지 않은 점은 더 큰 문제입니다. 그들 중에는 훈장을 받은 이들도 있지만, 제일 고생한 사병들에 대해서는 보상이 제대로 이뤄지지 않았습니다. 여러 가지 피해를 입은 이들에 대한 보상은 정말 신경을 써야 하는 문제입니다. 지원을 했느냐 안 했느냐를 떠나서 국가에 의해 동원된 분들이기

베트남 밀림에 뿌려지는 고엽제

더위에 지친 군인들은 비처럼 뿌려지는 고엽제를
반갑게 맞았다. 그러나 그 후유증에 따른 고통은
세대를 거쳐 이어져오고 있다. 이들에 대한 국가
의 보상은 정말 신경을 써야 할 문제다.

때문에 국가가 나서서 보상을 해주어야 합니다. 국가는 그 부분에 대해
무한 책임을 져야 합니다. 그런데 참전 군인들의 이야기를 들어보면 국
가가 해준 것이 거의 없습니다. 물론 돈을 조금 받은 사람도 있습니다.
하지만 사회적으로, 정치적으로 참전 군인에게 신경 써야 할 것들이 여
전히 많습니다.

　다른 한편으로는 우리가 강소국으로서 외교를 펼칠 때는 베트남과
의 관계도 잘 풀어나가야 합니다. 또한 우리 스스로 베트남전을 어떻게

7장 베트남전쟁 199

인식하고 기억할 것인가도 정말 중요합니다. 사실 우리가 기억하는 베트남전쟁은 역사 속의 전쟁도 아닙니다. 베트남전쟁은 지금까지 영향을 미치고 있습니다. 2003년 우리가 이라크에 파병한 적이 있습니다. 그때 반전운동과 함께 이라크 파병을 반대하는 움직임이 있었습니다. 결과적으로 한국정부는 이라크에 한국군을 파병했죠. 그런데 그때 흥미로운 사건이 있었습니다. 한국정부는 2003년 9~10월경 이라크 파병과 관련해 몇 차례 여론조사를 했습니다. 첫 번째 여론조사에서 '파병하면 안 된다'는 의견이 50퍼센트 이상 나왔습니다. 한 달쯤 지난 10월에 실시한 여론조사에서는 '파병을 해야 한다'는 의견이 50퍼센트 이상 나왔습니다. 도대체 한 달 사이에 무슨 변화가 있었기에 이런 결과가 나왔을까요? 그 시기에 유엔이 이라크에 대한 결의안을 내고 일본이 자위대 파견을 결정한 것이 여론을 파병 반대에서 파병 찬성으로 바꾸는 데 일정 정도 영향을 미친 것 같았습니다. 하지만 그것보다 더 중요한 것이 있습니다.

그 시기에 국회에서 베트남전쟁 특수에 대한 논쟁이 있었습니다. 국회의원들이 파병 논쟁을 하는 과정에서 한쪽에서는 '베트남전쟁으로 굉장히 많은 이득을 얻었는데 이라크에 안 가면 어떡하느냐' 하는 이야기를 했습니다. 즉 전쟁특수를 얻어야 한다고 주장한 거죠. 다른 한쪽에서는 '고엽제 피해를 비롯해서 수많은 국군 장병이 죽었고 우리의 안보도 악화되지 않았느냐'라고 하면서 파병을 반대했습니다. 결론은 알다시피 이라크에 가야 한다고 나왔습니다. 기저에 깔린 생각은 '우리가 베트남전쟁에서 희생한 것 이상을 벌었다'는 것입니다. 이라크에 가면 전쟁특수가 있는 것이 아니냐는 거죠.

아프가니스탄에 재파병할 때는 또다른 상황이 연출되었습니다. 모든 신문들이 재파병에 반대하면서 "뭘 얻을 게 있느냐."라는 헤드라인을 뽑았습니다. 그런데 파병의 목적은 다른 나라에 군대를 보내서 평화체제 수립에 이바지하고, 그 나라의 재건에 참여하고, 정말 순수하게 전쟁 피해를 입은 사람들을 도와주는 것이면 족합니다. 그것이 바로 국가의 소프트파워이고 우리의 브랜드죠. 한국이라는 나라는 정말 어려운 국가를 도와준다는 인식을 심어주는 것입니다. 그런데 우리의 심성은 '우리가 뭘 얻을 게 있느냐'에 머물러 있습니다. 아프가니스탄에서 우리가 뭘 얻겠습니까? 우리가 그 사람들을 도와도 모자란데 말이죠. 베트남전쟁의 기억이 지금의 현실 정치, 현실 외교정치에도 동일하게 작동하고 있는 것입니다. 베트남전쟁은 한편으로는 역사이기 때문에 사실을 정확하게 파악하는 것이 중요합니다. 또다른 한편으로는 현실에서 올바른 인식을 가지고 올바른 외교정책과 정치를 해나가기 위해서도 베트남전쟁을 제대로 이해하는 것이 중요합니다.

그럼 '이런 과거사 문제들을 어떻게 해결할 것인가'라는 질문이 남습니다. 가장 먼저 정부가 나서서 풀어야 합니다. 정치적인 문제이고, 군사적인 문제이기 때문입니다. 다른 한편으로는 기업과 사회가 나서야 합니다. 2014년 현재 베트남의 삼성전자 공장이 베트남 전체 수출에서 차지하는 비중이 17퍼센트나 된다고 합니다. 또한 2015년 2월 현재 삼성전자가 공장을 증축하면서 일주일에 2,400명을 신규 채용한다고도 합니다. 또한 한국의 전문가들이 설립한 사회적 기업 '야맙'이 매년 평화를 위한 행사를 개최하고 있습니다. 이러한 기업과 사회의 역할이 과거의 아픔을 치유하는 중요한 기제가 될 수 있습니다. 그리고 한국사회

내부에서 정치적이고 비생산적인 논쟁을 자제해야 되겠죠.

마지막으로 가장 중요한 문제는 민간인 학살 문제를 해결하는 것입니다. 한국과 일본 사이에 위안부와 징용이라는 과거사가 있다면, 한국과 베트남 사이에는 민간인 학살이라는 과거사가 있습니다. 한국사회가 일본정부에 진정한 사과와 보상을 요구한다면, 한국사회 역시 베트남에 대해 과거사 문제를 해결해주어야 합니다. 일본이 진심으로 사과할 때까지 사과해야 한다고 주장한다면, 한국도 베트남에게 진심으로 사과해야 합니다. 우리의 문제를 해결하지 않고 남의 문제를 지적한다면, 그것은 누워서 침 뱉기입니다.

물론 베트남전쟁에서 민간인과 베트콩을 구분하기 힘들었다는 한국군의 주장을 거짓이라고 생각하지는 않습니다. 게릴라 전쟁이었기 때문에 분명 그러한 어려움이 있었을 것입니다. 그러나 이 과정에서 민간인들이 죽은 것은 분명한 사실이고, 여기에 대해서 사과해야 합니다. 한국군은 정부에 의해 동원된 것이기 때문에 우선 정부가 사과해야 합니다. 한국정부가 진심으로 사과함으로써 동원된 군인들을 가해자가 아닌 피해자로 만들어주어야 합니다. 그리고 나서 한국과 베트남은 과거를 넘어서 동반자로 나아가야 하고, 일본에 대해서도 진심어린 사과를 요구해야 합니다.

역사는 언제나 현재진행형입니다. 그렇기에 현재를 살아가는 우리는 역사를 아름답게 만들기 위해 노력해야 합니다. 베트남전쟁 문제를 해결하는 과정이 앞으로의 발전적인 관계를 만들어갈 소중한 기회라는 인식의 전환이 필요한 때입니다.

8

경제성장:
신화를 넘어서

한국의 경제성장에는 두 가지 신화가
동시에 존재하고 있다.
"경제성장 과정에서 독재는 불가피했다."
"오늘날의 모든 경제 문제는 박정희 탓이다."
경제성장은 대한민국의 국가 브랜드이다.
그러나 동시에 1997년 이전에도
몇 차례의 경제위기가 있었다.
성장과 위기를 어떻게 이해해야 할까?

한국의
국가 브랜드

　　　　　제3세계나 개발도상국 중에 우리처럼 급속한 경제 성장을 이루면서 동시에 민주화를 달성한 나라는 많지 않습니다. 경제 성장은 한국의 국가 브랜드라고 할 만큼 중요한 부분이기 때문에 이것에 대해 이의를 제기하는 사람은 없습니다. 한마디로 논란이 될 만한 문제가 아닌 거죠. 그러나 중요한 점은 우리가 한국의 경제성장을 제대로 이해하고 있느냐 하는 것입니다. 아마 '한강의 기적'만 알고 그 속사정은 상세하게 알지 못할 것입니다. 그래서 이 장에서는 대한민국 경제성장의 숨은 이야기를 파헤쳐볼까 합니다.

　먼저 우리 경제에 대해 외국인들은 어떻게 생각할까요? 제3세계와 개발도상국의 전문가를 교육할 때의 에피소드입니다. 우리나라는 OECD 국가로 제3세계나 개발도상국에 원조를 하고 있습니다. 기술원조 차원에서 이들 국가의 전문가나 관료에게 교육을 실시하는 거죠. 우리의 경험을 전하면서 잘사는 국가를 캐치업catch up 하기 위해서는 어떤 방식이 좋은지 등에 대해 이야기를 하는 것입니다.

한국에서 교육받은 개발도상국의 전문가들을 만나서 이야기를 하다 보면 경제성장에 대해서는 한국이 잘못한 것이 없고 너무나 잘한 것만 있기 때문에 한국을 그대로 따라 하면 된다는 강의를 듣는다고 합니다. 그러면서 그들은 흥미로운 질문을 던집니다. '그런데 그렇게 잘해왔는데 왜 1997년에 외환위기를 맞았느냐'는 것입니다. 우리가 교육하는 것처럼 그렇게 잘해왔으면 외환위기를 맞지 않았어야 하는 것이 아니냐는 지적입니다. 그래서 내부의 문제도 있지만 세계경제도 문제가 있었다는 답을 했습니다. 외환위기 당시인 1997년에 홍콩이 중국에 반환되면서 많은 화교 자본이 아시아를 떠났고, 인도네시아와 태국에서 외환위기가 시작되었기 때문에 우리만의 문제가 아니라고 한 거죠. 그랬더니 그분들이 또 질문을 했습니다. '타이완과 일본도 똑같이 경제위기를 맞았느냐'라는 거죠. 그런데 우리는 외환위기를 맞았지만 타이완과 일본은 끄떡없었습니다. 도대체 이유가 뭘까요?

앞서 이야기한 것처럼 우리가 경제성장과 민주화를 브랜드로 가지고 있다는 것은 부인할 수 없는 사실입니다. 그렇다고 해서 결과가 잘되었으니까 모든 과정이 잘되었다는 얘기만 한다면, 경제성장 과정을 되짚어볼 필요가 없습니다. 우리가 경제성장 과정을 되짚어봐야 하는 이유는 어떻게 성공했는지뿐만 아니라 그 과정에서 어떤 비용을 치러야 했는지를 살펴봄으로써 교훈을 얻고 성찰하는 것이 중요하기 때문입니다. 이건 우리에게도 중요합니다. 왜냐하면 앞으로 그런 위기를 피하거나 최소화하기 위해서입니다.

개발도상국의 관료나 전문가들에게 우리가 잘한 부분만을 이야기하는 것도 물론 의미가 있습니다. 그들은 일정 모델을 좇아가야 하는 입장이니까요. 그런데 1960~80년대 한국 상황과 지금의 개발도상국 상황은 완전히 다릅니다. 한국이 급속한 경제성장을 이룩하던 시기는 냉전체제의 시대였습니다. 지금처럼 세계무역기구WTO나 자유무역협정FTA이 없었습니다. 그 당시에는 '관세와 무역에 관한 일반협정'GATT이라는 또 다른 무역체제가 있었습니다. GATT는 냉전체제 하에서 개발도상국에 일정한 예외조항을 두었습니다. 특히 한국처럼 냉전의 최전선에 있는 나라들에는 혜택을 많이 주었죠. WTO나 FTA에는 그런 것이 없습니다. WTO나 FTA는 예외조항이 거의 없이 시장중심주의적인 논리로 움직이기 때문에 지금의 저개발 국가들 또는 개발도상국들이 GATT 시대의 논리에 따른 우리의 경험을 그대로 적용할 수는 없습니다. 그렇기에 우선 한국의 경험에서 무엇을 취사선택할 것인지를 그들 스스로 알게 해야 합니다.

다음으로 우리가 경제성장 과정에서 치러야 했던 비용을 정확히 알려줘야 합니다. 즉 이 과정에서 어떻게 하면 비용을 치르지 않을 것인가, 어떻게 하면 비용을 최소화할 것인가를 알려줘야 하는 거죠. 그런데 현재는 이런 일이 제대로 이루어지지 않고 있습니다. 우리 스스로가 우리의 경제성장을 객관적으로 보지 못하기 때문입니다. 성찰을 통해서 앞으로는 쓸데없는 비용을 치르지 않게 하려는 것이 바로 인간이 역사를 공부하는 이유 아닙니까? 그렇지 않다면 인간이 아니라 동물이죠.

사실 외환·경제위기가 1997년에만 있었던 것은 아닙니다. 1960년대 말, 1980년대 초에도 외환·경제위기가 있었습니다. 외환·경제위기가 지나고 나서 위기를 잊어버렸을 뿐입니다. 사실 그런 위기가 있었으면 왜 위기가 왔고, 어떻게 위기를 극복했는지를 철저히 분석해서 우리 경제의 체질을 바꿔야 했습니다. 그러지 않았기 때문에 1997년에 또 한번 금융위기가 왔던 것입니다.

다행히 2008년의 경제위기는 다른 나라에 비해 우리에게 그 충격파가 작았습니다. 2008년에는 우리의 경제 체질이 바뀌었기 때문입니다. 내부의 구조가 아니라 외부가 바뀐 거죠. 1997년만 하더라도 한국의 최대 교역국이 미국과 일본이었습니다. 2008년이 되면 최대 교역국이 중국이 됩니다. 1997년에는 한국이 한쪽에 과도하게 발을 담그는 바람에 한쪽이 흔들리면 함께 흔들렸습니다. 하지만 2008년에는 양쪽에 발을 담그고 있었기 때문에 한쪽이 흔들려도 버틸 수 있었습니다. 사실 중국 경제도 그리 안정적이지는 않지만 2008년 경제위기는 미국발이었기 때문에 중국이 상대적으로 안정적이었던 거죠.

우리는 수출주도형 경제정책을 취해왔기 때문에 해외무역에 대한 의존도가 굉장히 높습니다. 아무리 잘사는 나라라도 무역의존도는 대부분 20퍼센트 이하이고 내수시장이 차지하는 비중이 큽니다. 우리의 경우는 무역의존도가 60퍼센트 이상입니다. 즉 우리 경제는 해외 경제와 아주 밀접하게 연관되어 있기 때문에 해외 경제가 흔들릴 때마다 많이 흔들리게 됩니다. 그렇기에 더더욱 이전의 경험들을 통해 해외의존도가 높은 우리 경제가 어떻게 하면 해외의 경제위기에 영향을 적게 받을지를 고민해야 합니다.

우선 우리의 경제성장 과정을 제대로 이해할 필요가 있습니다. 그런데 한국의 경제성장에 대해 교과서는 이분법적으로 서술하는 경향이 있습니다. 아주 단순합니다. '독재는 부정적이고 경제성장은 긍정적이었지만 경제성장 과정에서 독재는 불가피했다'라는 식으로 서술하는 거죠. 다른 한편으로는 '경제성장은 우리의 빛나는 성과다. 그러나 급속한 경제성장 탓에 빈부 격차가 커졌고 경제구조 자체도 튼튼해지지 않았다'라는 식으로 명과 암으로 나눠서 설명하기도 합니다. 그러면서 긍정과 부정을 함께 보기 때문에 혹은 명과 암을 함께 살피기 때문에 객관적인 서술이라고 주장하고 있습니다.

그런데 긍정적 측면과 부정적 측면, 명과 암을 따로따로가 아니라 하나로 이해해야 합니다. 서로 같이 이해해야 우리 경제사를 제대로 보고 역사에서 교훈을 얻을 수 있습니다. 즉 통합적으로 봐야 하고, 동시에 과정으로 봐야 합니다. 모든 일에는 동전처럼 양면을 갖고 있습니다. 그리고 우리 경제사를 대한민국 정부 수립부터 최근까지 연속적으로 바라보면서 각 국면마다 어떠한 일들이 있었는지를 꼼꼼히 살펴야 합니다. 물론 자료가 아직 다 공개되지 않았고, 앞으로 우리가 더 분석해야 할 이슈도 많지만 말입니다.

예컨대 이승만 정부 시기에는 환율 문제가 가장 중요했습니다. 환율 문제는 한미관계와도 관련이 되고 경제정책과도 관련이 있습니다. 박정희 정부 시기는 경제개발계획이 중요하겠죠. 박정희 정부 하면 대부분 1972년의 유신만 이야기하지만 1972년의 또다른 사건인 8·3조치에 대한 이해가 당시뿐만 아니라 현재를 이해하기 위해 중요합니다. 그다음에 1970년대 말에 있었던 경제위기와 부채위기, 1980년대에 있었던 3저 호황을 잘 들여다보면 한국경제의 맥락과 성과 그리고 비용 같은 부분들이 한눈에 들어올 것입니다.

—

이승만과
환율

        그럼 한국경제의 맥락을 알기 위해 이승만 정부 시기부터 살펴보겠습니다. 일반적으로 이승만 정부 시기에는 경제적인 쟁점이 거의 없는 것으로 알려져 있습니다. 교과서도 그렇고 많은 사람들이 일반적으로 1950년대는 암흑의 시기라고 보고 있습니다. 전쟁 직후 경제적으로 많이 파괴되었고, 정치적으로도 민주주의가 제대로 작동하지 않았던 탓입니다. 그럼에도 1950년대의 경제를 살펴보는 것은 1960년대 이후의 경제 상황을 파악하기 위해서입니다.

1950년대에도 당연히 경제적 쟁점이 있었습니다. 그중 핵심적인 것이 환율 문제입니다. 환율을 어떻게 하느냐에 따라 산업정책이 수출주도형으로 가느냐, 수입대체형으로 가느냐가 결정됩니다. 오늘날 일본의 아베노믹스 문제, 환율을 둘러싼 중국과 미국 사이의 갈등도 같은 맥락에서 이해할 수 있습니다. 1950년대 문제에서 특이한 점은 환율이 수출주도형 혹은 수입대체형 같은 산업정책의 방향 설정이 아니라 원조 문제와 관련이 있었다는 것입니다. 이 부분에 대해서는 이미 5장에서 이승만 정부의 대미관계를 다루면서 상세하게 얘기했기 때문에 여기서는 자세히 다루지 않겠습니다. 단지 원조경제와 관련해서 더 많은 원조를 받기 위해 저환율정책을 썼다는 점과, 원조 물품이 들어오면서 삼백산업이 발전했다는 점을 지적하고 싶습니다.

삼백산업이란 세 가지의 하얀색 산업을 말합니다. 설탕, 밀가루, 면화가 바로 그것이죠. 삼백산업이 발전하면서 과잉투자가 이루어지기도 합니다. 또 나중에는 미국으로부터 값싸게 원조를 받아 가격을 낮춘 한국산 면제품이 다시 미국에 수출되면서 미국의 면방직업체들을 위협한다는 비판도 나오게 되죠.

4·19혁명 이후 삼백산업 문제가 다시 한번 미국정부와 한국정부 사이에 쟁점이 되었습니다. 장면 정부는 들어서자마자 야심차게 경제제일주의를 내세웠습니다. 장면 정부는 국민의 최대 관심사가 무엇인지를 알고 있었던 것입니다. 정치적으로 민주주의가 중요하지만 대다수 사람들은 전후 경제복구가 급선무라고 생각했습니다. 한국 같은 제3세계 국가들 대부분이 식민지를 경험했기 때문에 정치적인 해방뿐만 아니라 경제적 자립도 중요하다는 사회적 공감대를 형성하고 있었습니다. 미국에도 이와 비슷한 사례가 있었습니다. 1992~93년에 아버지 부시George Bush 대통령과 클린턴이 선거를 치러 클린턴 대통령이 승리했습니다. 이때 클린턴 대통령은 "바보야! 문제는 경제야.It's the economy, stupid." 라는 유명한 선거 구호를 만들었습니다. 사실은 경제적인 문제가 가장 중요한데, 국내정치나 국제정치 같은 것을 물고 늘어지면 패배할 수밖에 없다는 거죠. 장면 정부는 핵심을 봤습니다. '국민들을 잘살게 해줘야 한다.' 장면 정부는 경제제일주의를 내세우며 경제개발계획도 만들고 일본과 수교도 맺어서 경제성장을 이루겠다고 발표했습니다.

장면 정부가 경제개발계획을 세울 때 미국정부가 한국정부에 요구한 것이 있었습니다. 어차피 한국정부가 경제개발계획을 실행하려면 돈이 필요합니다. 돈이 없으면 투자할 수가 없으니까요. 경제개발계획이라

한미원조 1,500만 달러 조인식

1955년 유완창 부흥부장관이 주한미국 대사 엘리스 브리
그스와 서명한 문서를 주고받으며 밝게 웃고 있다. 미국
의 원조에 힘입어 국내에는 삼백산업이 발전했다.

는 것은 전략적인 부분에 돈을 투자하는 것이지만 당시에 한국에는 돈
이 없었습니다. 그때 미국정부가 한국정부를 도와주겠다고 합니다. 다
만 거기에 조건을 달았습니다. 딜론 각서로 알려져 있는 내용입니다. 당
시 국무부장관 대리였던 딜론C. D. Dillon은 한국정부에 편지를 보냈습니
다. 그 편지에는 이런저런 조건을 맞춰주면 미국이 경제개발계획에 필
요한 자금 조달을 지원하겠다는 내용이 담겨 있었습니다. 그리고 1961
년 2월까지 시한을 줍니다. 그러니까 1960년 4·19혁명이 나고 7월 29일
에 총선거가 치러진 다음 출범한 장면 정부가 그다음 해 2월까지 경제
조정 국면에 들어가게 되는 것입니다.

　미국이 요구한 내용을 보면 공무원의 임금 인상이나 공공요금 인상

등도 있습니다만 제일 핵심적인 것은 환율 문제입니다. 공공요금 인상은 정부의 적자를 줄이기 위한 것이었습니다. 한국정부의 재정적자가 커지면 그만큼 미국이 원조를 많이 해야 하니까 미국에 재정적 부담이 되는 거죠. 공무원의 임금 인상은 부패를 없애기 위한 것이었습니다. 공무원들은 임금이 낮으면 부패를 통해 더 많은 돈을 벌려고 하기 때문입니다. 더 중요한 것은 환율 현실화였습니다. 그런데 문제는 환율이 인상되면 물가가 올라가고, 이로 인해 인플레이션이 생긴다는 거죠. 사실 그렇게 되면 한국사회는 타격을 입습니다. 그렇더라도 일단 장면 정부는 이 문제를 해결합니다. 박정희 정부가 들어서서 미국과 우리나라가 환율 문제에 어느 정도 합의를 이루었다고 알려져 있지만 사실은 장면 정부에서 환율이 현실화되었습니다. 그리고 박정희 정부 때 다시 한번 환율 문제가 정상화되는 거죠. 어떻든 이렇게 환율을 둘러싼 미국정부와의 갈등은 어느 정도 마무리되었습니다. 그리고 본격적으로 경제개발계획을 입안하기 시작하는 거죠.

경제개발계획은 원래 1950년대 부흥부라는 기관에서 만들었습니다. 장면 정부가 부흥부를 건설부로 바꾸고 이 건설부에서 1961년 4월 말~5월 초에 경제개발계획을 만들었습니다. 사실 이 안도 원래는 이승만 정부의 부흥부에서 만들었던 산업개발3개년계획에 바탕을 두고 있습니다. 그런데 산업개발3개년계획은 발표만 하고 실행하지는 못합니다. 4·19혁명이 일어났기 때문입니다. 나중에 그것을 발전시킨 것이 민주당 정부 시기에 건설부가 입안한 경제개발5개년계획입니다. 건설부의 관리들은 4월 말~5월 초에 이 안을 완성하고 나서 미국으로 건너갔습니다.

그런데 경제개발계획만 가져가면 곧바로 돈을 주는 것이 아닙니다. 1960년대에는 미국의 원조 방식이 바뀝니다. 1950년대에는 물자를 원조로 주었는데, 모두 공짜였죠. 그랬더니 개발도상국에서 스스로 산업을 발전시키고자 하는 인센티브가 생기지 않았다는 거예요. 또한 물자는 구호사업에 다 사용되기 때문에 산업을 발전시키기 위한 시너지 효과가 나지도 않았죠. 게다가 1950년대의 원조는 1년 단위로 실행되었기 때문에 장기간의 계획을 세우는 것은 더더욱 어려웠죠. 그래서 계획을 입안해서 가져오면 심사를 통해 차관을 주겠다는 정책으로 바뀌게 된 것입니다. 실현가능성이 있는 계획을 만들어 오라는 것이었죠. 1950년대에 물품을 주다가 1960년대에 돈을 주면서 조건이 좀더 까다로워졌습니다. 또 돈을 주는 대신에 갚으라는 요구도 했습니다. 물론 거의 이자가 없거나 굉장히 저리라는 것을 강조했습니다. 5년 거치, 10년 거치, 즉 5년이나 10년 동안 안 갚아도 된다는 조건을 제시하기도 했습니다.

—

경제제일주의를 내건
군사정부

미국으로 건너간 장면 정부의 관리들이 '우리는 계획을 가져왔으니까 이것에 맞춰서 원조를 주었으면 좋겠다'는 이야기를 하며 미국과 협상을 벌이는 동안 한국에서 5·16쿠데타가 발생했습니다. 만약 5·16쿠데타가 일어나지 않았다면 장면 정부가 처음으로 경제개발계획을 실행하는 정부가 되었을 수도 있습니다. 쿠데타가 일어나고 나서 미국에 갔던 관리들 중 일부는 돌아오고 일부는 남았습니다.

쿠데타가 정상적인 상황은 아니라서 이후에 어떻게 될지 모르니까요. 어쨌든 그런 상황에서 결국 차관 문제는 해결되지 못했습니다.

쿠데타를 통해 들어선 군사정부는 장면 정부의 경제제일주의를 그대로 계승했습니다. 4·19혁명정신 계승을 전면에 내세우고 경제제일주의를 뒤이어 내걸었습니다. 사실 경제제일주의는 장면 정부의 정책을 그대로 받은 것이지만 군사정부는 이전 정권의 정책을 계승했다고 말할 수가 없었습니다. 그렇게 얘기하면 민주당 정부의 정책을 계승하는 것이 되고, 그렇다면 민주당 정부를 굳이 무너뜨릴 필요가 없는 것이니까요. 쿠데타를 하고 새로 정부를 세웠으면 이전 정부와의 차별성을 보여줘야 합니다. 그래서 경제제일주의를 내세우면서도 이전 정부와는 다르다고 주장했습니다. 그러면서도 이전 정부의 계획을 바탕으로 해서 계획을 추진하기 시작했습니다. 군사정부 하에서는 건설부 대신에 경제기획원이라는 것을 만듭니다.

경제기획원은 대단히 중요한 기관입니다. 보통 경제개발계획을 하는 국가들에는 경제개발계획을 입안하고 주도하는 기관이 필요합니다. 그것을 파일럿 인스티튜트pilot institute라고 합니다. 이런 기관이 왜 필요한지 알아볼까요? 한 국가 내에는 여러 개의 경제 부처들이 있습니다. 일반적으로 재무부, 농림부, 해양수산부, 산업자원부 등 여러 가지 부처가 있고 각 부처마다 이해관계가 다릅니다. 일단 재무부에 제일 중요한 것은 안정입니다. 정부가 돈을 투자하면 인플레이션이 발생합니다. 재무부는 그걸 막아야 하고, 이를 위해서는 통화량을 줄이기 위해 노력해야 합니다. 농림부나 상공부 그리고 산업자원부는 해당 산업의 발전을 위해서 통화량을 늘리고 정부가 투자하기를 원하죠. 인플레이션이 나타

국토개발사업 착수 기념식에 참석한 윤보선과 장면
군사정부는 장면 정부의 경제제일주의를 그대로 계승했
다. 1961년 3월 1일의 이 기념식 장면도 대통령만 바뀐 채
1960~70년대 내내 볼 수 있는 장면이다.

나더라도 말입니다. 이런 상황에서 재무부와 여타 부처 관리들 사이에
의견 충돌이 발생할 수 있죠. 국가적으로 경제개발계획을 하려면 상위
부처에서 그것들을 조정해줘야 합니다. 계획을 입안하고 조정해줘야
한다는 뜻입니다. 이승만 정부와 장면 정부의 부흥부나 건설부는 다른
부처들과 동급의 기관이었습니다. 어떤 정책을 조정하기 위해서는 상
위 기관이 필요한데, 동급의 기관이 다른 기관들 사이의 이견을 조정하
는 것은 불가능했죠. 바로 이 점이 군사정부 이전 정부에서 경제개발계
획을 만들고도 제대로 추진하지 못했던 중요한 원인 중 하나입니다.
　군사정부가 기존의 틀을 깨고 획기적으로 만든 것이 경제기획원입니

다. 물론 이런 기관을 만들어야 한다는 논의는 1950년대부터 있었습니다. 또 일본이 태평양전쟁 시기에 내각 직속으로 설치했던 기획원을 벤치마킹했다는 주장도 있습니다. 그러나 다른 부처보다 상위에 있는 기관을 과감하게 만들었다는 사실은 높이 평가할 수 있습니다. 군사정부는 경제기획원 장관을 부총리 급으로 격상시킵니다. 대통령 아래 총리가 있고 총리 아래 부총리가 있습니다. 경제기획원장이 부총리로서 각 부처 장관들의 상위에 위치하게 되는 것입니다. 그 위치에서 부처 간의 문제를 조정하고, 경제개발계획을 입안·실행·총괄하는 기관을 만든 것입니다. 그 경제기획원에서 민주당 정부의 경제개발계획안을 받아 수정한 후에 다시 경제개발계획안을 제출하게 됩니다. 첫 번째 경제개발계획안이 발표되고 실행된 것이 1962년 초입니다.

그런데 내용 자체가 민주당 정부의 것을 그대로 가져온 것이냐 하는 문제가 남습니다. 왜냐하면 민주당 정부가 5·16쿠데타로 몰락하고 그 다음 해에 경제개발계획안이 나오기까지 7개월밖에 걸리지 않았습니다. 7개월이라는 기간 안에 어떤 계획을 총체적으로 만든다는 것은 쉬운 일이 아닙니다. 그렇기에 민주당 정부의 안을 그대로 가져온 것이 아닌가 하는 의혹이 제기되는 거죠. 당시의 문서들을 보면 그대로 가져가지는 않은 것 같습니다. 계획을 마지막으로 수정하는 과정에서 당시 박정희 국가재건최고회의 의장이 깊숙이 개입한 정황도 보입니다. 그런데 이것이 박정희 의장 개인의 생각이었는지, 아니면 박정희 의장에게 경제적인 자문을 하던 사람들의 생각이었는지는 분명하지 않습니다. 박정희 의장의 생각과 자문위원의 생각이 다 결합되었겠지만 그것을 통해서 경제개발계획안이 나옵니다.

이때 경제개발계획안에서 눈여겨볼 것이 한 가지 있습니다. 대다수 사람들이 박정희 정부의 경제정책은 수출주도형, 즉 수출을 주도하는 산업을 발전시킴으로써 경제성장을 이끄는 정책으로 알고 있습니다. 수출주도형의 경우 수입대체형과는 다른 환율정책을 써야 합니다. 수입대체형은 외부로부터의 수입을 줄이기 위해서 수입하는 물품을 국내에서 생산할 수 있는 시설을 만드는 정책이기 때문에 수입이 매우 중요한 고리가 됩니다. 수출을 촉진하기 위해서는 고환율, 유리한 조건으로 수입을 하기 위해서는 저환율 정책을 써야 하기 때문에 양자 사이에서 차이가 나타나는 거죠. 아울러 또 하나 중요한 점은 수출주도형이든, 수입대체형이든 그 시작은 무역수지 적자를 막기 위해 시작되었다는 사실입니다. 수출을 늘리거나 수입을 줄이는 방식으로 무역수지의 균형을 맞추려고 한 것이죠. 당시 한국을 포함한 개발도상국들은 대부분 이 두 가지 정책 중 하나를 선택해서 국가 재정의 건전성을 확보하려고 했습니다. 박정희 정부가 시작했던 수출주도형 정책도 처음에는 무역수지 적자를 막겠다는 소박한 목표에서 시작되었습니다.

수출주도형 정책을 이해하는 데 있어서 또 하나 중요한 점이 산업화를 위해 어느 정도 규모로 공장을 지어야 하는가입니다. 수출주도형이라면 공장의 규모가 커야 합니다. 내수시장만 보는 것과 해외시장을 염두에 두는 것에 따라 공장의 규모가 달라지는 탓입니다. 그런데 박정희 의장을 비롯한 군사정부 관계자들이 처음에 생각했던 것은 수출주도형이 아니라 수입대체형이었습니다. 당시에는 사실 수출주도형이라는 정책 자체가 존재하지 않았습니다. 초기의 경제개발계획을 이해하기 위해서는 이 부분을 알아야 합니다. 그리고 그러한 내용은 1950년대 이승만 정부의 3개년계획, 장면 정부의 5개년계획과 큰 틀에서 그 맥을 같이 합니다.

박정희 정부의 경제개발계획이 수출주도보다 수입대체적 성향을 띠었다는 점이 의외의 사실일 수도 있습니다. 하지만 그 당시 제3세계나 개발도상국 경제정책에서는 일반적인 것이었습니다. 당시는 개발도상국들이 해방된 지 얼마 안 되었을 때입니다. 식민지에서 해방된 국가들은 자립 경제를 이루고 싶다는 생각을 했습니다. 수출주도형의 경우 일부 수출을 위한 품목만 강조하게 되니까 경제가 불균형하게 됩니다. 수출로 벌어들인 돈으로 나머지는 수입을 해야 하는 거죠. 당시 모든 국가들이 원했던 것은 균형 성장입니다. 균형적으로 성장해서 균형적으로 발전함으로써 경제적으로 잘사는 나라들, 즉 선진국에 종속되지 않겠다는 생각이 컸습니다. 그러자면 수입대체를 지향할 수밖에 없는 거죠.

박정희 의장도 비슷한 생각이었습니다. 박정희 의장뿐만 아니라 당시 군사정부 관계자들이나 경제학자들도 대부분 그 생각을 갖고 있었습니다. 경제개발계획을 실행하기 위해서 우선 1962년 6월에 통화개혁을 합니다. 1953년 통화개혁 때는 원화를 환화로 바꾸었다가 1962년 통화개혁 때는 환화를 다시 원화로 바꾸었습니다.

1953년의 통화개혁은 환율을 맞추기 위한 것이었습니다. 유엔군에게 빌려줬던 대여금을 더 많이 돌려받기 위해서는 환율이 낮아져야 했기 때문이죠. 유엔군이 한국에서 전쟁을 하기 위해서는 한국 돈이 필요했기 때문에 한국정부가 한국 돈을 유엔군에게 빌려주었습니다. 유엔군이 작전을 하다보면 이것저것 필요한 돈이 있습니다. 달러를 낼 수는 없으니까요. 이것이 바로 유엔대여금이죠. 원조를 많이 받기 위해서는 환율을 낮춰야 했다는 점은 이미 여러 차례 지적했습니다. 유엔대여금의 경우에도 환율을 낮추면 더 많이 돌려받을 수 있는 거죠. 100만 원을 빌려주었다고 가정해봅시다. 환율이 500원 대 1달러이면 2,000달러를 받을 수 있죠. 그런데 1,000원 대 1달러면 1,000달러밖에 못 받습니다. 그래서 유엔대여금을 돌려받을 때도 환율이 낮아야 했습니다. 그러나 한국전쟁 시기에 인플레이션이 워낙 심했기 때문에 통화개혁을 하지 않았다면 낮은 환율을 맞추는 것이 어려웠던 거죠. 한국전쟁이 3년간 계속되는 동안 통화가치가 큰 폭으로 하락했기 때문에 적정 환율을 맞추기조차도 힘들었던 겁니다.

1962년의 통화개혁은 그것과 다르게 국내 자본축적의 의미가 있습니다. 통화개혁을 하게 되면 모든 사람이 은행에 가서 돈을 바꿔야 합니다. 즉 예전 통화 단위를 새로운 통화 단위로 바꿔야 합니다. 은행에 예금된 돈도 새로운 통화 단위로 바꿔줘야 하지요. 그런데 군사정부는 통화개혁을 하면서 모든 은행의 계좌들을 막아버렸습니다. 출금하지 못하게 만든 거죠. 이렇게 되면 사람들이 출금하지 못하는 대신에 정부는 은행의 돈으로 기업이나 산업 관련 기관에 대출해줄 수 있게 됩니다. 군사정부가 모든 은행을 통제하고 있는 상황이었기 때문에 그만큼 정부가 사용할 수 있는 자본이 많아진 거죠.

우리나라가 통화개혁을 실시하자 미국정부가 한국정부에 압력을 가하기 시작했습니다. 미국정부는 이런 개혁은 공산주의국가나 사회주의국가에서 하는 거라고 비난했습니다. '어떻게 정부가 기업이 필요로 하는 지금을 막아버리고 그 돈을 정부 투자금으로 쓸 수 있느냐'는 거였죠. 그러면서 미국정부와의 갈등이 극도로 심해집니다. 미국정부는 통화개혁 이후 봉쇄된 계좌를 풀어주지 않으면 한국에 대한 원조를 재검토하겠다는 압력을 넣습니다. 결국 한 달 만에 군사정부는 봉쇄된 계좌를 풀어줍니다. 어떻게 보면 미국의 압력에 항복한 거죠. 결국은 통화개혁을 통해서 국내 자본을 축적하겠다는 군사정부의 계획이 실패한 것입니다.

또 하나 미국정부가 군사정부에 요구한 것은 노동집약적 경공업을 중심으로 수출을 많이 하라는 것이었습니다. 당시 무역수지에서 적자를 면하지 못하는 한국이 적자를 메꾸려면 수출이 필요하다는 논리를 내세우면서요. 사실은 무역수지 적자가 커지면 미국이 그만큼 더 많은 원조를 해야 하기 때문에 이런 권고를 했던 것입니다. 이 때문에 초기인 1963년에서 1964년으로 넘어갈 때 경제개발계획이 한 번 바뀌게 됩니다. 이렇게 되면서 수출을 강조하는 정책으로 바뀐 거죠. 이전의 경제개발계획과 다른 성격의 경제개발계획이 나온 거예요. 그래서 1964년부터 본격적으로 수출중심의 경제개발계획이 실행됩니다.

경제개발계획을 실행하게 되면 환율이나 세금 등 모든 부분에서 개혁이 있어야 합니다. 그래야만 수출을 주도하는 기업에게 혜택을 줌으로써 수출을 촉진할 수 있고, 수출품들도 낮은 가격으로서 경쟁력을 가질 수 있기 때문입니다. 그래서 1964년과 1965년에 경제정책과 관련한 개혁이 나타나게 됩니다. 그후 1967년 제2차 경제개발계획이 나오면서부터 수출주도형 경제개발계획으로 바뀌는 거죠. 이렇게 되니까 청와대에도 수출을 독려하는 기구가 생기고, 수출을 많이 하는 기업에 세금이나 대출 혜택을 주게 됩니다.

그렇다고 해서 한국의 수출주도형 경제정책이 미국에 의해서 만들어진 것은 아닙니다. 미국이 수출을 강조한 것은 무역수지와 정부의 재정 적자를 막기 위해서였지, 수출주도형 경제성장정책을 채택하라는 것은 아니었습니다. 한국정부가 채택한 정책은 경제구조 자체를 수출에 중점을 둘 수 있도록 맞추는 것이었습니다. 물론 이러한 정책이 1960년대부터 바로 시작된 것은 아니었습니다. 1960년대에는 수출을 증가시키기 위해 수출 기업에 혜택을 주는 방식의 정책이었습니다만, 베트남전 전쟁특수로 수출이 급증하면서 1970년대에 들어서는 본격적으로 수출에 중점을 두는 산업구조정책이 나타나게 된 거죠.

이런 상황에서 과잉경쟁이 일어나게 됩니다. 과잉경쟁의 이유는 차관이었습니다. 정부가 수출업체에 대해서는 차관을 들여올 수 있는 특혜를 줍니다. 차관을 들여오면 굉장한 이득이 되었습니다. 이율도 낮은데다 상환 조건도 좋았습니다. 몇 년 거치 몇 년 상환이라서 초기에 갚지 않고 나중에 나눠서 갚으면 됩니다. 일단 빌려오면 이익이 되었던 거죠. 또 하나 중요한 것은 저리, 즉 이자가 싸다는 점입니다. 1960년대 중반 한국의 은행 이자는 15~20퍼센트 이상이었습니다. 외국에서 저리의 돈을 가져와 한국의 은행에 넣어두면 그것 자체가 이익이 됩니다. 생산활동을 하지 않아도 말이죠. 차관을 가져온다는 것 자체가 큰 이익을 얻을 수 있는 기회였던 셈입니다. 나중에 청와대에서 조사한 결과 기업 중에는 차관을 들여와 생산활동을 하는 대신 은행에 넣어두고 이자놀이를 하는 기업들이 있었습니다.

수출을 주도하겠다고 나서는 업체에 대해서는 정부가 보증을 서고 차관을 들여오게 해주었습니다. 세계적인 금융기관이 보기에 한국의 기업들은 신용이 형편없었기 때문입니다. 정부의 지불 보증이 시작되

구분	차관액		차관목적			
연도	외화	(원화)	부채상환	운영자금	시설비용	물자구입
1966	5,000	14억 원	2,000	–	3,000	–
1967	21,262	60억 원	–	3,711	4,051	13,500
1968	14,494	41억 원	–	–	10,494	4,000
1969	167,616	469억 원	33,181	76,752	28,767	28,946
계	208,402	584억 원	35,181	80,463	46,312	46,446

연도별 현금차관의 도입 및 내역 (1969년 8월 30일 현재)

※ 출처: "현금차관의 문제점 및 대책", 1969년 9월 22일자, 대통령비서실: 재경: 대통령기록관, EA0000371.

자 많은 기업들이 수출을 명목으로 해서 차관을 들여올 수 있게 되었습니다. 1967년 제2차 경제개발계획이 시작되면서부터 본격적으로 수출주도형의 드라이브를 걸게 됩니다. 이때 수출입국輸出立國이라는 말이 나옵니다. '수출을 통해서 나라를 세운다'는 논리 속에서 기업들이 차관을 들여오고 정부가 지급보증을 하는 등 변화가 일어난 거죠. 통계를 보면 1967년부터 1969년 사이에 차관 액수가 급격하게 늘어납니다. 정부도 차관으로 수출 기업을 지원해주면서 경제가 잘 돌아간다고 봤습니다. 수출주도형으로 가야 한다고 판단한 거죠.

—

유신만큼
중요한 사건

　　　　　　1969년 수출주도형 정책에 브레이크가 걸렸습니다. 정부가 기업들을 조사해본 결과 건전한 기업은 하나도 없고 모두 부실했습니다. 자기자본 비율은 너무 낮고 부채비율은 엄청나게 높았습니다. 상환 능력을 넘어서는 많은 차관을 들여온 것이 오히려 화근이었습니다. 남의 돈으로만 사업을 했던 거죠. 기업이 열심히 하지 않아도 정부가 지급보증을 해주다보니 기업의 입장에서 차관을 받지 않을 이유가 없죠. 잘못해서 기업들이 무너지면 정부가 파산하게 생겼습니다. 청와대는 특별반을 꾸렸습니다. 당시 청와대 문서들을 보면 '차관에 대한 지급보증제도를 재정비하겠다, 부실기업들을 정비하겠다'라는 내용이 있습니다. 부실기업 정비를 위한 특별 기구가 경제부처가 아니라 대통령 직속으로 청와대에 꾸려질 정도로 한국경제에 위기가 닥친 것입니다.

사실 차관을 잘 쓰면 문제가 되지 않습니다. 기업들이 차관으로 기계를 들여 생산을 하고 수출을 해서 이익을 가져온다면 왜 문제가 되겠습니까? 그런데 당시 청와대의 조사 결과를 보면 차관을 들여온 많은 기업들이 부동산 투자를 했습니다. 어떤 기업들은 들여온 돈을 은행에 넣어두고 이자놀이를 하기도 했죠. 사주가 주식을 사기도 했습니다. 아시아자동차가 그 대표적인 경우입니다.

부동산은 가지고 있으면 자산이지만 팔지 않으면 돈이 되지 않습니다. 차관이나 대출을 통해 부동산을 구입했는데, 부동산에서는 바로 이득이 나오지 않습니다. 이득이 되지 않으면 채무를 갚을 수 없게 되고, 기업들은 채무를 갚기 위해 다시 돈을 빌려야 하는 상황이 되었습니다. 그런데 당시 은행은 기업들에게 대출을 충분히 해줄 수 있는 능력이 없었습니다. 그래서 기업들은 사채를 쓰기 시작했습니다.

이 지점에서 정부는 부실기업을 정리해야만 한국경제에 부담이 없다고 판단했습니다. 그래서 기업들의 부채와 부동산을 모두 조사하죠. 부동산을 팔아서 부채를 해결해야 한다는 원칙도 제시하고요. 청와대에서 시장논리에 따라 결정한 것입니다. 그런데 중간 협의 과정에서 방침이 바뀌었습니다. 즉 부실기업의 일부는 정리하지만 사채는 동결해서 기업들을 살리는 쪽으로 방침을 바꾸게 됩니다. 이것이 바로 1972년의 8·3조치입니다.

1972년 하면 많은 분들이 남북한의 7·4 공동성명과 유신체제만을 기억합니다. 세계사적으로는 닉슨이 베이징을 방문함으로써 중국의 문을 열었던 해로 기억되고 있습니다. 사실 경제사적으로는 8·3조치가 굉장히 중요합니다. 8·3조치는 사채를 동결시킨 것입니다. 굉장히 혁명적인 조치입니다. 사채라고 하면 인식이 참 안 좋죠? 은행이 아니라 개인이 돈을 빌려주고 거기에 굉장히 높은 이자를 붙이는 고리대금업이라는 인상이 강합니다. 그 당시에는 한국의 은행 자체가 허약했기 때문에 정상적인 대출이 불가능한 상황이었습니다. 여기에 더해 대부분의 은행들을 정부가 장악하고 있었습니다. 이런 구조에서는 갚을 능력이 있는 대기업이나 정부에 줄이 닿는 기업이 아니면 은행에서 돈을 빌릴 수가 없었습니다. 베트남 전선에서 많은 외화가 유입되기는 했지만 정부가 고속도로나 댐 같은 사회간접자본에 투자하느라 일반 기업들에 흘러갈 돈이 없었습니다. 기업들이 은행에서 돈을 빌리지 못하니까 사채를 쓸 수밖에 없는 상황이었죠.

8·3조치는 기본적으로 사채 동결을 통해 기업들이 당분간 사채를 갚지 않아도 되게 한 것입니다. 그리고 사채로 들여왔던 돈을 회사의 투자금으로 전환시켜주는 조치입니다. 사실 이건 기업에 엄청난 혜택을 주는 정책입니다. 자본주의의 기본원리를 완전히 무시한 정책이기도 하

죠. 왜냐하면 사채의 성격과 내용이 어떻든 간에 그건 개인의 자산이니까요. 자본주의는 사적 소유권 보장이 기본원칙입니다. 개인의 돈을 정부가 동결시켜버리는 조치는 사적 소유권을 부인하는 것입니다. 8·3조치는 그 정도로 혁명적이었습니다. 물론 당시 상황이 그만큼 심각했다는 방증이기도 합니다. 그러나 이때 시장원리대로 처리했어야 합니다. 시장에서 부실기업이 퇴출되는 것은 너무나 당연합니다. 그런데 사채를 동결시키면서 기업을 살려준다는 것은 자본주의체제에서 있을 수 없는 일입니다. 지금까지 한국경제가 위기를 맞은 것은 대부분 시장논리대로 처리하지 않았던 탓입니다. 시장논리에 따라 처리했다면, 한국경제는 더 탄탄한 구조를 가졌을 것입니다.

또 하나 중요한 것은 기업가의 윤리 문제입니다. 8·3조치를 발표하면서 박정희 대통령이 마지막에 강조한 것도 기업가들의 윤리입니다. 즉 모든 기업인은 깊이 성찰하고 올바른 기업가 정신을 발휘해야 한다고 강조했습니다. 문제의 핵심을 지적한 것이죠. 경제성장의 초기에는 허점이 많았습니다. 기업가들이 마음만 먹으면 차관이나 정부의 돈을 이용해서 얼마든지 탈세나 부동산 투기를 저지를 수 있었습니다. 그만큼 경제적 규율과 법률이 정비되지 않은 상황이었고 기업들에 대한 감사 시스템 역시 제대로 작동하지 않았습니다.

이 시기 기업가의 윤리 문제가 얼마나 심각했는지는 크게 논란이 됐던 위장 사채를 보면 잘 알 수 있습니다. 원래 기업가는 자기 돈을 회사에 투자해서 그 이익금으로 회사를 살려가야 합니다. 이것이 바로 자본주의의 꽃인 연구개발R&D 개념입니다. 즉 연구개발을 통해 생산성을 높이고 수익률을 높임으로써 이익을 극대화하는 것이죠. 그런데 회사의 사주들이 이익금을 자본금으로 투자하는 대신 자기 회사에 사채로 빌려주었습니다. 자기 이름으로 빌려주면 안 되니까 가족의 이름으로 빌려주었습니다. 회사는 사주의 가족들에게 높은 이자를 갚아줘야 했습니다. 사주로서는 경제개발의 초기 기업이 생산으로 얻는 이익이 크지 않은 상황에서 사채로 얻는 이익이 훨씬 크겠죠. 이걸 위장 사채라고 합니다. 정부의 조사한 결과 생각보다 위장 사채의 규모가 컸습니다. 부동산 투기나 위장 사채는 기본적으로 자본주의사회의 기업가 윤리를 벗어난 것입니다. 따라서 처벌이 필요했지만 정부는 많은 대기업들을 사면해주었습니다.

8·3조치는 크게 두 가지 교훈을 준다고 생각합니다. 경제위기가 왔을 때는 시장논리가 굉장히 중요합니다. 시장을 정상화시켜야 하는 상황에서 시장논리를 따르지 않았다는 것이 첫 번째 문제점입니다. 1969년과 1970년의 청와대 보고서만 보더라도 시장논리가 살아 있었지만 8·3조치는 그렇지 않았습니다. 두 번째는 기업가 윤리를 명확하게 세워주지 못했다는 것입니다. 기업가 윤리를 명확히 세워야만 경제위기가 다시 발생하지 않습니다. 그런데 8·3조치는 기업가 편을 들어주면서 기업가 윤리 문제를 거의 건드리지 않았습니다. 그리고 기업가들의 윤리를 담보해줄 법률도 만들지 않았습니다. 그 때문에 경제위기 때마다 기업가들의 윤리 문제가 재발하게 되었습니다.

1970년대 후반에는 다시 부동산 투기가 나타납니다. 그때는 중동특수로 오일달러가 들어오던 시기입니다. 기업들이 돈이 생기자 다시 투기를 시작했습니다. 강남이 개발되고, 현대아파트 사건이 있던 때였죠. 그러고 나서 1980년에 또 경제위기가 왔습니다. 두 번째 외환위기였습니다. 1978년부터 경제성장률이 떨어지고 외화 유동성이 악화되기 시작합니다. 이 시기의 경제위기도 미스터리입니다. 1960년대 말에도 베트남에서 외화가 엄청나게 들어오는 상황에서 경제위기가 일어났고, 1970년대 말에도 중동에서 오일달러가 엄청나게 들어오는 상황에서 경제위기가 일어났습니다. 사실 1978년만 하더라도 청와대에서는 외화가 너무 많이 들어오기 때문에 미국이 한국을 더이상 봐주지 않는 것이 아니냐고 염려할 정도로 여유가 있었습니다. 그러니 왜 갑자기 경제위기가 터졌는지 밝혀야 합니다.

경제위기가 왔던 1980년은 1961년부터 경제성장의 드라이브를 시작한 이래 처음으로 마이너스 성장을 하는 해입니다. 그때는 한국경제가 무너진다는 이야기까지 있었습니다. 1970년대에 중화학공업을 발전시키면서 어느정도 체력을 키웠다고는 해도 기업가들의 투기, 정부의 보조금을 타기 위한 중복투자, 과잉투자 등 여러 가지 문제가 재발하면서 또 한번의 외환위기를 맞게 되는 거죠. 어떤 위기가 닥쳤을 때 실제로 그 위기를 어떻게 돌파하느냐, 어떤 방식으로 해결하느냐가 얼마나 중요한지 알 수 있습니다. 1997년의 위기도 마찬가지입니다. 한보사태가 그 출발점이었죠. 바로 기업가의 윤리 문제가 계속 말썽을 일으키는데도 정부가 바로잡지 못하는 것입니다. 물론 여기에는 정치자금 문제도 중요하게 작동하고 있었을 것입니다.

경제사를 자세하게 보는 이유는 앞으로도 우리나라가 그냥 탄탄하게 가지는 않을 것이기 때문입니다. 부정적인 전망이라기보다 좋을 때도 있고 나쁠 때도 있을 거라는 의미입니다. 한마디로 여러 가지 굴곡이 있을 거라는 의미입니다. 지금의 위기를 어떻게 돌파하느냐가 이후에도 영향을 미칠 수 있다는 점에서 경제사를 굉장히 디테일하게 살펴보는 것이 중요합니다.

8·3조치 이후
박정희 대통령의 특별 담화문(부분)

> 기업인 여러분, 나는 이상과 같은 조치를 취함에 있어서 모든 기업인들은 정부의 의도와 국민의 여망이 어디에 있는가를 깊이 성찰하고 올바른 기업가 정신을 발휘하여 이 조치의 실효를 거둘 수 있도록 앞장설 것을 촉구하는 바입니다. 정부가 막대한 재정 부담을 무릅쓰고 기업을 지원하는 이유가 기업의 이익만을 보장해주려는 데 있는 것이 아닙니다. 기업이 곧 생산과 고용 그리고 소득을 창출하는 주체이며 기업의 건실한 성장 없이는 경제의 발전과 국민생활의 향상도 기대할 수 없기 때문에 이와 같은 긴급조치를 취하게 되었다는 근본 취지를 명심해야 하겠습니다. (…) 한편 나는 이 조치의 성공여부는 전적으로 기업인들의 노력과 자세 여하에 달려 있다는 점을 강조해두고자 합니다._「박대통령 특별담화문」,『동아일보』1972년 8월 3일.

반복되는 경제위기의
근본 원인

　　　　　　　　마지막으로 한 가지 더 고려할 것은 사후 처리 문제입니다. 정부는 정리 대상인 부실기업들을 상대적으로 건전한 기업들에 떠맡기게 됩니다. 아니면 정치권력과 가까운 기업에 맡기게 됩니다. 인수합병M&A이 일어나는 거죠. 그전에는 다 고만고만한 기업들이었고 삼성과 현대 그리고 선경지금의SK과 금성지금의LG 정도가 큰 기업이었습니다. 그런데 정부 위주의 M&A로 일부 기업들이 재벌기업이 되었습니다. 이 시기 M&A를 단행한 기업들은 부실기업을 떠맡으면 부담이 생긴다는 명분으로 온갖 특혜를 받습니다. 그중 1972년에는 8·3조치로 풀린 산업합리화자금의 우선 수혜자가 된다는 것이 가장 큰 혜택이었습니다. 물론 기업의 규모가 커진 것은 이 시기에 중화학공업화를 추진한 탓도 있습니다. 한편 1980년대에는 구조조정이라는 명목 하에 세제와 산업은행 자금을 통해 M&A를 이룬 특정 기업들이 집중적으로 문어발식으로 확장할 수 있는 조건을 형성합니다.

　기업들의 규모가 커졌다는 것은 어떤 의미일까요? 재벌이 본격적으로 생기기 시작했다는 뜻입니다. 원래 선진국에는 재벌이 없습니다. 대부분의 국가에서는 대기업이 자기 업종에 집중하는 것이 일반적인 모델입니다. 예컨대 마이크로소프트, 애플, 도요타 같은 기업들이 백화점을 하거나 편의점을 하거나 호텔을 하는 경우는 없습니다. 그런데 우리 재벌은 모든 분야에 들어갑니다. 8·3조치에서부터 1980년대 초 구조조정에 이르기까지 M&A 과정이 큰 영향을 끼친 탓입니다.

정부 입장에서는 정부의 돈을 아끼기 위해서라도 부채가 있는 기업을 다른 기업에 떠안기는 것이 좋습니다. 문제는 기업들의 전문성이 줄어들고 문어발식 재벌들이 나타났다는 것입니다. 이런 기업들이 등장하면서 1970년대에는 지금의 재벌 순위의 원형이 나타나게 됩니다. 사실 이렇게 되면 중소기업들의 성장도 어렵고, 자영업자들의 골목상권도 위협받게 됩니다. 1970년대 이전에는 한 기업이 10개 이상의 계열사를 거느리는 경우가 거의 없었습니다. 그런데 8·3조치 이후에는 그런 기업들이 늘어나기 시작하고 1980년대 구조조정 이후에는 계열사가 더 많아지게 됩니다.

이러한 문제에도 불구하고 8·3조치는 성공적이었다고 평가받기도 합니다. 단기적으로 보면 사실입니다. 어떻든 기업들이 살아났기 때문입니다. 기업을 살리기 위해 특단의 조치를 취해서 기업들이 살아났고 1973년 초까지 경기도 살아납니다. 기업이 없다면 자본주의에서 경제성장이 불가능하니까요. 그런데 1973년부터 문제가 생기기 시작합니다. 사실 그 충격은 외부로부터 나타났습니다. 오일쇼크입니다. 산유국들이 갑자기 석유값을 올려버린 거죠. 우리는 1973년부터 중화학공업을 시작했습니다. 그런데 중화학공업의 주원료인 석유 가격이 확 올라간 거죠. 또 하나의 문제는 1960년대 후반에 화력발전소의 원료를 석탄에서 석유로 바꿨다는 것입니다. 그 당시에는 석유값이 더 쌌기 때문입니다. 이 상황에서 석유값이 올라갔으니, 우리한테 물가압력이 컸습니다. 또한 정부는 정부대로 공공요금을 인상하지 않기 위해서 한국전력이라는 공영기업의 적자 문제를 해결해주어야 했습니다. 정부의 재정상태가 나빠질 수밖에 없는 상황이 된 것이죠.

한국경제 내부에서도 문제가 발생합니다. 이 시기에 재벌은 여러 가지 형태로 보조금을 받게 됩니다. 하나는 산업합리화자금이고 또다른 하나는 중화학공업을 하는 기업들에 주는 보조금입니다. 그런데 보조금은 기업의 체질을 악화시킵니다. 기업은 이윤을 내야 생존합니다. 그런데 이윤을 내지 않아도 정부에서 도움을 준다면 굳이 이윤을 낼 필요가 없는 것입니다. 이러면서 도덕적 해이가 나타나 스스로 생산성과 품질을 향상시키려는 노력을 하지 않게 되고 결국 국제 경쟁력이 떨어지게 되죠. 이런 상황에서 인플레이션이 일어나고 오일쇼크로 가격이 올라가게 됩니다. 이 기간에 정부가 또 한번 무리수를 두게 됩니다. 바로 이중가격제입니다. 이중가격제는 시장을 완전히 흔들어놓는 것입니다. 우리가 아는 시장의 가격과 정부가 고시하는 시장가격에 차이가 나타나는 것입니다. 이게 1970년대 중후반의 상황입니다.

1970년대 후반에 가면 이런 모든 문제가 한꺼번에 터져나오게 됩니다. 우선 1970년대 중반부터 정부가 중화학공업화를 추진하자 기업들이 중화학공업 쪽을 확장하게 됩니다. 이것이 과잉투자로 이어집니다. 정부 보조금이 들어오자 투자가 몰리는 거죠. 그 당시 관료를 했던 분의 이야기를 들어보면 창원에 있는 중공업단지에 들어선 공장의 거의 절반이 가동되지 않았다고 합니다. 또 하나는 유가 문제입니다. 특히 1978년 말 이란에서 혁명이 일어나면서 2차 오일쇼크가 옵니다. 이것이 한국경제에 큰 충격을 주었습니다.

2차 오일쇼크는 우리에게 큰 의미가 있습니다. 이로써 박정희식 경제 모델로 대표되는 정부 주도의 경제성장 모델이 한계를 맞았기 때문입니다. 박정희식 경제 모델은 초기에는 작동을 하는 모델이었습니다. 경제구조 자체가 단순하고 해외시장에 깊숙이 빨려들어가 있지 않은 상태에서는 국가가 강력한 힘으로 밀어붙이는 것이 효과적일 수가 있었습니다. 국가가 효율적으로 자원을 동원하고 기업과 협력하는 과정들이 가능하게 되죠. 그런데 세계시장에 깊숙하게 개입하게 되면 이 부분에서 문제가 생깁니다. 왜냐하면 기업들이 세계시장에서 경쟁해야 하거든요. 그리고 더이상 정부가 보조금을 주는 것이 힘들게 되지요. 이런 한계 상황들이 70년대 말에 왔습니다. 미국의 정책이 바뀌고 세계경제가 바뀌고, 또 우리의 경제규모가 커지면서 그 구조가 복잡해지니까 박정희식 모델로 가는 것이 어려워졌던 것입니다.

여기에서 또 하나 중요한 것은 미국 중심의 세계 무역구조가 바뀐다는 점입니다. 미국은 1970년대 중반 이전에는 개발도상국들을 많이 배려해주었습니다. 개발도상국들도 성장해야만 세계 자본주의의 동반 성장이 가능하다고 생각했던 거죠. 한국같이 냉전의 최전선에 있는 국가에 대해서는 보호무역을 예외적으로 허용하기도 했습니다. 그러나 앞에서 살펴본 것처럼 베트남전쟁으로 미국경제가 어려워지자 더이상 예외조항을 허용하지 않게 됩니다. 개발도상국도 무조건 시장을 열어야 한다는 압력을 넣기 시작하죠. 특히 한국에 대해서는 1970년대 후반부터 압력을 넣습니다. 박정희 정부는 미국의 이러한 요구를 외면할 수 없었습니다.

박정희 정부는 위기를 포착했습니다. 그간 우리가 지나치게 성장 일변도로 달려오면서 인플레이션이 심해졌고 세계경제의 체질도 바뀌었다는 사실에 위기감을 느낀 것입니다. 1978년 말에 박정희 대통령은 경제적으로 새로운 대책을 내놓으라는 지시를 내렸습니다. 대통령은 한

포항제철소 착공식

정부가 들여온 차관은 중화학공업 육성에 쓰였다.
정부의 적극적인 비호를 받은 포항제철은 비약적
인 성장을 했다. 반면 기업가의 도덕적 해이도 극심
해져 1970년대 창원의 중화학공업 단지에는 차관만
받고 가동은 하지 않는 공장이 즐비했다.

국은행과 한국개발연구원[KDI] 그리고 대통령의 경제정책을 자문하는 경
제과학심의회의 등에 지시합니다. 경제위기를 극복할 방안을 만들라는
거죠. 그래서 이 기구들이 논의를 합니다. 그때 나왔던 얘기들이 안정화
대책입니다. 안정화 대책의 핵심 중 하나는 정부의 간섭을 줄이라는 것
입니다. 이것이 첫 번째 주문입니다. 어떻게 보면 시장원리대로 가자는
것입니다. 두 번째는 정부의 보조금 등을 줄이면서 시장을 개방하라는
것입니다. 왜냐하면 인플레이션이 발생한다는 것은 공급이 부족하다는
것이고, 공급을 늘리려면 국내 생산을 늘려야 합니다. 그런데 국내 생산
을 늘리는 것에는 한계가 있습니다. 공급을 늘리지 못하는 상황에서 해

외 수입을 늘리면 공급이 늘어나는 것이 아니냐는 논리였습니다. 이것은 또 미국의 요구를 받아들이는 것이기도 합니다.

박정희 대통령은 안정화 대책을 쉽게 받아들이지 않았습니다. 안정화 대책은 1978년 말부터 1979년 초까지 논쟁이 됩니다. 특히 이 시기는 정치적으로도 매우 중요한 시기였습니다. 우선 1978년 말에 총선거가 있었습니다. 이 총선거에서 야당이 승리했습니다. 유신체제 하에서는 여당이 프리미엄을 얻는 것이 당연한 상황에서 있었던 일이었으니 놀랄 만한 결과였죠. 대통령은 유신정우회를 통해 3분의 1의 국회의원을 지명합니다. 나머지 3분의 2를 두고 여당과 야당이 선거에서 싸웁니다. 지금도 그렇지만 대개 어떤 상황에서든 총선거를 실시하면 여당과 야당이 서로 반 정도를 가져갑니다. 국회의석 중 3분의 2를 여당과 야당 반씩 가져가고 나머지 3분의 1은 대통령이 지명한다면, 유정회와 당시 여당인 공화당을 합쳐서 자연스럽게 과반수 이상이 달성됩니다. 그런데 1978년 총선거에서 국회의석 중 3분의 1을 제외한 나머지 3분의 2를 두고 여당과 야당이 선거를 했는데 야당의 득표율이 더 높았던 것입니다.

또 한편으로는 1979년부터 한국과 미국의 갈등이 굉장히 심해집니다. 미국이 시장 개방을 위해 압력을 넣은 것도 있지만 당시 한국정부가 비밀리에 핵무기를 개발하다 미국에 포착되기도 했습니다. 미국은 한국의 핵무기 개발에 강력하게 반대했습니다. 그래서 1979년에 카터 미국 대통령이 한국을 방문했는데, 박정희 대통령과 갈등이 있었다고 합니다. 이런 과정들이 1970년대, 그러니까 1978년과 1979년의 안 좋은 경제 상황과 맞물리게 됩니다. 대개 10·26사건을 정치적 관점에서만 분석

합니다. 하지만 사실은 이 시기의 경제 문제와 국제환경이 1979년 부산과 마산의 민주화항쟁 그리고 10·26사건과 밀접하게 연결되어 있습니다. 이렇게 연결되는 맥락 속에서 10·26사건을 파악해야 합니다. 경제화, 산업화 그리고 민주화를 분리해서 보는 시각이 있습니다. 그러나 그렇게 분리해서는 안 됩니다. 동시에 진행되면서 서로 영향을 줍니다. 이 부분에 대해서는 9장에서 다시 이야기하겠습니다.

1970년대 후반의 경제위기는 1980년대에 또다시 '대충' 해결됩니다. 여기서 대충이라고 하는 것은 앞서 지적한 바와 같이 8·3조치 때문입니다. 8·3조치도 60년대 후반의 경제위기를 미봉하는 것이었거든요. 마찬가지로 70년대 후반의 경제위기를 80년대에 미봉하고 넘어갔습니다.

1980년의 경제위기 극복은 3저 호황과 관련됩니다. 정부에서도 이 위기를 극복하기 위해 여러 가지 구조조정 정책을 펼쳤습니다. 하지만 가장 기본적으로는 1980년대의 저금리, 저환율, 저유가가 한국경제를 구원하는 거죠. 이것을 3저라고 합니다. 당시 우리나라는 부채가 많았기 때문에 금리와 환율이 낮아지면 갚아야 할 부채의 양이 줄어들게 됩니다. 여기에 더하여 석유가격이 떨어지면 수입액이 줄어들게 되는 거죠. 이런 상황이 우리가 부채위기를 극복하는 데 결정적인 역할을 했습니다.

저유가와 관련해서는 또다른 흥미로운 이야기가 있습니다. 당시에 소련을 무너뜨리기 위해 미국이 일부러 유가를 낮췄다는 설이 있습니다. 소련 재정의 많은 부분이 유가로 충당되었기 때문에 유가를 낮췄다는 것입니다. 결과적으로 아프가니스탄 점령 비용을 지불하고 있던 소련정부가 재정적으로 버티지 못하고 무너졌다는 거죠. 2014년 우크라이나 사태로 러시아와 미국 그리고 서유럽이 서로 갈등하면서 미국이 다시 저유가정책을 실시했습니다. 이것은 1980년대 저유가정책의 반복인 셈입니다.『오일카드』에이케이 2009라는 책에 이와 관련된 내용이 잘 나와 있습니다.

또 한 가지 언급하고 싶은 점은 5·18광주민주화운동입니다. 지금까지 1980년 광주민주화운동 당시 왜 미국이 시민들의 편을 들지 않고 신군부의 편을 들었는가에 대해서 많은 논란이 있습니다. 결국 미국이 선택한 것은 민주주의가 아니라 군사독재라는 것이었죠. 그래서 광주에서의 학살에 대한 미국의 책임을 두고 논란이 있었고 이로 인해 1980년대 초반 미국 문화원 점거 사건이 계속되었습니다. 1988년에 있었던 광주 청문회에서도 미국의 책임 문제가 본격적으로 제기되었습니다.

최근에는 이른바 '일베' 회원들이 광주항쟁 시기에 북한의 공작원들이 침투해 혼란을 일으켰다고 주장하면서 또다른 논란이 되기도 했습니다. 당시의 재판 자료나 청문회 자료를 종합하더라도 일베의 주장은 전혀 사실이 아닙니다. 현재 세계적으로 5·18광주민주화운동이 4·19혁명과 함께 인권과 민주주의 역사상 기념비적인 사건으로 자리매김하고 있다는 점을 감안하면 일베의 주장은 일고의 가치도 없다고 하겠습니다.

그런데 1980년의 광주와 관련해서 최근 새로운 주장이 제기되고 있습니다. 미국이 1980년 시민이 아닌 신군부의 손을 들어준 것은 경제적인 문제 때문이었다는 주장이죠. 당시 미국은 북한의 동향이 심상치 않은 상황에서 전국적으로 시민들의 민주화 요구가 커질 경우 북한이 오판할 가능성이 크다고 생각했다는 것입니다. 당시 미 8군 사령관 위컴John A. Wickham, Jr.의 주장입니다. 하지만 광주항쟁에 대해 많은 연구를 한 카치아피카스George Katsiaficas는 정치적이거나 안보적인 요인보다 경제적 요인이 크다고 주장했습니다.

즉 미국정부는 시장 개방과 핵개발 포기를 포함한 많은 요구를 했지만 박정희 정부가 이것을 수용하지 않다가 박정희 사후 신군부가 모든 요구를 수용하기로 하자 시민이 아닌 군사독재를 선택했다는 것입니다. 실제로 신군부가 집권한 이후 핵개발은 중지되었고 한국정부는 안정화 대책을 채택했으며 신한은행과 한미은행 같은 재일교포 자본과 미국 자본이 본격적으로 한국에 상륙하게 됩니다. 모든 금융기관이 정부에 의해 장악되어 있던 박정희 시대와는 다른 양상이 나타나는 거죠. 미국정부는 광주민주화운동 직전에 한국의 경제성장에 주목하면서 한국이 시장을 개방할 가능성을 타진했습니다. 그리고 광주민주화운동 직후에 뱅크오브아메리카Bank of America, 쓰리엠3M 같은 기업의 고위 관계자들이 한국을 방문하여 시장 개방을 타진하기도 했습니다.

이러한 주장은 1980년대 초부터 시장 개방이 본격화되었다는 점에서 고려되어야 하지만 아직은 좀더 연구가 필요합니다. 미국의 관점에서는 1980년대 전반기까지 경제적인 면보다는 정치나 안보적인 면에서 한반도의 중요성이 강조되었습니다. 따라서 경제적인 문제를 가장 결정적인 요소로 보기는 어렵습니다. 그럼에도 당시 경제정책과 경제구조의 전환과 관련지어 1980년의 상황을 분석·설명하는 것은 매우 중요합니다.

무한 경쟁이 불러온 경제위기

1980년대 한국의 부채와 관련해서는 흥미로운 이야기가 있었습니다. 혹시 부채월드컵이라는 이야기를 들어보셨나요? 1983년에 멕시코에서 청소년월드컵이 열렸습니다. 요즘 젊은 사람들은 기억을 못 하겠지만 그때 붉은 악마가 처음으로 시작되었습니다. 멕시코에서 박종환 사단이 빨간 유니폼을 입고 나와 세계 4강에 올랐습니다. 당시 청소년월드컵을 코카콜라컵이라고 했습니다. 코카콜라가 후원을 했거든요. 그때 4강에 올라간 것입니다. 제 기억으로 학교에서 책상을 한쪽으로 밀어놓고 경기 중계를 지켜볼 만큼 전국민적인 관심사였습니다. 그때 4강에 올라간 팀이 브라질, 아르헨티나, 한국, 폴란드였습니다. 그런데 브라질, 아르헨티나, 한국은 당시 전세계에서 부채 규모가 제일 큰 4개국 중에 3개국이었습니다. 폴란드는 공산권에서 부채가 제일 많은 나라였습니다. 그래서 부채월드컵이라는 말이 나왔던 거지요.

우리가 1970년대 경제성장 과정에서 들여왔던 차관이나 외채가 너무나 컸기 때문에 1980년대에는 외채 문제를 해결해야 했습니다. 1980년대의 부채 문제는 1970년대 중화학공업에 대한 과잉투자와도 관련이 있습니다. 그런데 3저 현상으로 금리와 환율이 낮아지면서 부채가 줄어든 거예요. 그러니까 구조조정을 통해 1970년대 말에 악화되었던 경제구조를 조정해줘야 했지만 외부 여건이 좋아지면서 내부의 구조조정이 별 필요가 없어져버린 것입니다. 사실 사람들도 똑같습니다. 어느날 갑자기 외부 여건이 확 좋아져서 직장이 많아지고 취직이 쉬워진다면 누가 스펙을 쌓으려고 하겠습니까. 직장을 구하기 힘드니까 취직 시험 준비도 열심히 하고 스펙도 열심히 쌓는 거죠. 한마디로 스스로를 구조조정하는 겁니다. 한국경제도 외부 여건이 좋아지면서 구조조정의 필요성을 상실했습니다.

물론 구조조정을 전혀 하지 않은 것은 아니었습니다. 그 당시 국제그룹이 도산했습니다. 지금도 용산에 다각형 모양의 큰 빌딩이 있습니다. 원래 국제그룹이 소유한 빌딩이었습니다. 당시 용산의 랜드마크로 불릴 정도로 유명한 건물이었죠. 그런 건물을 소유하고 있는 대기업이 부도가 난 것입니다. 국제그룹의 부도도 당시에 논란이 있었습니다. 국제그룹이 부실기업이라서 도산한 것인지, 아니면 정치적인 목적으로 도산시킨 것인지 말이 많았습니다. 정치적인 목적이 언급되었던 것은 국제그룹이 당시 야도野都였던 부산 쪽에 기반을 두고 있으면서 야당과 긴밀한 관계가 있고, 여당에 대해서는 정치자금을 적게 주었기 때문이라는 소문이 끊이지 않았습니다.

여하튼 당시에는 국제그룹 도산 등 구조조정을 하는 분위기가 있었습니다. 다만 철저하게 이뤄지지는 않았습니다. 또 하나, 8·3조치와 비슷하게 부실기업들을 그나마 튼튼한 기업들이 대거 인수하게 됩니다. 그러면서 재벌들의 몸집이 엄청나게 불어났습니다. 재벌이 커지면서 독과점이 나타났습니다. 사실 독과점은 소비자들에게 큰 피해를 줍니다. 독과점을 하게 되면 경쟁이 없어지면서 질이 떨어지게 됩니다. 자본주의의 핵심은 얼마나 공정하게 경쟁하느냐인데, 독과점은 불공정의 대표적인 예입니다.

당시의 독과점 상황을 예로 들어볼까요? 어린 시절 저는 치약이 영어로 럭키인 줄 알았습니다. 치약이 럭키치약밖에 없으니까요. 그리고 라면은 삼양만 있는 줄 알았습니다. 정부가 럭키나 삼양 같은 기업들의 독과점을 허용해주었던 거죠. 외국에서 수입이 되지 않았습니다. 독과점 기업들에 특혜를 주었기 때문에 시장이 열리면 경쟁력이 없는 그 기업들은 망하게 됩니다. 품질이 더 좋은 제품들이 들어오면 국민들은 국내의 독과점 제품들은 질이 좋지 않다는 것을 알게 됩니다.

독과점의 영향들은 1997년의 경제위기와 연결되는 측면이 있습니다. 기업들이 보조금이나 독과점을 통해 국내에서는 상당한 이익을 보면서도 세계시장에서는 경쟁력이 떨어진 상태였습니다. 그 상태에서 1980년대 후반부터 우리가 자유화를 시작하게 됩니다. 세계시장에 본격적으로 문을 여는 것이죠. 1988년 서울올림픽도 또 하나의 계기입니다. 이때부터 외국의 우수한 제품들이 본격적으로 들어오기 시작했습니다. 더이상 보호무역이 불가능한 거죠. 또 1980년대 후반 노태우 정부는 북방정책을 시작합니다. 우리가 본격적으로 해외로 나가면서 문을 열지 않을 수가 없었습니다. 또 WTO체제가 성립하면서 보호무역은 더이상 어렵게 됩니다. 문을 열자 외부에서 들어오게 됩니다. 세계적으로 경쟁력이 높은 부분들과 우리의 경쟁력이 낮은 부분들이 전세계를 상대로 무한 경쟁을 하게 되면서 당연히 우리에게 위기가 닥칠 수밖에 없습니다.

산업제품들도 중요하지만 금융에도 주목해야 합니다. 사실 금융은 자본주의의 꽃입니다. 그런데 박정희 정부 시기는 물론 전두환 정부 때도 우리나라에는 민간은행이 없었습니다. 모두 공금융이었습니다. 즉 국가가 모든 금융을 통제했습니다. 관치금융, 즉 국가가 금융에 개입하게 되면 금융에서의 시장논리가 없어집니다. 금융기관은 정부가 대출을 해주라는 곳에 대출을 해줍니다. 그 기업들의 부채 상환 능력을 기준으로 해서 대출을 허가해야만 하는 규정 자체가 작동하지 않았던 거죠. 이렇듯 금융도 부실한 상황에서 1990년대 초에 문을 열어버린 것입니다. 1997년의 상황을 금융위기라고 이야기하는 것은 그 때문입니다. 즉 기업 체질이 약화된 상태, 금융이 굉장히 약화된 상태에서 문을 열어 생긴 위기입니다. 거기에다 정부의 통제가 점점 약해질 수밖에 없는 세계 무역구조 속에서 경제위기를 맞은 거죠.

개발도상국에 한국의 경제성장 모델을 설명할 때는 반드시 이 점이 강조되어야 합니다. 경제성장을 위한 가버넌스_{governance}와 전문 관료들, 즉 테크노크라트_{technocrat}는 개발도상국들이 한국으로부터 배워야 할 교훈입니다. 하지만 1980년대 이전 한국의 경제성장은 1990년 이전의 냉전적 상황에서 개발도상국의 보호주의에 대해 일정 정도 눈감아주는 GATT 같은 과거의 무역체제가 작동했기에 가능했습니다. 다시 말해 자유시장주의와 개방주의가 가장 중요한 원칙으로 자리 잡은 현재의 상황에서는 불가능하다는 거죠.

1960년대 후반부터 1970년대와 1980년대까지 계속 경제위기가 있었습니다. 하지만 경제위기가 있을 때마다 미봉책으로 덮다보니 결국은 1997년에 모든 것이 터지고 IMF구제금융을 받게 된 것입니다. 모든 문제가 그렇습니다. 조금 아플 때 고치지 않고 더 심해지도록 방치하면 결국 못 고칩니다. 우리에게는 분명히 지속적으로 성장할 힘이 있습니다. 하지만 우리가 경제위기가 닥칠 때마다 계속해서 미봉책으로 대처해왔다는 것은 큰 문제입니다. 1997년에 경제위기가 왔을 때도 빅딜을 하는 식으로 치료를 했지만 결국 재벌구조는 그대로 남았습니다. 금융위기

1997년 12월 3일 IMF 최종 협상결과 발표
경제성장 과정에서 불거졌던 여러 문제를 미봉책으로
마무리한 결과는 1997년의 경제위기와 긴밀하게 연결
된다. 특히 관치금융에 의한 차관경제의 폐해는 산업과
금융 등 모든 면에서 국제 경쟁력을 잃게 만들었다.

이후 우리 금융이 건전해졌느냐 하면 그렇지도 않습니다. 최근에도 금
융 사고가 많이 일어나고 있는 것이 그 증거입니다. 또한 우리에게는 삼
성, 현대, LG, SK 등 제조업을 바탕으로 한 세계적인 기업들은 많은 반
면 세계적인 은행은 하나도 없습니다. 세계 유수의 도시 어디를 가봐도
한국계 은행은 없습니다. 그런데도 정부는 은행장 선임에 끊임없이 개
입해서 시장질서를 어지럽히고 있습니다.

물론 오늘날의 모든 문제를 박정희 모델 탓으로 돌리는 것은 과도한
해석입니다. 경제 개발의 초기 과정에서 박정희 모델이 담당했던 순방
향적 역할에 대해서는 부인할 수 없습니다. 그러나 그럼에도 불구하고
박정희 모델이 경제위기의 큰 원인이 되었다는 것을 부인할 수는 없습

니다. 또 위기의 순간에 문제들을 철저히 해결하지 않았던 것이 결국은 1997년의 위기, 2008년의 위기를 불러온 원인입니다. 우리는 역사를 통해서 무언가를 배워야 합니다. 하지만 현재로서는 별로 개선된 부분이 없어서 안타깝습니다.

　지속성장을 위해서는 시장을 정상화하고 대기업을 정상화해야 합니다. 대기업의 정상화란 현재의 재벌들이 분야별로 철저하게 분리되어야 한다는 것입니다. 물론 현재는 재벌 사주가 2세, 3세로 이어지면서 자연스럽게 재벌이 서로 분리되어 있습니다만, 그렇다고 해서 완전히 분리되어 있는 것은 아닙니다. 예컨대 사주들이 친인척 관계로 연결된 기업들이 상호 주식을 보유하면서 서로를 도와주거나 내부 거래를 할 가능성이 큽니다. 재벌기업들이 서로 분리되었지만, 상호 연결되어 있는 대기업들을 우대하는 관행이 계속된다면, 중소기업이 대기업으로 성장할 가능성은 거의 없어지며, 동반성장은 어렵게 됩니다.

9

5·16:
혁명이길 원하는 쿠데타

경제성장에 초점을 맞추는 이들과
민주주의에 초점을 맞추는 이들 사이에서
박정희 대통령에 대한 평가는 극과 극으로 나뉘어 있다.
5·16은 때로 혁명이 되기도, 쿠데타가 되기도 한다.
쿠데타와 혁명 모두 '비합법적 방법'이라는 공통점이 있지만,
혁명이라고 이름을 붙인다고 해서 모두 혁명이 되는 건 아니다.
한국현대사에서 일어난 사건의 성격을 제대로 밝히기 위해서는
민주주의와 경제성장의 관계에 대한 올바른 이해가 필요하다.

민주화와
산업화는 하나

　　　　　우리 사회에 만연해 있는 생각 중에 하나가 경제성장을 위해서라면 민주화를 좀 미뤄도 된다는 것입니다. 객관적 사실에 기반한 것이 아니라 하나의 편견이나 신화라고 할 수 있습니다. 이런 주장을 하는 이들은 민주주의가 경제성장과는 서로 상승작용을 하지 못한다고 이야기합니다. 민주주의는 토론을 하고, 공감대를 형성하는 것인데, 그러자면 시간이 지체되어 경제성장이 늦어진다는 논리입니다. 한마디로 효율적이지 못하다는 것이죠. 따라서 경제 상황이 어려워지면 민주주의에 대한 부정적인 생각이 사회적으로 확산됩니다.

　　그런데 사실 민주주의가 없으면 경제도 발전하지 못합니다. 우리의 경제성장률을 쭉 보면 개발독재 시대보다 민주화 직후가 훨씬 높습니다. 특히 1인당 GDP가 가장 많이 성장한 시기는 1988년부터 1992년입니다. 바로 민주화 직후였습니다. 경제성장률 역시 마찬가지입니다. 물론 급속한 경제성장을 민주화만으로 설명할 수는 없을 것입니다. 이 시기에 북방정책이 시행되고 중국과 수교가 이루어지면서 해외시장이 공산권으로 확대된 것도 주요한 요인입니다. 한국경제의 수출 의존도가 그만큼 크니까요. 그러나 이와 함께 반드시 고려되어야 하는 것이 민주화의 효과입니다.

요즈음 창조경제라는 이야기를 많이 합니다. 창조경제는 인간이 창조적인 능력을 극대화시켜야 가능한 건데, 창조성을 극대화시키려면 민주주의적인 환경이 너무나 중요합니다. 사람들이 자유롭게 일할 수 있는 분위기가 보장되어야만 창조성이 발현되는 거죠. 한편으로는 창조성을 얘기하면서 다른 한편으로는 인간의 활동을 통제한다면 창조경제라는 것은 결코 가능하지 않습니다. 한국영화가 세계영화제에서 가장 높은 평가를 받기 시작했던 시점은 한국사회에서 민주화가 가장 잘 작동하고 있을 때였습니다. 또 문화·예술인들이 민주주의 문제나 세월호 문제에 적극적으로 나서는 것도 이러한 분위기와 서로 일맥상통한다고 봐야 합니다.

민주주의와 자유 없이 창조성은 나타날 수 없습니다. 이런 점을 고려하면 민주화와 산업화는 결코 떨어져 있는 것이 아닙니다. 그런 의미에서 이 장에서는 5·16쿠데타를 다루려고 합니다. 쿠데타로 성립한 정권에서는 국가의 힘이 극대화됩니다. 국가의 힘이 극대화된다는 건 다른 한편으로는 시민의 권리가 약화된다는 의미입니다. 이렇게 되면 창의성이나 자발성이 위축되기 때문에 경제성장을 이룩하기가 쉽지 않습니다. 그런데도 빠른 경제성장을 이룩했거든요. 그렇다면 산업화와 민주

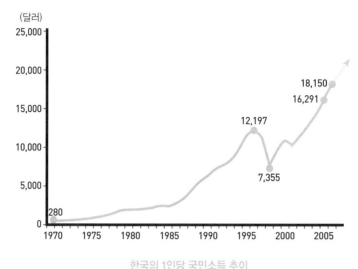

(달러)

한국의 1인당 국민소득 추이

※ 출처: LG 경제연구원『2007년 국내외 경제전망』2006년 11월 24일.

(단위: %)

연도	1962~1966	1967~1971	1972~1976	1977~1981	1982~1986	1987~1991
경제성장률	7.8	9.6	9.6	5.8	9.8	10.0

경제개발계획별 평균 경제성장률 추이

※출처: 강광하『경제개발5개년계획』, 서울대학교 출판부 2000, 44면에서 발췌 인용

화의 관계를 어떻게 보아야 하는 건가요? 바로 이 지점이 5·16을 이해하기 위한 출발점이 될 수 있다고 생각합니다.

　5·16을 이야기한다고 하면 가장 먼저 나오는 질문이 있습니다. '5·16은 혁명인가, 쿠데타인가' 하는 것입니다. 사상 검증을 위한 질문으로 쓰이지요. 청문회에서는 이 질문에 답부터 해야 하는 경우가 많습니다. 일단은 쿠데타와 혁명의 정의부터 알아봐야겠습니다.

쿠데타의 사전적 의미는 "국민의 의사와는 관계없이 무력 등의 비합법적 수단으로 정권을 빼앗기 위해 일으키는 정변"입니다. "국민의 의사와는 관계없이" "비합법적 수단으로"가 키포인트입니다. 혁명은 "기존의 사회체제를 변혁하기 위하여 국가권력을 장악하던 계층을 대신하여 그 권력을 비합법적으로 탈취하는 과정"입니다. 혁명의 정의에서는 "기존의 사회체제를 변혁하기 위하여"라는 부분이 키포인트입니다. "국가권력을 장악하던 계층을 대신하여"라는 의미는 기존 계층과는 다른 계층이 정권을 잡는다는 것을 의미합니다.

그러니까 쿠데타와 혁명의 공통점은 '비합법적 방법'이라는 것입니다. 합법적 방법은 헌법에 규정된 투표 등의 여러 가지 과정을 통해 정권을 교체하는 것입니다. 쿠데타나 혁명은 헌법적인 절차를 무시한 채 내가 하고 싶으니까 그냥 하는 것입니다. 다른 점이라면 혁명은 사회를 완전히 바꾸는 것이라는 점입니다. 기존의 지배계층과는 전혀 다른 새로운 지배계층이 나오는 거죠. 그리고 혁명은 다수 대중들의 지지를 받습니다. 사회적 공감대가 있다는 것이죠. 쿠데타는 그게 없어도 가능합니다. 정의상 쿠데타는 1인, 즉 혼자라도 가능하지만 혼자보다는 자기 세력을 동원해야 성공 가능성이 높습니다. 어쨌든 쿠데타는 혁명만큼 많은 수의 대중을 필요로 하지는 않습니다. 국가권력만 탈취하는 것이 목적이니까요.

정의대로 본다면 5·16은 당연히 쿠데타입니다. 혁명이라고 볼 수는 없을 것 같습니다. 물론 5·16을 쿠데타로 볼지, 혁명으로 볼지는 5·16 자체만으로는 판단할 수 없습니다. 5·16 이후에 5·16을 일으킨 사람들이 어떤 정책을 어떻게 실시했느냐를 봐야 합니다. 쿠데타였음에도 기

1973년 국군의 날 행사에 펼쳐진 박정희 카드 섹션
민주화와 산업화는 결코 떨어져 있는 것이 아니다. 이러한 관점은
박정희 시대를 볼 때에도 적용되어야 한다. 그러나 분명한 것은
같은 시기 북에 김일성 유일영도체제가 있었다면 남에서는 박정
희를 정점으로 한 정치체제가 자리를 잡았다는 사실이다.

존의 체제와는 다른 체제로 바뀐다면 혁명이 됩니다. 또 기존에 정권을
잡은 계층과 완전히 다른 계층이 등장해서 정권이 완전히 바뀌었다면
혁명이죠. 그렇지 않으면 쿠데타입니다. 예컨대 1884년의 갑신정변은
갑신혁명이라고 불리지 않습니다. 물론 3일 만에 끝났기 때문에 이후에
어떻게 되었을지는 잘 모르겠습니다. 갑신정변을 왜 정변이라고 부르
는지를 보면 됩니다. 정변은 정치적으로 큰 변화를 일으키기 위한 시도
를 의미합니다. 갑신정변은 소수의 사람들이 대중의 의지와는 상관없
이 일으킨 것입니다. 물론 근대화라는 명분은 있었죠. 근대화하겠다는
취지는 중요하다고 생각합니다. 그런데 대중의 의지와는 상관없이 일

으켰기 때문에 실패한 것입니다.

또 하나, 정변을 주도한 사람이 기존의 권력층과 완전히 다르냐 하면, 그것도 아닙니다. 김옥균만 해도 안동 김씨의 대단한 명문가 출신입니다. 입양이 되었다고는 하지만, 그래도 안동 김씨 가문을 배경으로 하고 있습니다. 물론 양반 계층이 아닌 이들도 있었습니다. 서재필이나 오경석은 양반 출신은 아닙니다. 그러나 핵심 세력은 북촌 양반 가문을 배경으로 하고 있습니다.

그럼 5·16을 통해서 시스템이 완전히 바뀌었는지를 살펴볼까요? 사람들이 혁명이라고 부르는 프랑스혁명, 러시아혁명, 중국혁명을 보면 기존의 사회 시스템이 완전히 바뀌는 것을 확인할 수 있습니다. 또 정치적으로 권력을 주도하는 계층이 귀족에서 부르주아지로, 부르주아지에서 프롤레타리아트로 확 바뀌게 됩니다. 시민사회로 들어가거나 프롤레타리아트 독재체제로 전환하는 거죠. 이걸 혁명이라고 하는 것입니다. 그러면 5·16은 어떻게 봐야 할까요? 5·16 이후에 과연 정책이나 권력층에 변화가 있었을까요?

일단 5·16쿠데타를 일으킨 사람들은 이전의 집권층과는 조금 다릅니다. 이전 집권층은 대부분 식민지 시기부터 특혜를 받았던 계층입니다. 그래서 친일파들이 처단되지 않고 등용되었다는 논란이 계속 있었던 거죠. 그런데 박정희와 함께 쿠데타를 일으킨 육사 5기, 8기 등의 세력은 한국현대사에서 비주류 세력입니다. 주류 세력은 이승만 정부 가까이에서 당시 여러 가지 부정부패, 부정선거를 만들어냈던 세력이죠. 당시 박정희 국가재건최고회의 의장의 출신 배경만 보더라도 알 수 있습니다. 박정희 의장은 시골의 아주 가난한 집안에서 태어났기 때문에

252

1950년대의 기득권층과는 출신 배경부터가 다릅니다. 또 육사 8기생들은 4·19때 민주당 정부 하에서 하극상을 일으켰던 중령 계급의 장교들입니다. 부정부패한 군인들을 비판했다가 대부분 군복을 벗었던 사람들이죠. 이렇게 보면 이들은 이전 기득권 세력과는 다른 사람들입니다. 그래서 5·16이 혁명일 수도 있습니다. 초기의 정책 중에도 혁명적인 내용들이 많았죠. 5·16을 주도했던 사람들이 스스로 민족혁명이었다고 주장할 수 있는 부분이 있었습니다.

　그러나 좀더 깊이 들여다보면 5·16 주도 세력은 비주류이지만 일반인들과 비교해보면 상당히 상류층입니다. 이들은 장교였습니다. 1950년대 장교는 상당한 엘리트 세력입니다. 그 당시는 기업이 발전하지 못했기 때문에 군대가 가장 선진적인 시스템을 가진 기관이었습니다. 박정희를 비롯한 엘리트 군인들은 미국에서 유학한 경험도 있었습니다. 따라서 이들이 정치를 한다고 해서 집권계층이 바뀌었다고 보기는 어렵습니다. 뿐만 아니라 공화당을 만들 때도 부산 출신의 예춘호 같은 새로운 사람들도 들어오지만 이승만 정권의 자유당에 있었던 사람들이 들어옵니다. 민주당 정부에서 핵심으로 활동했던 김영선 재무부장관도 나중에 공화당과 손을 잡게 되죠. 또한 군 내부에서 5·16 세력이 비판했던 부패 군인들과도 결국은 손을 잡게 됩니다. 즉 집권계층이 완전히 바뀌었다고 이야기할 수는 없습니다. 오히려 시간이 지날수록 초기의 혁명적 성격은 점차 희미해지고 과거의 기득권 세력과 손을 잡게 되죠. 정책적으로도 군사정부는 점차 개혁적인 성격이 흐려지게 되었죠.

　부정축재자 처리 문제가 대표적인 예입니다. 4·19혁명 이후 민주당 정부는 1950년대의 부정축재자들을 제대로 처리하지 못하고 오히려 그들로부터 재정적 지원을 받은 것이 아닌가 하는 의혹을 받았습니다. 그 의혹을 밝힐 수는 없지만, 군사정부의 정책에 협조하는 것을 조건으로 해서 부정축재자의 처리를 미룬 것으로 보입니다. 처벌해야 할 사람들을 처벌하지 못하고, 오히려 손을 잡았던 것입니다. 또한 5·16쿠데타 세력은 철저한 개혁을 시행하겠다면서 농부들을 괴롭히던 고리 사채 문제와 대기업의 전횡으로 어려움을 겪던 중소기업 문제 등을 해결하기 위한 정책을 실시했습니다. 그러나 결과적으로 5·16쿠데타로 들어선 군사정부는 고리 사채 해결과 중소기업의 육성을 위한 정책에서 모두 실패했습니다. 고리 사채의 경우 농민들이 신고를 안 했어요. 만약 신고를 하면 당장의 문제는 해결되겠지만, 나중에 다시 돈을 빌릴 수 없었기 때문이죠. 부정축재를 했던 대기업과 손을 잡으면서 중소기업을 육성하겠다는 것 역시 불가능한 일이었죠. 어쩌면 이것도 경제성장의 문제에서 지적했던 바와 같이 원리원칙대로 처리하지 않고 미봉하고 넘어갔던 또 하나의 과정이었다고 봐야 할 것 같습니다.

쿠데타를 일으킨 군인들의 혁명공약

1. 반공反共을 국시의 제일의第一義로 삼고 지금까지 형식적이고 구호에만 그친 반공태세를 재정비 강화한다.

2. 유엔헌장을 준수하고 국제협약을 충실히 이행할 것이며 미국을 위시한 자유 우방과의 유대를 더욱 공고히 한다.

3. 이 나라 사회의 모든 부패와 구악을 일소하고 퇴폐한 국민도의와 민족정기를 다시 바로잡기 위하여 청신한 기풍을 진작시킨다.

4. 절망과 기아선상에서 허덕이는 민생고를 시급히 해결하고 국가 자주경제 재건에 총력을 경주한다.

5. 민족의 숙원인 국토통일을 위하여 공산주의와 대결할 수 있는 실력배양에 전력을 집중한다.

6. (군인) 이와 같은 우리의 과업이 성취되면 참신하고도 양심적인 정치인들에게 언제든지 정권을 이양하고 우리들 본연의 임무에 복귀할 준비를 갖춘다.

(민간) 이와 같은 우리의 과업을 조속히 성취하고 새로운 민주공화국의 굳건한 토대를 이룩하기 위하여 우리는 몸과 마음을 바쳐 최선을 경주한다.

박정희를
어떻게 볼 것인가

5·16이 쿠데타인지 혁명인지 살펴보기 위해서는 박정희 대통령에 대해서도 분명하게 짚고 넘어갈 필요가 있습니다. 앞서 정말 계층이 다른 사람이 집권했느냐, 또 어떤 정책을 폈느냐로 혁명을 평가한다고 이야기했었죠? 마찬가지로 박정희 대통령을 어떻게 평가할 것이냐도 굉장히 중요한 문제입니다. 이런 첨예한 문제를 해결하기 위해서는 서로 다른 평가에 대해 살펴보아야 합니다. 박정희 대통령에 대한 일반인들의 평가는 사실 극으로 나뉘어 있습니다. 학자들도 마

찬가지입니다. 한편에서는 굉장히 긍정적으로 보고 있습니다. 긍정적으로 보는 쪽은 경제성장에 초점을 맞춥니다. 다른 한쪽에서는 민주주의에 초점을 두고 부정적으로 바라봅니다.

박정희 대통령을 제대로 보려면 두 가지 관점에서 시각 교정이 필요합니다. 하나는 민주주의와 경제성장을 서로 분리해서 바라볼 수는 없다는 것입니다. 다른 하나는 박정희 대통령을 비롯한 역사적 인물에 대한 평가에도 시각 교정이 필요합니다.

먼저 민주화와 산업화 문제부터 이야기하자면 요즘 많은 학자들이 우리의 현대사 과정을 건국, 산업화, 민주화, 선진화의 4단계로 나누는 경향이 있습니다. 1950년대는 독재가 있었지만 그래도 건국의 과정이었다, 그러니 독재는 어쩔 수가 없었다고 이야기합니다. 또 1960년대는 산업화 과정으로 역시 독재가 있었지만 일단은 산업화가 중요했다고 합니다. 1980년대부터는 민주화가 되어야 하는 상황이었고 실제로도 민주화가 이루어졌다고 판단합니다. 민주화가 끝나고 나서는 선진화로 가야 한다고 주장합니다.

그런데 선진화까지 이어지는 4단계론에는 약간의 말장난이 있는 것 같습니다. 건국, 산업화, 민주화는 그 국가의 정통성을 위해서는 너무나 중요한 조건으로 각각 떨어져 가는 것이 아닙니다. 오늘날에도 민주화는 진행 중입니다. 우리가 1987년에 민주화를 했고, 민주주의적 헌법을 가졌다고 해서 민주화가 끝난 것일까요? 아닙니다. 국가인권위원회 같은 정부기관에서도 국민들의 인권, 또 한국에 들어와 있는 외국인들의 인권 등을 위해 끊임없이 노력해야 합니다. 특히 민주주의가 다수결을 원칙으로 하고 있기 때문에 이로부터 소외되어 있는 소수자의 문제는 언제나 사회적으로 중요하게 여겨지고 있습니다. 그뿐만 아니라 국가인권위원회를 둘러싼 논란은 지금도 계속되고 있지 않습니까?

또 사회는 변화하기 때문에 민주주의 과제들은 계속 나오기 마련입니다. 산업화가 끝났느냐? 아닙니다. 언제든지 산업화를 해야 합니다. 요즘에 기업들이 위기에 봉착했죠. 뭔가 새로운 제품이 필요하지만 창조적 아이템을 내놓지 못하는 상황입니다. '향후에 무엇으로 지속적인 성장을 이룰 것이냐'라고 고민하는 것이 바로 산업화입니다. 이렇듯 산업화도 진행 중인 것입니다.

물론 산업화와 민주화를 단계로 나누는 데는 또다른 이유가 있습니다. 산업화 다음에 민주화로 간다는 것은 산업화를 통해 어느정도 국가의 부를 쌓아야 중산층이 형성된다는 것입니다. 중산층이 형성되지 않으면 현대국가에서 혁명이나 개혁은 힘든 면이 있습니다. 왜냐하면 너무나 먹고살기 바쁘면 개혁 같은 것이 눈에 안 보이기 때문입니다. 우리 같은 경우에도 1960년대에 4·19혁명을 경험했음에도 1960년대와 1970년대에 수많은 사회적, 정치적 불만이 대중적으로 확산되지 않았습니다. 일단은 먹고사는 문제가 중요했기 때문입니다. 1970년대 경제성장을 통해 중산층이 생기고 나서 경제적으로뿐만 아니라 정치적·사회적으로도 무언가를 해야겠다는 생각을 하게 되었습니다. 그래서 민주화가 되었다는 거죠.

이런 논리에 따라 건국, 산업화, 민주화의 단계가 있다는 것이지만 현대사의 과정을 세밀하게 분석해보면 정확한 논리가 아니라는 점을 알 수 있습니다. 왜냐하면 산업화 중에도 민주화운동이 꾸준히 진행되었고, 민주화 중에도 산업화가 꾸준히 진행되었기 때문입니다. 서로 나누어

육사 생도들의 쿠데타 지지 데모를 지켜보는 박정희

'5·16은 혁명인가, 쿠데타인가' 하는 문제는 현대사의
가장 첨예한 질문이다. 이러한 입장은 당대에도 마찬
가지였다. 쿠데타를 의심스러운 눈초리로 보는 이들이
있는가 하면, 적극적으로 지지하는 사람들도 있었다.
육사 생도들의 쿠데타 지지 데모를 조직한 전두환은
당연히 후자 쪽이었다.

지는 단계가 아니라는 거죠. 예컨대 1990년대는 민주화의 시대이지만
다른 한편으로는 한국경제가 한 단계 업그레이드되는 시기입니다. 이
시기에 한국의 반도체산업과 자동차산업이 세계의 중심에 우뚝 서게
됩니다. 정유산업 역시 마찬가지입니다. 서로의 과정이 얽혀 있는 거죠.
하나의 과정이 끝나고 다른 하나의 과정으로 넘어가는 것이 아닙니다.

다른 한편으로 민주화운동은 경제성장에서 중요한 역할을 합니다.
정부의 독주에 대해서 계속 제동을 걸면서 정경유착의 부패를 지속적
으로 비판함으로써 경제성장의 효율성을 높일 수 있는 역할을 했던 거

죠. 언론과 시민사회의 폭로는 한국사회의 부패 지수를 낮추는 데 중요한 역할을 했습니다. 시민사회의 역할이 효율적 경제성장에서 얼마나 중요한 역할을 하는가를 보여주는 중요한 사례라고 생각합니다. 북한이 경제적으로 발전하지 못하는 데에는 민주화의 과정이 함께 이루어지지 않은 것도 중요한 요인의 하나라고 할 수 있습니다. 북한이 본격적으로 경제 정체 또는 후퇴를 하기 시작하는 과정은 1970년대 초반 이후 수령제도가 확립되면서 1인 지도체제가 나타나기 시작하는 시기와 일치하거든요. 물론 정치제도 외에도 과도한 군사비 사용, 사회주의체제 자체의 문제점 등 다른 요인도 함께 분석되어야 하겠죠.

한편 건국의 과정도 마찬가지입니다. 건국의 과정은 한번에 끝나는 것이 아닙니다. 나라를 세웠다고 건국이 끝나는 것이 아닙니다. 기본적으로 누군가 나라를 세워도 거기에 있는 사람들이 이 나라를 어떻게 생각하느냐가 중요합니다. 영어로 네이션빌딩nation-building은 건국, 즉 국가 만들기, 국가 세우기라는 뜻을 가지고 있습니다. 우리가 국가를 세웠어도 구성원들이 자기 국가라고 생각하지 않으면 국가 만들기가 이루어지지 않습니다. 1948년 대한민국 정부가 생기고 1950년 한국전쟁이 일어나기 전까지는 국가 만들기가 제대로 이루어지지 않았습니다. 남한과 북한에 각각 정권이 들어섰지만 당시 한반도에 살던 사람들은 스스로를 한국 사람이라고 생각했습니다. '나는 남한 사람이다' '나는 북한 사람이다'라고 생각하지 않았던 거죠. 그런데 전쟁을 거치면서 서로가 적과 나를 구분하기 시작했습니다. '나는 남한 사람이다'라는 의식이 생긴 거지요. 이런 것이 건국이라고 하는 국가 만들기의 과정입니다.

또 하나 이야기하자면, 2002년까지만 해도 "나는 한국 사람이다."라고 말하지 "나는 대한민국 사람이다."라고 말하지는 않았습니다. 한국이라는 말을 쓰는 것과 대한민국이라는 말을 쓰는 것은 큰 차이가 있습니다. 한국에는 남한과 북한, 즉 분단 상황을 고려하는 의미가 강하게 들어 있는 반면 대한민국은 한반도에 자리한 하나의 국가라는 의미가 강합니다. 한국 사람이라고 하면 한반도의 구성원이라는 의미가 크지만, 대한민국 사람이라고 하면 대한민국 영토의 구성원이라는 의미가 강합니다. 따라서 대한민국 사람으로서의 정체성이나 한국 사람으로서의 정체성은 통일 문제와도 연관됩니다.

건국의 문제는 또 정통성 문제와도 관련이 있습니다. 최근에는 크게 논쟁이 되고 있지 않지만, 얼마 전까지만 해도 대한민국 정부와 북한의 조선민주주의인민공화국 중에 어느 쪽이 더 정통성이 있느냐 하는 문제가 끊임없이 논쟁이 됐습니다. 외국인 학자들은 한국에서 이런 논쟁을 하는 것을 보고 모두 웃었습니다. 무슨 전근대 왕조도 아니고 왜 이런 논쟁을 하는지 의아했던 거죠. 전근대 왕조는 정통성이 필요하기 때문에 신화나 이야기를 만듭니다. 사람이 알에서 태어나고 두꺼비가 아버지고 곰이 사람이 되는 식의 신화 말입니다. 이런 왕이 다스리는 국가이니 "너희 나라와는 다르다." "우리는 정통성이 있다."라고 주장하는 형식입니다. 그런데 근대국가 체계에서 정통성이란 기원을 밝히는 것이 아닙니다. 근대국가에서 정통성이란 만들어가야 하는 것입니다. 정통성을 만들어가는 과정의 핵심이 건국, 민주화, 산업화입니다. 건국, 민주화, 산업화가 상호작용을 하면서 정통성을 만들어가는 것입니다.

지금의 러시아와 독일을 보면 이 점이 잘 드러납니다. 러시아 같은 경우 과거에 제국이었지만 오늘날에는 먹고사는 것이 상당히 어려운 상황입니다. 러시아 현지에 가보면 굉장히 어려운 상황이라는 것이 느껴집니다. 사람들 얼굴도 밝지 않습니다. 이에 비해 독일은 안정되어 있는 모습입니다. 통일 20년 만에 과거의 명성을 되찾고 있는 모습을 보면서 경제적인 문제가 중요하다는 생각을 했습니다.

러시아와 독일의 모습을 보면서도 산업화나 경제성장의 문제가 어느 한 단계에서 끝나는 것이 아니라 계속되는 것이라는 점을 확인할 수 있었습니다. 민주화도 마찬가지인 것 같습니다. 러시아의 경우 소련정부가 무너지면서 민주화했지만 오늘날 다시 민주화라는 문제에 부닥쳤습니다. 푸틴 체제가 수립된 이후 독주가 계속되고 있으니까요. 결국은 현대사를 단계로 나눈다는 것은 문제가 있다는 거죠. 산업화나 민주화 등은 어느 단계에서 끝나는 과제가 아니라 지속되는 과제입니다.

그런데 흥미로운 점은 러시아 사람들이 국가에 불만을 많이 갖고 있으면서도 러시아 국민으로서의 정체성에는 계속 자긍심을 느낀다는 점입니다. 곧 네이션빌딩의 과정이 무너지지는 않았다는 거죠. 그렇다고 해서 네이션빌딩에 문제가 없다고 얘기할 수는 없습니다. 왜냐하면 이들의 정체성에는 과거의 영화를 재건하고 싶다는 욕망이 강하게 자리잡고 있거든요. 푸틴 체제를 비판하면서도 푸틴의 강한 통치를 지지하는 것은 과거 제국으로서의 영화를 다시 재현하고 싶기 때문입니다.

그런데 이 과정에는 위험이 내포되어 있습니다. 왜냐하면 전체주의를 통해서 대외적으로 힘의 확산 과정을 동반할 수도 있기 때문입니다. 내부적으로 문제를 해결하지 못하면 외부적으로 팽창정책을 쓰는 것이 동서고금을 통해 나타났습니다. 히틀러도 그랬고, 일본의 군국주의자들도 그랬습니다. 지금 러시아의 우크라이나 정책이나 일본의 집단적

자위권에 대한 입장 역시 이와 크게 다르지 않습니다. 사회·경제적으로 어려움을 겪고 있는 일본사회가 흔들리는 정체성을 다잡기 위해서 대외적인 팽창을 추진한다고 봐야겠죠. 사실 굉장히 위험합니다. 어쩌면 북한도 그렇게 나아갈 가능성이 없지 않습니다.

남북한의 정통성 논쟁은 사실 건국과 관련해서는 의미가 없습니다. 정권 수립에 친일파가 참여했는가의 여부에 따라 정통성 문제를 논의했던 적도 있습니다만, 북한정부에도 친일파들이 적지 않게 참여했기 때문에 남한정부만을 비난할 수는 없습니다. 곧 이 문제는 정권의 정통성을 논의하는 데 있어서 실효성이 없다는 것입니다. 사실 남한과 북한 사이의 정통성 경쟁에 대한 논의는 더이상 필요가 없는 상황입니다. 남북한 사이에 현격하게 차이가 보이잖아요. 뿐만 아니라 여러 가지 논란은 있지만 우리가 대한민국 사람이라는 정체성을 가지고 있고, 또 어느 정도 경제성장을 통한 산업화와 민주화를 이뤄놓은 상태이기 때문에 정체성 부분에서는 더이상 논쟁될 부분이 없습니다. 정통성 문제에서는 남한이 일방적으로 승리한 상태인 거죠.

그렇다고 해서 정통성 문제가 끝나는 것은 아닙니다. 전근대 시대의 왕조라도 초기에는 신화를 통해, 이후에는 개혁을 통해 정통성을 확보합니다. 하지만 시간이 지날수록 그 정통성은 약효를 잃게 마련입니다. 개혁보다는 기득권의 부정부패가 기승을 부리게 되니까요. 그 결과 왕조교체가 일어납니다.

현대사회에서도 마찬가지입니다. 건국과 산업화 그리고 민주화가 서로 상호작용을 하면서 정통성이 형성됩니다. 대한민국의 역사가 그런 과정을 잘 보여주죠. 그러나 문제는 그것이 영원하지 않다는 것입니다.

상호작용이 삐끗하기 시작하면 그동안 쌓아놓았던 정통성이 조금씩 침식당할 수도 있습니다. 그렇게 되면 '건국'의 과정에서 쌓아왔던 네이션빌딩의 과정이 무너지기 시작합니다. 더이상 대한민국이 나의 나라가 아닌 것이죠. 그렇게 되면 정통성에 문제가 생깁니다. 그렇기 때문에 어느 국가든 국가 유지를 위해서는 민주화와 산업화의 과정이 서로 결합되는 과정에서 네이션빌딩을 계속 해나가야 합니다.

최근에 세월호 사건이 있지 않았습니까? 이런 사건들 역시 네이션빌딩에 문제를 일으킵니다. 지금도 사고 직후 어느 부모님의 인터뷰가 기억납니다. "저는 이제 더이상 대한민국 국민이 아닙니다." 국가가 자신들을 구해주지 못했죠. 시스템이 작동하지 않았습니다. 그때 구성원들은 국가 성원으로서의 정체성을 상실하게 됩니다. 네이션빌딩에 문제가 생기는 것입니다.

그러면 역사에서 인물 평가는 어떻게 될까요? 특히 박정희 대통령을 어떻게 평가해야 할지에 대한 문제가 남아 있습니다. 여기에는 전제가 필요합니다. 박정희 대통령을 평가할 때도 민주화의 측면과 산업화의 측면을 나눠서는 안 된다는 것입니다. 즉 동시에 평가가 이뤄져야 한다는 것입니다.

이러한 전제를 깔고 박정희 대통령을 평가하려면 우선 우리가 역사적인 인물을 평가하면서 범하는 오류를 짚어보아야 합니다. 한국의 역사학자들뿐만 아니라 많은 이들이 역사적인 인물을 평가할 때 한마디로 재단하려고 합니다. 김구 선생 하면 민족주의자, 안창호 하면 독립운동가라는 식으로 하나로 정리하려고 합니다. 그런데 역사적으로 유명한 인물도 모두 인간입니다. 인간이기 때문에 한마디로 규정되지 않는 경우가 많습니다. 인간은 이중적이고, 또 성장하면서 변합니다. 한 사람을 평가하고 연구하다보면 그 사람의 삶 속에서 다양한 모습을 발견하게 됩니다. 또한 그 사람이 인생의 굴곡마다 변화하는 모습도 보게 됩니다. 이런 것들을 무시하고 한 사람을 한마디로 규정하고 평가하려고 하면 문제가 발생합니다. 박정희 대통령도 일제강점기에 태어나 1970년대 후반까지 긴 시간을 살았습니다. 그 시간 동안 전세계와 한국사회도 엄청나게 바뀌었습니다. 또한 경력을 보면 여러 가지 부침이 있었습니다. 이런 모든 것을 배제하고 "독재자다." "산업화의 영웅이다." "최고의 지도자다."라고 한마디로만 이야기하려는 것은 역사왜곡입니다. 논쟁은 해야겠지만 정치화해서는 안 됩니다.

—

인간 박정희,
대통령 박정희

　　　　　그럼 어떤 인물을 막론하고 그 인물을 한마디로 규정할 수는 없다는 점을 분명히 하고 박정희 대통령을 살펴보겠습니다. 인간은 누구나 태어나는 순간부터 많은 변화를 겪습니다. 모든 사람이 변화의 과정을 거치지만 유독 역사적인 인물에게는 그런 변화를 인정하지 않으려고 합니다. 하지만 역사적 인물도 우리와 마찬가지로 인간입니다. 박정희 대통령도 마찬가지입니다. 박정희 대통령도 쿠데타 전후로 다양한 변화를 보여줍니다. 쿠데타 직후 박정희 의장의 모습에는 상당히 개혁적인 부분이 있었습니다. 1960년대 우리가 해결해야 했던 과제에 대해 어느정도 충실하려고 했던 것이죠.

1960년대 우리에게는 두 가지 과제가 있었습니다. 첫 번째는 민주주의를 정착시키는 것이고, 두 번째는 경제성장을 이루는 것입니다. 국민들이 '나라는 세워졌지만 정치적으로는 민주주의, 경제적으로는 경제성장이 제대로 이뤄지고 있느냐' 하는 의문을 품고 있었습니다. 그 불만이 4·19혁명으로 폭발했습니다. 쿠데타가 일어났을 때도 그런 요구들이 분출하고 있었습니다. 4·19혁명으로 수립된 민주당 정부가 이 과제들을 해결하지 못했기 때문입니다. 그런 측면에서 박정희는 5·16쿠데타 이후 이 두 문제, 특히 경제적인 과제를 해결하려고 시도했던 거죠.

1962년과 1963년에 박정희 의장의 저서 『우리 민족이 나아갈 길』과 『국가와 혁명과 나』가 출간되었습니다. 이 책들에는 개혁적인 성향이 강한 내용을 포함하고 있습니다. 하지만 이후 개혁적인 정책들은 많이 꺾여나갑니다. 현실 속에서 꺾여나가는 것일 수도 있습니다. 예컨대 정권을 잡고 보니 나라가 개혁적인 생각만으로 굴러가는 것이 아니라는 점을 깨달은 거죠. 그러다보니 현실과 타협했을 가능성이 있습니다. 또 하나는 여러 가지 내부의 변수가 있습니다. 5·16쿠데타는 하나의 세력이 아니라 다양한 세력이 주도한 것이기 때문에 그 세력들 사이에 힘의 관계가 변화할 때 정책에서의 변화가 나타날 수 있습니다.

당시 박정희 대통령에게 가장 충격적이었던 것은 아마도 한일협정 반대시위였을 것입니다. 아무래도 계속해서 친일 논란이 있었으니 더욱 충격으로 받아들였을 수도 있습니다. 그런데 이 부분은 5·16쿠데타의 성격과도 관련이 됩니다. 왜냐하면 5·16쿠데타 세력이 내세웠던 것이 '5·16쿠데타는 민족혁명'이라는 것이었습니다. 5·16쿠데타 이후 쿠데타 세력이 『한국군사혁명사』라는 책을 내게 됩니다. 그 책에 그들은

'자신들은 민족혁명을 했다' '민족혁명을 통해서 민족적 과제들을 이룩하겠다'라고 씁니다. 민족적 과제는 세 가지 정도입니다. 첫 번째는 역시 경제를 성장시키겠다는 것이고, 두 번째는 경제성장을 위해 사회를 개혁하고, 부정부패를 일소하겠다는 것입니다. 세 번째는 박정희 대통령이 『국가와 혁명과 나』에 썼던 것처럼 외세와의 관계에서 자주권을 지키겠다는 것입니다.

초기에 5·16쿠데타 세력들은 5·16이 민족혁명이라고 내세웠습니다. 하지만 이들의 개혁적 과제는 한일협정으로 무너지게 됩니다. 김-오히라 메모, 즉 김종필과 오히라가 작성한 메모가 결정적인 역할을 합니다. 이 메모는 식민지 시기에 대한 일본의 배상금을 두고 두 사람이 비밀리에 합의한 것입니다. 이런 문제들은 기본적으로 당시 한일협정을 빨리 추진하라고 했던 미국의 요구를 받아들이는 과정에서 나왔습니다. 미국의 요구는 급속하게 처리하라는 것이었으니까요. 당시의 시민사회나 학생운동 세력이나 야당은 굴욕으로 봤습니다. 우리가 배상을 받아야 하는데, 한국과 일본 정부가 합의한 것은 청구권자금이었습니다. 청구해서 받는다는 거죠. 일본은 독립축하금이라고 했고요. 게다가 앞에서 살펴본 바와 같이 1945년 이전 한국과 일본 사이에 맺었던 을사늑약과 한일강제병합조약을 어떻게 처리할 것인가에 대한 합의도 이루지 못했습니다. 우리는 원천무효라고 했지만, 일본은 1945년 패망 이후 무효이기 때문에 그 이전에는 유효하다고 주장했죠. 이러한 논란은 합의점을 찾지 못한 채 미래의 과제로 남겨졌습니다. 우리가 잘사는 것도 중요하지만 자존심도 지켜야 한다는 것이 당시 대다수 사람들의 생각이었습니다.

이 문제가 해방되고 20년도 지나지 않은 1960년대에 제기되었기 때문에 한일협정 반대시위가 있었습니다. 박정희 정권의 첫 번째 큰 위기였죠. 미국에서는 한일협정 반대시위로 박정희 정부가 무너질 수도 있겠다고 생각했으니까요. 그런데 이 과정을 거치면서 박정희 대통령은 어느정도 현실과 타협하게 된 것 같습니다. 특히 당시 우리 사회에서 비판적으로 바라봤던 '미국, 일본과의 불평등한 관계'를 개선하기보다는 타협을 하게 되는 거죠. 6·3사태를 진압하는 과정에서 미국의 도움을 받았던 점이 결정적 요인이 되었을까요? 사실 왜 그렇게 입장이 변했는가를 추적하는 것은 쉽지 않습니다만, 열강에 대한 박정희의 태도가 변한 것만은 사실입니다.

이러한 과정을 거쳐서 결국 야당과 시민 그리고 학생들은 박정희 대통령을 더이상 '민족혁명'의 지도자로 보지 않게 되었습니다. 그런 부분에서 5·16쿠데타에 대한 비판이 본격적으로 시작되었습니다.

1972년의 유신 선포도 박정희 대통령과 박정희 정부의 변화하는 모습 속에서 이해해야 합니다. 박정희 대통령이 초반부터 이런 생각을 가지고 있지는 않았을 것입니다. 박정희 대통령의 변화를 이해하기 위해서는 내부적, 외부적 요인들을 동시에 봐야 합니다. 외부적으로는 베트남전쟁이라고 하는 60년대 상황, 닉슨 대통령이 아시아에서 발을 빼기 위해 닉슨독트린을 발표하고 주한미군을 감축했던 상황을 봐야 합니다. 내부적으로는 계속된 경제성장이 박정희 대통령의 3선 당선에 중요한 버팀목이 되었지만 다른 한편으로는 경제성장 과정에서 여러 가지 사회적 문제들이 발생했습니다. 예컨대 와우아파트 사건, 전태일 분신 사건, 광주대단지 사건, KAL 빌딩 방화 사건 등 다양한 사회적 문제들

서울 와우아파트 붕괴 현장

경제성장은 박정희 3선 당선의 중요한 버팀목이 되었
지만 와우아파트 붕괴 사건, 전태일 분신 사건, 광주
대단지 사건 등 다양한 사회 문제들이 터져나왔다.

이 1970년과 1971년에 터져나왔던 것입니다. 내부적으로 사회적 위기와 기회가 공존하는 상황이었고 외부적으로도 그랬습니다. 이런 상황을 돌파하려다 유신이 선포된 것입니다.

유신 선포는 어떻게 보면 위기 상황에서 박정희 대통령이 한 선택입니다. 그러니까 박정희 대통령과 주변의 핵심 세력들이 이 위기를 어떻게 돌파할지를 고민하다 선택한 것이 타이완 장제스 총통의 철권통치, 또 스페인 프랑코Francisco Franco, 1892~1975의 통치 방식입니다. 즉 강한 국가의 힘을 통해 사회를 안정시키는 방법이죠. 이것도 기본적으로 보면 국내외 상황이라는 기본적 조건에 박정희 대통령과 그 주변 정책결정권자들의 성향이 복합적으로 결합된 결과물로 봐야 합니다.

사실 위기를 돌파하기 위해 다른 길도 있었다고 생각합니다. 국민들의 지지를 얻기 위해 민주주의를 공고히 하면서 사회적 동의를 얻는 방법입니다. 아울러 데탕트로 미국의 견제가 약해진 상황에서 북한과의 협력을 강화해나가는 것이죠. 이미 남북적십자회담과 7·4 남북공동성명을 발표한 상황이었으니까요. 그러나 박정희 대통령과 그 주변의 인물들은 이 길을 선택하지 않았습니다. 왜냐하면 민주주의 시스템이 더 공고해지면 정권을 계속 장악하는 것이 어렵다고 판단했을 테니까요.

또한 1960년대 말 이후 삼선개헌을 통해 김종필의 권력이 약화되면서 박정희 대통령을 옆에서 견제할 사람들도 사라집니다. 삼선개헌이 이루어지지 않았다면 아마도 여당에서는 김종필이 대통령후보로 나올 가능성이 컸기 때문에 여당 내에서 삼선개헌을 반대하는 사람들은 대부분 김종필 지지자들이었죠. 그러나 삼선개헌이 되면서 김종필이 대통령이 될 가능성이 사라졌고 김종필을 지지하는 사람들은 대부분 여당으로부터 떨어져나가게 됩니다. 2인자가 사라진 것입니다. 이제 대통령의 독주체제가 갖추어진 거죠.

사실 미국은 5·16쿠데타 직후부터 김종필을 제거하기 위해 많은 노력을 기울였습니다. 김종필을 좌파 민족주의자로 파악했던 거죠. 한마디로 위험한 인물이라고 보았습니다. 그러나 막상 김종필의 힘이 약해지자 더이상 박정희 대통령을 견제할 수 없게 되었습니다. 이런 상황 속에서 미국과 박정희 정부의 갈등이 1970년대 내내 나타나게 됩니다.

박정희 대통령의 성향을 평가하는 것은 절대 간단한 문제가 아닙니다. 하지만 이것만큼은 분명합니다. 박정희 대통령을 하나의 단어나 하나의 성격으로 규정하려는 것 자체가 기본적으로 몰역사적입니다. 현재 모든 사건과 인물에 대한 평가는 지나치게 평가에만 집중되어 있습니다. 이 사람을 어떻게 봐야 하는가, 이 사건을 어떻게 봐야 하는가에만 집중되어 있다보니 그 사건이나 인물을 역사적·객관적으로 평가하려는 노력들이 줄어들었습니다. 그 원인은 역사가 자꾸 정치화되고 있다는 데서 찾을 수 있습니다. 정치적으로 평가를 요구하게 되니까 역사를 역사적으로 있었던 사실 그 자체로 보는 것이 아니라 정치적 평가를 중심에 두고 보게 됩니다. 당연히 객관적인 평가는 어려워집니다.

박정희 대통령은 시기에 따라 다르게 평가해야 한다고 생각합니다. 그 시기마다 박정희 대통령의 생각과 정책도 바뀌지만 시대적 상황도 바뀌기 때문입니다. 쿠데타 직후의 박정희 대통령이 개혁적 성향의 지도자였다면, 1960년대 중반 이후는 경제성장의 리더인 동시에 사회적 통제를 강화해나가는 지도자였고, 1970년대 초반 이후에는 사회·경제적 문제를 민주주의적 원칙이 아닌 전체주의적 철권통치로 이끌어갔던 지도자였습니다. 이것에 대한 평가는 어떤 역사철학을 갖고 있는가에 따라서 달라지겠죠. 그러나 역사학자들이 나쁘다, 좋다를 규정해줄 필요는 없습니다. 각자가 그렇게 평가할 수 있도록 역사적 사실들을 객관적으로 복원해주면 되는 거죠. 역사는 영웅전을 쓰는 것이 아닙니다.

단지 한 가지 주의할 점이 있습니다. 앞에서 현재 러시아나 일본이 나아가는 길이 위험하다고 지적했듯이 역사철학 중에도 전체주의나 군국주의에 기초한 역사인식은 지양해야 합니다. 어쩌면 이 부분들은 법적으로도 규제해야 합니다. 이러한 역사인식은 결국 한국, 더 나아가 세계평화에 치명적인 악영향을 미칠 수 있기 때문입니다. 1930년대 말 일본과 독일의 역사인식이 사회 전체를 비정상적으로 만들었고, 결국 수많은 사람들을 죽음으로 이끈 제2차 세계대전의 원인이 되었습니다. 지금 일본에 나타나는 역사인식은 그 당시의 역사인식을 합리화하고 있습니다. 매우 위험한 일입니다. 한국 역시 그런 역사인식이 전혀 없다고 할 수 없습니다. 2014년에 있었던 '서북청년단 재건' 사건과 이른바 '일베'의 역사인식에서 그런 점들을 발견할 수 있습니다. 이는 한국사회를 위험으로 몰고 갈 수 있는 매우 위험한 생각입니다. 전체주의를 효율적이라고 생각하면서 박정희 시대를 평가해서는 안 된다는 거죠. 그렇게 한다면 우리 사회는 일본이 과거사를 반성하지 않는 것과 크게 다르지 않은 사회가 될 것입니다.

마지막으로 박정희에 대한 평가와 관련해서 강조하고 싶은 점은 정치적 평가나 신화로부터 벗어나지 않고서는 객관적인 접근이 어렵다는 것입니다. 박정희와 그의 시대를 긍정적으로만 보는 사람들이나 부정적으로만 보는 사람들이나 모두 신화에 사로잡혀 있습니다. 이로 인해서 자신이 갖고 있는 신화와 다른 이야기에는 전혀 귀를 기울이지 않습니다. 그리고 상대방이 신화에 사로잡혀 있다고 비난합니다. 우리 사회가 이러한 두 가지 극단의 신화로부터 벗어나지 못한다면, 박정희와 그의 시대뿐만 아니라 한국현대사 전체에 대해 객관적으로 이해하는 것도 어렵고, 올바른 교훈을 얻어내기도 어려울 것입니다.

10

햇볕정책:
그 기원은 1970년대

1970년 8월 15일, 남과 북은 이상했다.
상대국의 지도자를 죽이고 싶어할 만큼
증오심을 키우면서도 박정희 대통령은 대화를 제안했고,
남과 북은 1972년에 7·4 공동성명을 발표했다.
국민들은 어리둥절했다.
흡수통일론과 햇볕정책도 본질은 같다.
어떻게 하면 북한을 변화시키고,
통일할 수 있을 것이냐에 초점이 맞춰져 있다.

갑작스러운

대화 제안

　　　　　　현재 한국사회에서 통일정책을 둘러싸고 많은 논란이 벌어지고 있습니다. 통일을 모두 강조하고 있지만, 한쪽에서는 북한의 현 정권이 곧 붕괴할 것이기 때문에 북한과 대화를 하기보다는 북한이 붕괴하기를 기다렸다가 흡수통일을 해야 한다고 주장합니다. 이는 독일식 통일입니다. 동독의 공산정권이 붕괴하면서 통일이 이루어졌으니까요. 이 그룹은 때로 북한에 삐라를 보내면서 북한 정권의 빠른 붕괴를 위해 노력해야 한다고 주장합니다. 동독의 공산주의 정권이 자체 시민의 힘으로 붕괴한 후 새로운 정부가 수립되고, 새로 수립된 정부에 의해 서독과 통일했다는 사실은 철저하게 무시되고 있는 거죠.

　다른 한 그룹은 북한과의 대화와 협력을 통해 북한을 바꾸어나가면서 점진적이고 평화적인 통일을 이루어야 한다고 주장합니다. 김대중 정부에서 시작되었던 '햇볕정책'이 이런 주장에 기반한 대표적인 정책입니다. 이 그룹은 독일 통일에서 통일이라는 결과보다는 그 과정에서 있었던 서독과 동독의 대화와 타협을 더 중요하게 강조합니다. 결국 이러한 과정이 동독을 변화시켰다는 거죠. 햇볕정책이라는 이름은 유명한 이솝우화에서 나왔기 때문에 그 의미를 더 설명하지는 않겠습니다.

사실 이 두 그룹은 정치적으로는 서로 나뉘어 대립하고 있지만 궁극적인 목적에 있어서는 다르지 않습니다. 왜냐하면 궁극적인 목표는 북한을 변화시켜서 통일을 이룩하겠다는 것이니까요. 한쪽은 급진적인 방식으로, 다른 한쪽은 점진적인 방식으로 북한을 변화시키겠다는 것입니다. 이솝우화를 들어서 설명하면 전자의 그룹은 '바람'이고 후자의 그룹은 '햇볕'이라고 할 수 있습니다. 이솝우화에서는 후자가 이겼지만 현실에서는 어떻게 될까요?

여기에서 강조하고 싶은 것은 어느 쪽이 더 현실적이냐, 어느 쪽이 더 급진적이냐, 어느 쪽이 더 북한의 독재정권을 유리하게 하느냐가 아닙니다. 사실 전자의 그룹이 후자의 그룹을 '종북좌파'라고 비판하고 있지만, 내용상으로 보면 후자가 더 보수적이라고 할 수 있습니다. 전자가 북한 사람들은 문제가 없고 북한 정권만 문제이기 때문에 정권만 무너뜨리면 된다고 보는 반면 후자는 북한 사람들을 포함해서 북한 전체를 혁명적으로 바꾸려 하기 때문입니다. 북한에 돈과 물자가 들어가면 사람들이 변화하기 시작하고, 그러면 북한 정권이 더 버티기 어렵다고 보는 것입니다. 어쩌면 후자의 정책이 독일의 모델에 더 가까울 수 있습니다.

그러나 본질적으로는 양자 모두 매우 보수적입니다. 그리고 그 뿌리는 하나라고 할 수 있습니다. 왜냐하면 박정희 정부 시기의 통일정책에 그 뿌리를 두고 있기 때문입니다. 박정희 정부는 두 가지 정책을 동시에 추진했습니다. 하나는 북한을 주적으로 규정하고 군사력을 강화시켜 북한을 압박하는 방식입니다. 이것은 국방력의 강화, 한미 군사훈련의 강화 등으로 나타났습니다. 1971년 남북대화가 진행되던 기간에도 박정희 대통령은 전군에 편지를 보내 대화가 진행되고 있더라도 오판을 해서는 안 된다고 강조합니다. 자주국방을 슬로건으로 내세우면서 국방을 계속 강화해나가는 거죠.

그러면서 다른 한편으로 대화를 추진합니다. 1970년 8·15 경축 축사에서 남북대화를 통한 협상을 갑자기 주장했던 거지요. 지금도 그 시점에 박 대통령이 왜 갑자기 그러한 제안을 했는지 의문입니다. 6개월 전까지만 해도 남과 북 사이에는 극도의 긴장관계가 계속되고 있었거든요. 1968년에는 푸에블로호 납북 사건, 청와대 습격 사건, 그리고 울진 삼척 무장공비 사건이 연이어 발생했고, 1969년에는 미국의 EC-121 정찰기가 북한에 의해 격추되고 대한항공기가 북한에 납치되었습니다. 그때 납치되었던 승무원 중에 귀환하지 못한 사람들이 최근 이산가족 상봉에서 만나는 비극적 사건도 있었습니다.

그런데 갑자기 박정희 대통령이 대화를 하자고 제안한 거죠. 또 이해가 가지 않는 것은 박정희 대통령의 제안에 맞장구를 친 북한입니다. 북한도 대화를 하겠다고 나온 거지요. 실미도 사건에서 알 수 있듯이 서로가 상대방의 지도자를 죽이고 싶어할 만큼 엄청난 증오를 갖고 있었는데도 말입니다. 연구자에 따라서는 닉슨독트린 이후 미국과 중국이 서로 접근하면서 남북한 정부에 압력과 권고를 가했다는 이야기를 하기도 합니다. 대화를 통해 한반도에도 긴장 완화를 추진하라고 했다는 거

두 손을 잡은 남과 북의 정상

2000년 6월 남북정상회담에서는 남북한의 현안을 비롯한
제반 문제를 논의하였다. 그리고 그 결과물로 6·15남북공
동선언을 발표했다. 이 회담 이후 남북한의 교류협력이 활
성화되었으며, 2007년에는 제2차 남북정상회담이 개최와
10·4공동선언으로 이어졌다.

죠. 그 결과 남과 북이 만났다는 것입니다.

그런데 대화를 추진한 이유도 중요하지만 대화가 진행되었다는 것도
중요합니다. 그 결과 남북적십자회담이 계속되었고, 1972년에는 7·4 공
동성명이라고 하는 역사적인 성명도 나옵니다. 이 성명은 박정희나 김
일성 같은 지도자의 이름으로 나온 것은 아니지만, 그들의 권한을 위임
받은 박성철 외무상과 이후락 중앙정보부장의 이름으로 나옵니다. 그
리고 한반도 통일의 대원칙으로 자주, 평화, 민족대단결이라는 삼원칙
을 확인합니다. 전쟁 이후 20여 년 만에 나온 역사적인 선언이었죠.

결국 1970년대 초에 한편에서는 남북 간의 대결이, 다른 한편에서는

남북 간의 대화가 동시에 진행되고 있었다고 보면 됩니다. 그런데 이러한 두 측면을 추진하는 정책과 힘에서 분기가 생깁니다. 구체적으로 어떤 과정에서 이런 분기가 나타났는지는 분명하지 않습니다. 그러나 분명 주목해야 하는 것은 1973년 박정희 대통령의 6·23 선언입니다. 지금까지는 크게 주목받지 못했던 성명이죠.

1970년 8월 15일
광복절 25주년 경축사

(⋯) 나는 광복 4반 세기에 즈음한 뜻깊은 오늘 이 자리를 빌려 평화통일의 기반 조성을 위한 접근 방법에 관한 나의 구상을 밝히려고 합니다. (⋯) 우리의 요구를 북괴가 수락·실천하고 있다는 것을 우리가 확실히 인정할 수 있고 또한 유엔에 의해서 명백하게 확인될 경우에는, 나는 **인도적 견지와 통일 기반 조성에 기여할 수 있으며 남북한에 가로놓인 인위적 장벽을 단계적으로 제거해나갈 수 있는 획기적이고 보다 현실적인 방안을 제시할 용의가 있음**을 밝히는 바입니다. 또한 북괴가 한국의 민주·통일·독립과 평화를 위한 유엔의 노력을 인정하고 유엔의 권위와 권능을 수락한다면, 유엔에서의 한국 문제 토의에 북괴가 참석하는 것도 굳이 반대하지 않을 것입니다. (⋯)

햇볕도 보수,
바람도 보수

　　　　　　6·23 선언은 크게 두 가지 중요한 내용을 담고 있습니다. 하나는 한국정부가 북한과 친한 적대국과도 교역을 하는 것이 가능하다는 것입니다. 예컨대 소련과 동구권 그리고 중국이 그 대표적인 예라고 할 수 있죠. 실제로 1973년 모스크바에서 열렸던 유니버시아드 게임에 한국 대표단이 처음으로 참석했습니다. 그리고 소련에 한국의 경제대표단을 보내려고 했습니다. 유니버시아드 참석은 가능했지만 경제대표단은 가지 못했죠. 그러나 그후에도 한국정부는 해외 공관을 통해서 해외 주재 소련대사관과 계속 접촉을 합니다. 한편으로는 북한을 고립시키기 위한 정책이었겠지만 다른 한편으로는 공산권과의 접촉을 시작하기 위한 정책이었던 것입니다.

　6·23 선언이 담고 있는 또다른 중요한 내용은 남과 북이 국제기구에 가입할 수 있다는 것입니다. 두 개의 나라로 가입할 수 있다는 것이죠. 사실 당시까지만 해도 남과 북이 두 개의 서로 다른 나라로 국제기구에 가입한다는 것은 있을 수 없는 일이었죠. 통일만이 지상 목표였으니까요. 하나의 국가로 가입해야 한다는 것이었죠. 그러나 현실은 달랐습니다. 왜냐하면 1970년대 중반부터 남과 북이 유엔총회에 옵저버로 따로 참여하고 있었으니까요. 어떻게 보면 한국정부는 현실을 인정한 거죠. 북한은 1990년까지 남과 북이 각각 국제기구에 가입할 수 있다는 주장을 절대로 인정하지 않았지만요.

　박정희 대통령의 6·23 선언은 어떻게 보면 위헌의 소지가 있습니다.

우리 헌법에는 분명 "대한민국의 영토는 한반도와 그 부속도서로 한다."라고 되어 있습니다. 그런데 따로 국제기구에 가입하는 것이 가능하다고 한다면, 이것은 곧 북한정부를 하나의 정부로 인정하는 꼴이 되거든요.

그런데 이렇게 1970년대 초에 있었던 두 경향이 이후 한국의 통일정책에 두 가지 대세를 만들어냈다는 점이 중요합니다. 북한과의 대화보다는 북한을 주적으로 놓고 강경한 입장을 내세우는 그룹은 이후에도 계속 존속하지만, 후자의 그룹은 박정희 사후 민주화가 되기 전까지는 전면에 나서지 못합니다. 물론 물밑에서 북한에 대한 인도적 지원, 남북적십자 방문 등을 추진했던 것으로 보입니다. 그러다가 민주화 직후 노태우 대통령이 7·7 선언을 하면서 전면에 다시 등장하게 되죠.

노태우 대통령은 북방정책을 표방합니다. 이제 탈냉전도 되었고 세계 평화의 시기가 도래하고 있으니 한국도 공산권과 교역을 확대하겠다는 것입니다. 그뿐만 아니라 북한과도 대화와 타협이 가능하다고 선언합니다. 그 결과 1991년 남북기본합의서를 내게 되었습니다. 남북기본합의서는 평화 공존과 통일을 위한 거의 모든 내용을 담고 있다고 말해도 과언이 아닐 정도로 획기적입니다. 앞에서도 언급했듯이 NLL 문제에 대한 합의까지도 포함하고 있으니 말이죠. 게다가 남북기본합의서가 나온 직후에 남과 북은 한반도 비핵화에 대한 공동선언을 이끌어냅니다. 정말 전향적인 일들이 연이어 발생한 거죠. 그리고 남과 북이 동시에 유엔에 가입하게 됩니다.

그러나 강경 그룹은 반발합니다. 남북대화 과정에서 나타났던 훈령 조작 사건은 그 대표적 사례였습니다. 이 사건은 남북대화의 남쪽 대표로 참여한 관료가 중앙정부의 훈령을 조작한 사건입니다. 이는 바로 정부의 유화적 대북정책에 대한 반발이었죠. 그 이후 남북기본합의서는 국회에서 통과되지 못하고 휴지 조각이 되고 맙니다. 마치 이라크 파병을 결정할 때 여당이 반대하고, 야당이 찬성했던 것과 비슷한 상황이었던 것입니다.

김영삼 정부가 들어서면서 강경파들이 더 전면에 나서게 됩니다. 여기에는 북한의 핵개발이 중요하게 작동합니다. 그래서 한국정부는 1994년 북한과 미국 사이의 제네바합의에 참여하지 못하게 되죠. 이후 1990년대 후반까지 한국정부는 미국과 북한 사이의 대화에서 철저하게 고립됩니다.

그러다가 김대중 정부에서 다시 온건파들이 전면에 나서게 됩니다. 이들은 금강산 관광, 6·15 선언 그리고 햇볕정책을 이끌어냅니다. 북한도 많은 변화를 겪게 되죠. 노무현 정부는 햇볕정책을 그대로 계승하지 않았기 때문에 상당 기간 북한과 불편한 관계를 유지하지만 결국 2007년 10·4 공동선언을 통해 온건한 정책을 계속하게 됩니다.

이명박 정부에 들어오면서 다시 강경파가 득세하게 됩니다.

이렇게 본다면 사실 어느 쪽이 더 좌파고 어느 쪽이 우파라고 구분할 필요가 없습니다. 모두가 그 뿌리는 1970년대의 통일정책, 대북정책에서 시작되었습니다. 그리고 그 본질은 모두 보수라고 할 수 있습니다. 어떻게 하면 북한을 변화시키고, 통일할 수 있느냐에 초점이 맞추어져 있는 것입니다.

그런데 저는 남북관계와 관련해서 좀 다른 생각을 갖고 있습니다. 사실 지금 중요한 것은 통일이 아니라 평화체제를 만드는 것이라는 주장입니다. 평화 공존을 위한 체제가 마련되어 있지 않으면 통일이 불가능하기 때문입니다. 평화체제 없이도 통일할 수는 있지만 그러다 자칫 제2의 한국전쟁이 터져 공멸의 길로 갈 수도 있습니다.

이 점을 고려한다면, 평화체제를 만드는 것이 우선적인 과제입니다. 앞에서 정전체제에 대해 말씀드렸던 것처럼 한반도의 불안정한 상황을 안정시키는 것이 더 우선적인 과제입니다. 이는 한반도를 둘러싸고 있는 강력한 외세들과의 관계를 유연하게 풀어가는 데도 너무나 중요한 일입니다. 한반도의 통일과 관련해서 미국, 중국, 일본, 러시아가 서로 다른 이해관계를 갖고 있다는 것은 누구나 잘 알고 있거나, 쉽게 추측할 수 있는 사실입니다.

한국이 이렇게 서로 다른 이해관계를 조정하는 것은 불가능합니다. 관련 국가들이 우리보다도 훨씬 강한 국력과 영향력을 갖고 있기 때문이죠. 그렇다면 우리가 할 일은 평화체제를 정착시킴으로써 이들의 이해관계가 충돌하지 않게 하는 것입니다. 그 이후에 외부적으로 외세를 설득하여 협조를 구하고, 내부적으로 남북한이 통일할 방안을 찾는 것입니다. 물론 북한이 스스로 변화하도록 해야 되겠죠? 밖으로부터 무리하게 변화를 추진할 경우 이라크나 아프가니스탄같이 테러리스트들이 판치는 혼란스러운 상황을 만들 수도 있기 때문입니다.

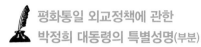
친애하는 5,000만 동포 여러분! 나는 오늘 우리가 그동안 추진해온 남북대화의 경험과 국제정세의 추이에 비추어 민족의 숙원인 조국 통일을 내외에 천명하고자 합니다. 제2차 세계대전 후 우리는 해방이 되었으나 우리의 의사에 반하여 국토는 양단되고 민족은 분열되었습니다. 당초 일본군의 항복을 받기 위한 군사적 경계선이라고 하던 38선이 그후 철의 장막으로 변하고, 남과 북은 정치·경제·사회·문화 모든 분야에 걸쳐서 완전히 차단되어버렸습니다. 그동안 미·소 공동위원회가 개최되어 38선의 해소와 통일 민주정부 수립을 위한 교섭이 있었으나, 미·소 간의 근본적 대립으로 실패에 돌아가고 결국 한국 문제는 국제연합에 제기되었던 것입니다. (…)

우리는 객관적 현실에 대하여 능동적으로 대처해나가야 하겠습니다. 우리는 조국 통일을 국내외의 현실 속에서 실현하는 현명하고도 확고한 방안을 수립하고 이를 강인하게 추구해나가야 하겠습니다. 그것은 곧 현실을 직시하고 평화를 이 땅에 정착시킴으로써 그 바탕 위에서 우리의 자주 역량으로 통일을 기필코 이룩하자는 것입니다. 그러므로 나는 이에 다음과 같은 정책을 선언하는 바입니다.

1. 조국의 평화적 통일은 우리 민족의 지상 과업이다. 우리는 이를 성취하기 위한 모든 노력을 계속 경주한다.

2. 한반도의 평화는 반드시 유지되어야 하며 남북한은 서로 간섭하

지 않으며 침략을 하지 않아야 한다.

3. 우리는 남북공동성명의 정신에 입각한 남북대화의 구체적 성과를 위하여 성실과 인내로써 계속 노력한다.

4. 우리는 긴장 완화와 국제 협조에 도움이 된다면 북한이 우리와 같이 국제기구에 참여하는 것을 반대하지 않는다.

5. 국제연합의 다수 회원국의 뜻이라면 통일에 장애가 되지 않는다는 전제 하에 우리는 북한과 함께 국제연합에 가입하는 것을 반대하지 않는다.

우리는 국제연합 가입 전이라도 대한민국 대표가 참석하는 국제연합에서의 '한국 문제' 토의에 북한 측이 같이 초청되는 것을 반대하지 않는다.

6. 대한민국은 상호 평등의 원칙 하에 모든 국가에게 문호를 개방할 것이며, 우리와 이념과 체제를 달리하는 국가들도 우리에게 문호를 개방할 것을 촉구한다.

7. 대한민국의 대외정책은 평화 선린에 그 기본을 두고 있으며, 우방들과의 기존 우호관계는 이를 더욱 공고히 해나갈 것임을 재천명한다.

(…)

참고 문헌

01 독도: 지금부터 우리 땅?

최덕수 외『조약으로 본 한국근대사』, 열린책들 2010.

정병준『독도 1947』, 돌베개 2010.

정병준「카이로회담의 한국 문제 논의와 카이로선언 한국조항의 작성 과
정」,『역사비평』107호(2014).

와다 하루키「카이로선언과 일본의 영토문제」, 박은진 옮김,『영토해양연
구』5권(2013).

02 과거사 망언: 미군정의 실책, 억울한 한일

이원덕『한일 과거사 처리의 원점』, 서울대학교출판부 1996.

유용태 외『함께 읽는 동아시아 근현대사』(전2권), 창비 2011.

김용복「일본 우경화, 한일관계 그리고 동아시아」,『경제와사회』99호(2013).

03 영토: 한 반도 두 나라

한모니까「유엔군사령부의 '수복지구' 점령 정책과 행정권 이양(1950~54)」,
『역사비평』85호(2008).

04 식민지 근대화론: 우리 안의 역사 논쟁

김동노『근대와 식민의 서곡』, 창비 2009.

신기욱·마이클 로빈슨 엮음『한국의 식민지 근대성』, 도면회 옮김, 삼인 2006.

05 미국: 혈맹의 복잡한 속마음

박태균『우방과 제국, 한미관계의 두 신화』, 창비 2006.

역사비평 편집위원회 엮음『갈등하는 동맹』, 역사비평사 2010.

06 정전협정: 사라진 한국전쟁 2년의 기억

박태균『한국전쟁』, 책과함께 2005.

07 베트남전쟁: 안보와 전쟁특수 사이

박태균『박태균의 베트남전쟁』(근간).

08 경제성장: 신화를 넘어서

박태균『원형과 변용』, 서울대학교출판부 2013.

김상조 외『한국자본주의 발전모델의 역사와 위기』, 함께읽는책 2003.

박태균「8.3조치와 산업합리화정책」,『역사와현실』88호(2013).

09 5·16: 혁명이길 원하는 쿠데타

박태균「세계사적 보편성과 특수성의 측면에서 본 유신체제」,『역사와 현실』88호(2013).

박태균「와우아파트, 경부고속도로, 그리고 주한미군 감축」,『역사비평』93호(2010).

10 햇볕정책: 그 기원은 1970년대

홍석률『분단의 히스테리』, 창비 2012.

박태균의 이슈 한국사

초판 1쇄 발행 / 2015년 6월 25일
초판 10쇄 발행 / 2024년 7월 30일

지은이 / 박태균
펴낸이 / 염종선
책임편집 / 윤동희
펴낸곳 / (주)창비
등록 / 1986년 8월 5일 제85호
주소 / 10881 경기도 파주시 회동길 184
전화 / 031-955-3333
팩시밀리 / 영업 031-955-3399 편집 031-955-3400
홈페이지 / www.changbi.com
전자우편 / nonfic@changbi.com

ⓒ 박태균 2015
ISBN 978-89-364-8275-6 03910